W0375113

NICOLE ADLER

Wien for Women only

Mit Fotografien von

Tina Herzl

u. a.

—

Beiträge von

Anna Burghardt, Daniela Gregori, Nathalie Halgand, Janina Lebiszczak, Stephanie Rugel, Edisa Shahini, Katharina Seidler und Florentina Welley

—

Grafikdesign

Mitra Farahmand und Christine Link

Brandstätter

EINE STADT LEBT AUF

Dass Wien zu den Rankingköniginnen unter den europäischen Metropolen gehört, ist schon fast selbstverständlich. Spannender ist wohl die Tatsache, dass es sich um die am schnellsten wachsende Stadt im deutschsprachigen Raum handelt. Ins Zentrum Europas gerückt, erfährt Wien eine Verjüngungskur, wird weltoffen, nach vorne gerichtet und lebendig. In der Innenstadt bespielen neuerdings verführerische Luxusherbergen und Nobelmarken die wertvollsten Quadratmeter der Stadt. Parallel dazu gibt es einen wahren Grätzelboom. Wiens junge Mittelschicht entdeckt ihre Nachbarschaft und zelebriert ein neues Lebensgefühl. Nicht nur das Gemüse soll aus der Region kommen, auch die Einkäufe erledigt man lieber beim Greißler ums Eck und setzt sich in den Schanigarten nebenan. Ein Riesentrend, der unserer Sehnsucht nach Gemeinschaft und Überschaubarkeit in einer anonymisierten Welt entspringt. Endlich gibt es in Wien auch wieder Architektur von Weltrang - dank DC-Tower des Star-Architekten Dominique Perrault auf der Donauplatte, der mit schlanken 250 Meter Höhe ins Auge sticht, und dem neuen WU-Campus als architektonisches Ensemble sechs internationaler Architekturbüros.

Als wir vor drei Jahren mit unserer Reihe „for Women only" starteten - den ersten City-Guides für stilbewusste Frauen -, war uns nicht bewusst, dass wir eine echte Marktlücke gefunden hatten. Inzwischen zählen unsere Ausgaben für Wien, München und Berlin zu den erfolgreichsten Produkten auf dem Markt.

Ankommen und doch immer wieder aufbrechen, um auf Reisen zu gehen – was gibt es Schöneres? Viel Vergnügen mit dem neuen Guide!

Nicole Adler

forWOMENonly.at

Mode & Shopping

LUXUS-HYPE IN DER INNENSTADT, JUNGES DESIGN UND STREETWEAR BOOMEN DORT, WO WIENS KREATIVE ZU HAUSE SIND.

IN WIEN ist der Luxus eingezogen und hat sich selbst auch gleich einen Namen gegeben: Goldenes Quartier. Dass Kaufhäuser modernen Kathedralen gleichen, in denen der Konsum die Religion ersetzt, beschrieb der Schriftsteller Emil Zola bereits in seinem Roman „Au bonheur des dames" im Jahr 1882 – einer Zeit, in der die Grands Magasins in Mode kamen und luxuriöse Dinge unter einem Dach versammelten. Heute residieren angesehene Labels vorzugsweise in ihren eigenen Stores, um Marke und Image nach ihrem eigenen Geschmack zu inszenieren.

Wer heute über Graben und Kohlmarkt spaziert, sieht ein Luxusgeschäft an das andere gereiht: *Hermes, Cartier, Chanel, Gucci, Dior* – um die Ecke in der Bognergasse schließen *Louis Vuitton, Prada, Saint Laurent* und *Mulberry* an und wieder eine Ecke weiter *Miu Miu, Bottega Veneta, Valentino, Jimmy Choo* und *Armani*. Natürlich unterscheidet sich Wien in diesem Punkt nicht wesentlich von Mailand, Zürich oder München – Traditionspflege in Ehren, aber Wien war, was Luxusshopping und den damit einhergehenden Glamour betraf, schon lange nicht mehr up to date. Wenn selbst Suzy Menkes, ehemals Modechefin der *International Herald Tribune*, bei ihrem Besuch über die „Shoppingrevolution" im „verführerischen Wien" jubelt, darf man das als geglückten Wurf bezeichnen. Natürlich ist das längst nicht alles, was Wien an Einkaufsfreuden zu bieten hat. Die Tuchlauben beispielsweise beherbergt den wunderbaren *Vivienne-Westwood-Store* und *Agent Provocateur-Lingerie* gleich nebenan. Ein Stück weiter, Ecke Bauernmarkt und Landskrongasse, findet man bei *Inked* französische und US-Labels, die moderne Menschen fabelhaft kleiden. Auf der Kärntner Straße, bei *Liska,* einen Blick in die Auslage werfen, hier gibt's prächtige Pelze, schillernde Accessoires und gute Mode, wie die von *Petar Petrov*. Die Seilergasse ist vor allem wegen *Mühlbauers* Hutladen eine erstklassige Adresse, und der unscheinbare Mini-Store *Le Dix-Neuf* erfreut mit einer erlesenen Parfumauswahl.

Abwechslungsreich, jung und erschwinglich sind hingegen die Läden rund um die Neubaugasse im 7. Bezirk. Eine Gegend, die schon seit Jahren die Kreativszene beherbergt und über eine Menge kleiner Gassenlokale verfügt. Das ideale Grätzel, um zu improvisieren, Dinge einfach mal auszuprobieren und dabei mitten drin im Geschehen zu sein. Kirchengasse, Westbahnstraße und Siebensterngasse – ein gutes Pflaster für zeitgenössische Kleidung und Streetwear

DIOR

der gehobenen Art. Reichlich stylischen Input gibt's bei *Comerc, Kauf dich glücklich, S/ght, Sneak In* und den Shops der Österreichischen Designer *meshit* sowie *Awareness & Consciousness.* Auch die Burggasse wird immer spannender und verdichtet sich beim St.-Ulrichs-Platz zum Vintage-Eck. — NICOLE ADLER

GOLDENE ZEITEN

Die perfekte Mischung aus zeitgenössischer Architektur, stimmigem Ambiente, Wiener Stil und kosmopolitischer Ausrichtung: Mitten in Wiens Altstadt ist eine der luxuriösesten Einkaufsmeilen der Stadt entstanden. Hier trifft zeitgenössisches Design auf historische Substanz, Luxus auf Genuss und Wien auf die Welt.

Das extravagante Shoppingvergnügen des Goldenen Quartiers erstreckt sich über neunzehn Flagship-Stores zwischen Tuchlauben, Bognergasse und Am Hof. Internationale Couture- und Designerlabels von *Alexander McQueen, Bottega Veneta, Brioni, Brunello Cucinelli, Church's, Emporio Armani, Etro, Kiton, Louis Vuitton* sowie *Miu Miu, Mulberry, Prada, Roberto Cavalli* bis zu *Saint Laurent, Sergio Rossi, Valentino, 7 For All Mankind* und *Pomellato* haben sich mit ihren Global-Stores hier niedergelassen. Viele dieser Luxusmarken sind erstmals mit ihren Shops in Wien vertreten – das Geschäft der italienischen Kultmarke *Prada* in der Bognergasse zählt zu einem der größten Europas, und die Eröffnung des Luxusmaison *Louis Vuitton* wurde als „Meilenstein auf der Reise in das Herz Europas" gefeiert.

Seitdem in der ehemals ehrwürdigen Länderbank-Zentrale am Hof das *Park Hyatt Hotel* eröffnet hat, kann man im Goldenen Quartier auch luxuriös nächtigen und dinieren. Das Spitzenrestaurant *The Bank*, in der sieben Meter hohen einstigen Kassenhalle beherbergt, verwöhnt Gourmetgaumen nach Strich und Faden. Die zauberhafte Bar *The Pearl* offeriert neben Cocktails und klassischen Drinks auch eigenes exklusiv gebrautes Bier.

GOLDENES QUARTIER

Advertorial

Am Hof
PARK HYATT
Kiton
7 for all mankind
sergio rossi
Church's
Seitzergasse
roberto cavalli
ALEXANDER McQUEEN
Tuchlaubenhof
Pomellato
BRUNELLO CUCINELLI
SAINT LAURENT PARIS
PRADA
Brioni
MULBERRY
Bognergasse
BAMBINI
EMPORIO ARMANI
miu miu
ETRO
VALENTINO
Tuchlauben
LOUIS VUITTON
BOTTEGA VENETA
Graben
Kohlmarkt
Stephansplatz

FLAGSHIP-STORES

Alexander McQueen
Das Konzept der Wiener Dependance stammt von Chefdesignerin Sarah Burton, die ihre Inspiration dafür in Francis Bacons Papstporträts und den Salons des 18. Jahrhunderts fand.
1., Tuchlauben 7, www.alexandermcqueen.com, Öffnungszeiten: Mo–Fr 10–18 Uhr

Bambini
Flauschteppiche, grau-weiße Tapeten mit floralem Dekor und Kupfergestänge bilden die Bühne für die luxuriöse Kindermode von Armani Junior bis Versace Young.
1., Tuchlaubenhof 7, Tel. 01/890 69 67, www.bambinifashion.at, Öffnungszeiten: Mo–Fr 10-19 Uhr, Sa 10–18 Uhr

Bottega Veneta
Die erste Niederlassung des italienischen Traditionshauses verbindet hohe Handwerkskunst mit zeitgenössischem Design.
1., Tuchlauben 5, Tel. 01/535 00 24, www.bottegaveneta.com, Öffnungszeiten: Mo–Fr 10–19 Uhr, Sa 10–18 Uhr

Brioni
Materialien wie strukturiertes Holz, bronzefarbenes Messing, schwarzes Glas, Spiegel und Samt sorgen für edle Atmosphäre.
1., Seitzergasse 2–4, Tel. 01/532 07 90, www.brioni.com, Öffnungszeiten: Mo–Fr 10–19 Uhr, Sa 10–18 Uhr

7 FOR ALL MANKIND

Brunello Cucinelli
Im Flagship-Store des Familienunternehmens findet man Feinstes aus Kaschmir für Damen und Herren.
1., Bognergasse 4, Tel. 01/535 02 25, www.brunellocucinelli.com, Öffnungszeiten: Mo–Fr 10–19 Uhr, Sa 10–18 Uhr

Church's
Bis zu acht Wochen kann die Fertigung eines Paars Schuhe des britischen Luxushauses dauern. Church's kleideten schon James Bond ein.
1., Seitzergasse 1–3, Tel. 01/535 04 00, www.church-footwear.com, Öffnungszeiten: Mo–Fr 10–19 Uhr, Sa 10–18 Uhr

Emporio Armani
Der 500 m² große Shop ist nicht zu übersehen. Eine riesige Videowall in der Auslage überträgt die Fashion-Show unmittelbar ins Leben.
1., Tuchlauben 7a, Tel. 01/532 12 40, www.armani.com, Öffnungszeiten: Mo–Fr 10–19 Uhr, Sa 10–18 Uhr

Etro
Auf drei Etagen werden hier Mode und Accessoires präsentiert, dazwischen sorgen die Kristall-Kronleuchter von Mark Brazier-Jones für höchst edles Ambiente.
1., Tuchlauben 5, Tel. 01/532 10 86, www.etro.com, Öffnungszeiten: Mo–Fr 10–19 Uhr, Sa 10–18 Uhr

Kiton
Seit mehr als 40 Jahren steht das neapolitanische Label für exquisite Maßschneiderkunst.
1., Seitzergasse 1–3, www.kiton.it

Louis Vuitton
Star-Architekt Peter Marino schuf eine moderne, luxuriöse Atmosphäre. Das Sortiment des großzügigen Stores umfasst die gesamte Louis-Vuitton-Palette.
1., Tuchlauben 3, Tel. 01/533 61 51, www.luisvuitton.com, Öffnungszeiten: Mo–Fr 10–19 Uhr, Sa 10–18 Uhr

Miu Miu
Das Interior des Geschäfts ist laut Miuccia Prada einer Schatzkammer nachempfunden.
1., Tuchlauben 7, Tel. 01/532 30 53, www.miumiu.com, Öffnungszeiten: Mo–Fr 10–19 Uhr, Sa 10–18 Uhr

Mulberry
Der Shop der britischen Luxusbrand wird von hellem Kalkstein dominiert. Die „Del Rey"-Tasche aus schwarzem Alligatorleder wurde exklusiv für den Wiener Store gefertigt.
1., Seitzergasse 2–4, Tel. 01/532 09 76, www.mulberry.com, Öffnungszeiten: Mo–Fr 10–19 Uhr, Sa 10–18 Uhr

Prada
Im größten Prada-Shop Europas sind Verner Pantons berühmte Clover-Leaf-Sofas ein zusätzliches Design-Erlebnis.
1., Bognergasse 4, Tel. 01/513 61 65, www.prada.com, Öffnungszeiten: Mo–Fr 10–19 Uhr, Sa 10–18 Uhr

Roberto Cavalli
Glamour sollen nicht nur die Cavalli-Kollektionen, sondern auch der Flagship-Store ausstrahlen – das ist gelungen.
1., Tuchlauben 7, Tel. 01/532 07 09, www.robertocavalli.com, Öffnungszeiten: Mo–Fr 10–19 Uhr, Sa 10–18 Uhr

Saint Laurent
Auf 300 m² erstreckt sich der Saint-Laurent-Store und bietet alles, was die Herzen der Fans des französischen Luxusmaisons höher schlagen lässt.
1., Bognergasse 4, www.ysl.com, Öffnungszeiten: Mo–Sa 10–19 Uhr

Sergio Rossi
Nicole Kidman, Victoria Beckham und Georgia May Jagger lieben die Modelle des italienischen Edelschuhmachers. Kein Wunder, gehören sie doch zum Besten, was Italien zu bieten hat.
1., Seitzergasse 1–3, www.sergiorossi.com

Valentino
Stararchitekt David Chipperfield gestaltete den luxuriösen Store, der an einen italienischen Palazzo erinnert.
1., Tuchlauben 5, Tel. 01/535 00 30-100, www.valentino.com, Öffnungszeiten: Mo–Fr 10–19 Uhr, Sa 10–18 Uhr

7 For All Mankind
Seit die kalifornische Kult-Jeans mit eigenem Shop vertreten ist, kann man es Angelina Jolie gleichtun und sich in seine eigene „Seven" verlieben.
1., Seitzergasse 1–3, Tel. 01/533 77 96, www.7forallmankind.com, Öffnungszeiten: Mo–Fr 10–19 Uhr, Sa 10–18 Uhr

Pomellato
Das italienische Schmucklabel hat mit seinem Motto „Raus aus dem Safe, rein in den Alltag" die Haute Joaillerie verändert.
1., Tuchlauben 7a, Tel. 01/905 23 24, www.pomellato.com, Öffnungszeiten: Mo–Sa 10–18 Uhr

Advertorial

DAS ZIEHT AN

1. BEZIRK

Chegini

Sicher einer der besten Multibrand-Stores in Town. Hier kann man sich von Kopf bis Fuß mit den aktuellsten Kollektionen von Alaia, Lanvin, Rick Owens, Céline, The Row, Marni, Gareth Pugh, Victoria Beckham, Uma Wang, Donna Karan, Yang Li, Roland Mouret, Giambattista Valli und anderen hochwertigen Labels einkleiden. Eine ganze Menge sehr brauchbarer Accessoires warten darauf, geshoppt zu werden. Der kleineren Geldbörse sei der Chegini-Outlet ans Herz gelegt, hier gibt es Stücke der letzten Saisonen zu guten Preisen.

1., Plankengasse 4, Kohlmarkt 7 u. Kohlmarkt 4 (Outlet), Tel. 01/535 60 91, www.chegini.com, Öffnungszeiten: Mo–Fr 10–18.30 Uhr, Sa 10–18 Uhr

AMICIS

Mühlbauer Hüte

Wenn es um Kopfbedeckungen geht, kommt man um Mühlbauer nicht mehr herum. Der Hutmacher betreibt sein Gewerbe seit mehr als 100 Jahren und verkauft seine coolen Kappen von Tokio bis New York. Im Shop findet man die neuesten Kollektionen und kann sich nach Lust und Laune auch sein eigenes Hut-Unikat anfertigen lassen.

1., Seilergasse 10, Tel. 01/512 22 41, www.muehlbauer.at, Öffnungszeiten: Mo–Fr 10–18.30 Uhr, Sa 10–18 Uhr

Liska

Gestaltet wurde das zweistöckige Geschäft vom Architekten Adolf Krischanitz. Neben den Luxuspelzen des Hauses gibt es Kollektionen von Fendi, Saint Laurent, Givenchy, Jean Paul Gaultier, Christophe Lemaire, Petar Petrov und Agnona.

1., Graben 12, Tel. 01/512 24 12-0, www.liska.co.at, Öffnungszeiten: Mo–Fr 9.30–18.30 Uhr, Sa 10–18 Uhr

Wolfensson

Frei nach Jean Cocteaus „Style is a simple way of saying complicated things" wird hier Mode gelebt. Viel eher ist er auf der Suche nach dem Neuen. Marken: Lost and Found, Julius, Lutz, James Perse, Golem, Rad Hourani, Unisex, Julius/Unisex.

1., Habsburgergasse 1–1a, Tel. 01/532 22 00, www.wolfensson.com, Öffnungszeiten: Mo–Fr 10–19 Uhr, Sa 10–18 Uhr

Amicis

Die über zwei Etagen gehende Boutique liegt ein wenig abseits der Luxusmeile und wartet mit einer Fülle an schicken Kollektionen auf. Darunter Marios Schwab, Jitrois, Marc by Marc Jacobs, Vanessa Bruno, Zadig & Voltaire Deluxe, Markus Lupfer, Façonnable, Schuhe von Stella McCartney und

Giuseppe Zanotti und Schmuck von Rada und Venna. Auch Amicis verfügt über einen eigenen Outlet-Store, in dem man tolle Schnäppchen findet.
1., Tuchlauben 4, Seilerstätte 11 (Outlet), Tel. 01/513 26 36, 01/513 81 62 (Outlet), www.amicis.at, Öffnungszeiten: Mo–Fr 10–18.30 Uhr, Sa 10–18 Uhr

Vivienne Westwood

Sämtliche Damenlabels der britischen Modeikone sind im einzigen österreichischen Westwood-Store erhältlich: Anglomania, Red und Gold Label, die Red Carpet Collection sowie ein eigener Made-to-Measure-Service, der einem Couture- und Hochzeitsroben direkt auf den Leib schneidert, was bisher nur in der Londoner Zentrale möglich war. Außerdem bietet der sehenswerte Shop, dessen Interieur von der Wiener Balltradition inspiriert ist, Westwoods Düfte, Schmuck und Accessoires.
1., Tuchlauben 12, Tel. 01/532 09 04, www.viviennewestwood.com, Öffnungszeiten: Mo–Fr 10–18.30 Uhr, Sa 10–18 Uhr

Renate Asenbaum

In dem winzig kleinen Geschäft mitten in der Stadt findet man wunderbaren Vintage-Schmuck und rare antike Accessoires. Ein kleines Juwel mitten in der Stadt.
1., Tuchlauben 12, Tel. 0676/404 60 09, Öffnungszeiten: Di–Fr 10.30–18 Uhr, Sa 10.30–17 Uhr

Agent Provocateur

Lust, Laszivität und eindeutige Posen: Die provokanteste Versuchung, seit es Lingerie gibt, kommt von der Themse und ist so gar nicht „very British". Wer raffiniert verführen will, landet früher oder später bei Agent Provocateur. Die Hemden und Höschen bestechen mit Nostalgie und Sex. Bekannte Gesichter wie Schauspielerin Maggie Gyllenhaal, Kate Moss und Dita Von Teese ließen sich für die Dessous-Marke ablichten. Und auch die Verkaufsdamen sind sehr schön anzusehen.
1., Tuchlauben 14, Tel. 01/890 41 92, www.agentprovocateur.com, Öffnungszeiten: Mo–Fr 10–18.30 Uhr, Sa 10–18 Uhr

WEITER AUF SEITE 18 →

Anna Netrebko

Opernsängerin

Wien ist Ihr Lebensmittelpunkt …

Die beste Entscheidung! An der *Wiener Staatsoper* bin ich zu Hause. Wien ist pure Musik. Das tägliche Angebot ist unglaublich. Abgesehen von den Ladenöffnungszeiten und den vielen Feiertagen ist Wien für mich die perfekte Stadt. Und Wien ist eine Stadt, in der ich atmen kann, wo ich einfach ich sein darf – Anna Netrebko.

Was ist wienerisch an Anna Netrebko?

Ich kann Palatschinken backen und Tafelspitz kochen. Nur die Wellen vom Wiener Schnitzel gelingen mir noch nicht so recht.

Sie lieben Mode. Wer ist Ihr Favorit im Moment?

Ich habe alle möglichen Designer. Ich mag verrückte Farben, schöne Schuhe, schöne Taschen. Ich wechsle immer wieder meinen Stil. Ich liebe es zu experimentieren. Was ich nicht mehr tue: Ich trage keine unbequemen Schuhe mehr!

Wiener Staatsoper – 1., Opernring 2

Calamita

Kleiner, sympathischer Laden mit trendigen und preiswerten Basics. Das Sortiment reicht von Lederjacken, Kleidern, T-Shirts und Strickjacken bis zu Handtaschen, Schuhen und Accessoires sowie Schals, Ketten und Armreifen.
1., Wildpretmarkt 1, Tel. 01/532 04 06, www.calamitahandbags.com, Öffnungszeiten: Mo–Fr 10–18.30 Uhr, Sa 10–18 Uhr

COS

Den modernen Minimalismus der hochwertigeren Kultmarke von H&M kann man nun in Wien an zwei Standorten shoppen.
1., Bauernmarkt 2a, Tel. 01/532 05 38, Öffnungszeiten: Mo–Mi 10–19 Uhr, Do–Fr 10–20 Uhr, Sa 10–18 Uhr
1., Neubaugasse 11, 1070, Tel. 01/52 22 02 06 71 10, Öffnungszeiten: Mo–Mi 10–19 Uhr, Do 10–20 Uhr, Fr 10–19 Uhr, Sa 10–18 Uhr, www.cosstores.com/at

Inked

Die beiden Shops von Nicole Dolhe führen neben gut sitzenden Designer-Denims die schicksten US-Labels der Stadt wie Helmut Lang, J Brand, Band of Outsiders, Opening Ceremony, Isabel Marant, Mara Hoffman, Golden Goose Deluxe Brand, Markus Lupfer, Rag & Bone, Vince, Sea NY und Duftkerzen von Ladurée. Im neuen Store mit der Hausnummer 16 gibt es Herrenmode sowie Schuhe und tolle Accessoires.
1., Bauernmarkt 15 u. 16, Tel. 01/533 77 88, www.inked.at, Öffnungszeiten: Mo–Fr 10–18.30 Uhr, Sa 10–18 Uhr

Sterngasse 4

In der ehemaligen Turnhalle findet man eine gute Auswahl von Alberta Ferretti, Barbara Bui, Theyskens Theory, Proenza Schouler, Phillip Lim, Villa Gaia, Edward Achour, Iro, Ermanno Scervino sowie Taschen und Schuhe, Schmuck und Sonnenbrillen.
1., Sterngasse 4, Tel. 01/535 53 81, www.sterngasse4.com, Öffnungszeiten: Mo–Fr 10–18.30 Uhr, Sa 10–18 Uhr

Spodd

Im geschmackvoll gestalteten Multibrand-Store, der sich über großzügige 200 m² erstreckt, findet man eine gute Auswahl an zeitgemäßen Labels zu guten Preisen: Patrizia Pepe, Mariella Rosati, Friendly Hunting, Velvet, Majestic, Woolrich oder La Fée Maraboutée. Besondere Hingucker: die Fotoarbeiten von Martin Stöbich, auf denen jeweils ein weißes T-Shirt versteckt ist.
1., Salztorgasse 5, Tel. 01/890 44 84, www.spodd.com, Öffnungszeiten: Mo–Fr 10–18.30 Uhr, Sa 10–18 Uhr

BR-Fashion Concept

Mix & match könnte das Motto dieses Concept-Stores lauten. Denn hier gesellen sich internationale Designermarken ganz selbstverständlich zu trending-sportlichen Kollektionen und Denim und Casual Brands. Neben Just Cavalli, Vanessa Bruno, Drome und Allude findet man J Brand, Juicy Couture und Lauren Moshi. Auch die Auswahl an Accessoires, Duftkerzen und anderen hübschen Kleinigkeiten ist gut gelungen.
1., Rauhensteingasse 7, Tel. 01/907 65 50, www.br-fashion.com, Öffnungszeiten: Mo–Fr 10–19 Uhr, Sa 10–18 Uhr

District 1 im Steffl Department Store

Auf der 5. Etage des Steffl Department Stores District 1 sind 60 Designermarken auf einer Fläche von 1600 m² versammelt. Eine eklektische Auswahl an Labels aus New York, London, Mailand und Stockholm. Neben Marc by Marc Jacobs, Halston Heritage und McQ Alexander McQueen findet man hier auch Brands wie Drykorn oder Fifth Avenue Shoe Repair.

1., Kärntner Straße 19, Tel. 01/93 05 61 11, office@steffl-vienna.at, www.steffl-vienna.at, Öffnungszeiten: Mo–Fr 10–20 Uhr, Sa 9.30–18 Uhr

Schuhe

6th Floor

Die größte Auswahl an High Heels und allem, was Frauen Beine macht, bietet das Rooftop des Kaufhauses Steffl. Von Marc Jacobs über Jimmy Choo, Balenciaga und Saint Laurent bis Tom Ford. Aber auch günstigeres Schuhwerk ist auf großzügigster Fläche zu bewundern, anzuprobieren und zu shoppen. Taschen und Sneakers-Corner inklusive.
Kaufhaus Steffl, 1., Kärntner Straße 19, Tel. 01/930 56-668, www.kaufhaus-steffl.at, Öffnungszeiten: Mo–Fr 10–20 Uhr, Sa 10–18 Uhr

Jimmy Choo

High Heels der Luxusklasse. Erstaunlich, aber wahr: Der Wiener Jimmy-Choo-Store ist aktuell der größte Europas. Tolles Extra: der „Made-to-order-Service".
1., Tuchlauben 4, Tel. 01/535 03 00, www.jimmychoo.com, Öffnungszeiten: Mo–Fr 10–19 Uhr, Sa 10–18 Uhr

MYKITA

Musette

Musette führt trendige Heels und Taschen zu freundlichen Preisen. Designerin Christina Batlan legt Wert auf mondänes Design ebenso wie Tragekomfort. Das Besondere: Alle Modelle sind auf Wunsch bis Schuhgröße 43 maßgefertigt erhältlich.
1., Bauernmarkt 2a, www.musettegroup.ro, Öffnungszeiten: Mo–Fr 10–18.30 Uhr, Sa 10–18 Uhr

Brillen

Mykita

Klein, aber oho. Auf kompakten 18 m^2 erstreckt sich die Wiener Niederlassung der Berliner Brillenkünstler. Das tut der Auswahl an optischen und Sonnenbrillen jedoch keinen Abbruch, die selbstverständlich auch hier in der selbst designten Shoparchitektur präsentiert wird.
1., Neuer Markt 14, Tel. 01/512 88 52, www.mykita.com, Öffnungszeiten: Mo 12–18.30 Uhr, Di–Fr 10–18.30 Uhr, Sa 10–18 Uhr

Brillenmanufaktur

Hier gibt es kaum „klassische" Marken aus dem Windschatten bekannter Modelabels, sondern innovative Modelle aus den Werkstätten junger, engagierter Designer. Dita Eyewear, ic! berlin, Modern Amusement, Mykita, Paul Frank, Paul Smith, Marni, Oliver Goldsmith, Claire Goldsmith.
1., Neubaugasse 18, 1070 Wien, Tel. 01/523 82 00, www.brillenmanufaktur.at, Öffnungszeiten: Mo–Fr 10–18.30 Uhr, Sa 10–17 Uhr

Optiker Roland Längle

Das traditionsreiche Geschäft besteht bereits seit 1876 und überzeugt nicht nur mit seiner feinen Auswahl an optischen und Sonnenbrillen, darunter die Kultmarken Cutler & Gross

oder Blinde, sondern auch durch stets kompetente und freundliche Beratung. Zusatzpunkt: das nostalgische Interieur.
1., Neubaugasse 21, 1070 Wien, Tel. 01/523 31 49, www.optikerlaengle.at, Öffnungszeiten: Mo–Fr 9.30–18 Uhr, Sa 10–14 Uhr (März–Juli bis 15 Uhr)

Dirndln

Trachten Tostmann

Vom schlichten Alltagsdirndl bis zur Festtracht und zum Hochzeitsdirndl, von Größe 32 bis Größe 50! Sonderwünsche werden in der Maßwerkstatt umgesetzt. Auch Kinder – es gibt Dirndln bereits ab dem ersten Lebensjahr – kommen nicht zu kurz. Noch heute entstehen alle Tostmann-Dirndln ausschließlich in den hauseigenen Werkstätten. Ein heißer Tipp für alle, die auf traditionelle Dirndlkleider stehen.
1., Schottengasse 3a, Tel. 01/533 53 31, office@tostmann.at, www.tostmann.at, Öffnungszeiten: Mo–Fr 10–18 Uhr, Sa 10–17 Uhr

Susanne Bisovsky

Trachten-Couture und Prêt-à-porter: Susanne Bisovsky entwirft mit Abstand die außergewöhnlichsten Dirndln und die exklusivste Festtagskleidung weit und breit. Sie sind wie Couture konstruiert und gearbeitet.
7., Seidengasse 13, Anfragen und Termin: office@bisovsky.com

2. BEZIRK

Wubet

Kleine Boutique mit handgemachten Stücken aus Chile, Peru und Äthiopien, direkt von Besitzer Arnold Haas ausgesucht. Neben Kleidung und vor allem Schals aus feinsten Stoffen gibt es handgemachten Schmuck und Ledertaschen.
2., Praterstraße 11, Tel. 0664/769 21 02, www.wubet.com, Öffnungszeiten: Di–Fr 12–19 Uhr, Sa 11–18 Uhr

Song

Multibrand-Store vom Feinsten. Mode von Bradaric Ohmae, AF Vandevorst, Balenciaga Edition, Dries Van Noten, Dosa, Marc le Bihan und die erste eigene Song-Kollektion, Schmuck von Sabine G, Düfte von Frédéric Malle und Nana de Bari und noch vieles mehr. Einer der schönsten Shops in Town. Außerdem gibt es einen Galerien-Space, der mit wechselnden Künstlern und ausgefallenen Möbelentwürfen bespielt wird.
2., Praterstraße 11–13, Tel. 01/532 28 58, www.song.at, Öffnungszeiten: Mo 13–19 Uhr, Di–Fr 10–19 Uhr, Sa 10–18 Uhr

4. BEZIRK

Pregenzer

Ein Geschäft, das sich mit handverlesenen Labels und einem netten Produktmix präsentiert – Kunstausstellung mit eingeschlossen. Das Markenangebot reicht von Armani Jeans und MM6 über American Vintage und die eigene Pregenzer Collection bis hin zu Linda Farrow Glasses.
4., Schleifmühlgasse 4, Tel. 01/586 57 58, www.pregenzer.com, Öffnungszeiten: Mo–Fr 10–18.30 Uhr, Sa 10–17 Uhr

Unikatessen

Ein sehenswerter Laden, der Einzelstücke und Kollektionen aufstrebender Jungdesigner aus Mode und Design kuratiert sowie Vintage-Fashion, Accessoires und Winzer-Champagner. Hier finden auch Events statt, die Fotografie, Musik und Design miteinander verbinden, doch auch das liebevoll gestaltete Interieur und die

herzliche Betreiberin allein sind einen Besuch wert!
4., Margaretenstraße 45/11–12, www.unikatessen.at, Öffnungszeiten: Mo–Fr 12–19.30 Uhr, Sa 12–18 Uhr

6. BEZIRK

Nachbarin
Ein ambitionierter Laden, der eine feine Selektion internationaler Mode und spannende Newcomer nach Wien bringt. Preen, Tim Van Steenbergen, Veronique Leroy, Philippe Roucou, SWASH, Munoz Vrandedic, Biography, Robert Clergerie, Thomas Murphy sowie Schmuck von Florian Ladstätter.
6., Gumpendorfer Straße 17, Tel. 01/587 21 69, www.nachbarin.co.at, Öffnungszeiten: Mo 12–18 Uhr, Di–Fr 11–18 Uhr, Sa 11–14 Uhr

We Bandits
Dieser sympathische Multibrand-Store legt den Fokus auf skandinavische, französische und südkoreanische Brands, die sich zwischen Avantgarde und Urban Chic bewegen. Neben Mode von Sessún, Maska und Libertine findet man lässiges Schuhwerk und Lederwaren von Royal Republiq oder funky Strumpfhosen von G. Stern. Über immer wieder stattfindende Pop-Up-Stores und Special Events informiert die Facebook-Seite www.facebook.com/webanditsvienna.
6., Theobaldgasse 14, webandits@gmail.com, www.webandits.tictail.com, Öffnungszeiten: Mo–Fr 12–19 Uhr, Sa 12–18 Uhr

7. BEZIRK

Glanz & Gloria
Salon für Mode und Haare – bei Glanz & Gloria wird man von oben bis unten verschönert. Um die Haare kümmert sich Thomas Pavlidis, seine Freundin, die Architektin Anita Steinwidder, sorgt für das perfekte Outfit. Steinwidder ist auch Modedesignerin und betreibt ihr Label unter eigenem Namen. Neben den eigenen Entwürfen führt Glanz & Gloria auch andere österreichische Designer wie mija t. rosa, mangelware, meshit, Nolz, km/a, madames with a mission, Rosa Mosa, August aus Berlin und die Ungarin Szidonia Szep.
7., Schottenfeldgasse 77, Tel. 0650/400 60 89, www.glanzundgloria.at, Öffnungszeiten: Di–Fr 13–20 Uhr, Sa 11–18 Uhr

Comerc
Streetwear der gehobenen Art und großteils aus Skandinavien und Frankreich findet sich im schwarz gestrichenen Comerc-Store, der trotz seiner Wandfarbe einen wahren Shopping-Lichtblick darstellt. Neben Fashion-Labels wie The Local Firm, KR3W oder Just Female finden sich hier auch die tollen Schuhe von Gardenia und allerhand Nützlich-Schönes wie außergewöhnliche Glühbirnen oder organische Seifen.

KAUF DICH GLÜCKLICH

7., Westbahnstraße 20/4, Tel. 01/944 20 37, www.comerc-store.at, Öffnungszeiten: Mo–Fr 11–19 Uhr, Sa 11–18 Uhr

be a good girl
Friseur mit Fashionfaible oder Fashion-Shop mit Frisiersalon? Schwer zu sagen, denn hier findet man beides: einen coolen neuen Haarschnitt und ausgesuchte Avantgarde-Labels wie Don't Shoot The Messengers und Reality Studio aus Berlin, sexy French-Teile von Lick My Legs und dazwischen Bücher, Schmuck und Accessoires.
7., Westbahnstraße 5a, Tel. 01/524 47 28, www.beagoodgirl.com, Öffnungszeiten: Mo 12–18 Uhr, Di und Do 10–19 Uhr, Mi und Fr 10–18 Uhr, Sa 11–16 Uhr

Arnold's
In der ehemaligen Schneiderei und Textilhandlung passt alles zusammen: die Auswahl, die Atmosphäre und die Leute. Zu ergattern gibt es zeitlos moderne Urban Classics mit Fokus auf Denim von Brands wie Playbag, Red Wing Shoes, Rains und dem hauseigenen Label Arnold's.
7., Siebensterngasse 52, Tel. 01/923 13 16, www.arnolds.at, Öffnungszeiten: Mo–Fr 11–19 Uhr, Sa 11–17 Uhr

Park
Erlesener Multibrand-Store mit zeitgenössischer Mode für Sie und Ihn. Ann Demeulemeester, Maison Martin Margiela, Bless, Acne, Haider Ackermann, Christophe Lemaire, Petar Petrov u. v. a. Außerdem gibt es hier Vintage-Brillen von Robert La Roche, eine gute Auswahl an Kunstbüchern und zahlreiche internationale Modemagazine wie ID, Purple oder 032c.
7., Mondscheingasse 20, Tel. 01/526 44 14, www.park.co.at, Öffnungszeiten: Mo–Fr 10–19 Uhr, Sa 10–18 Uhr

la petite boutique
Auch hier gibt es French Charme und kleine Schätze, etwa Nachtwäsche von Sandra Gilles. Der Unikatschmuck und die Doggy-Jewellery von Michaela Art de Lima sind bezaubernd und im eigenen Atelier gefertigt.
7., Lindengasse 25, Tel. 0699/19 23 94 23, www.sandragilles.com, Öffnungszeiten: Mo u. Mi 11–17 Uhr, Di u. Do 11–18 Uhr, Fr 11–19 Uhr, Sa 11–18 Uhr

Kauf Dich Glücklich
Den ersten Kauf-Dich-Glücklich-Shop außerhalb Deutschlands gibt es im typischen Look – Naturholz in klaren Formen und geometrische Strukturen – seit Kurzem in Wien. Neben skandinavischen Labels wie Mads Noorgard, Cheap Monday oder Ganni findet man hier die eigene Kauf-Dich-Glücklich-Kollektion. Home-Accessoires, Bücher und Vinylplatten ergänzen das Sortiment, und das integrierte Café macht das Shopping-Glück perfekt.
7., Kirchengasse 9, www.kaufdichgluecklich.de, Öffnungszeiten: Mo–Fr 10–20 Uhr, Sa 10–18 Uhr

s/ght
Jedes Teil im s/ght ist sorgfältig ausgewählt, der Look clean und minimalistisch, ebenso wie der Shop. Ein sehr interessanter

Mix aus mehr als zwanzig Labels von internationalen und heimischen jungen Designern wie Büro Baumann, Lena Hasibether oder Base Range.
7., Kirchengasse 24/5, Tel. 0676/739 44 07, www.atfirstsight.at, Öffnungszeiten: Mo–Sa 11–18 Uhr

Tiberius
Hautnah und scharf verpackt – von Fetischmode zur Modekollektion aus Lack und Leder. So oder ähnlich könnte man die Welt von Tiberius beschreiben. Außerdem gibt es die Schmuckkollektionen von AND_i sowie sexy Heels von Michael Lewis zu kaufen.
7., Lindengasse 2, Tel. 01/522 04 74, www.tiberius.at, Öffnungszeiten: Mo–Fr 12–19 Uhr, Sa 11–18 Uhr

Wiener Konfektion
Die beiden Besitzerinnen nähen fast alles selbst. Hier werden nur Produkte aus feinsten Materialien hergestellt, die perfekt passen sollen und die Wünsche der Kundinnen erfüllen. Auch Accessoires, Hochzeitskleider und Kostüme werden hier gerne angefertigt.
7., Siebensterngasse 20, Tel. 0699/11 67 27 52 u. 0676/941 12 34, www.wienerkonfektion.at, Öffnungszeiten: Mo–Fr 12.30–18.30 Uhr, Sa 12–17 Uhr

Sneak In
Oh ja, in diesen schicken, neuen Concept-Store mit dem bezeichnenden Untertitel „Rare Goods" schleicht man sich sehr gerne rein. Gibt es hier doch nicht nur ein Paradies für anspruchsvolle Sneaker- und Streetwear-Fans zu entdecken mit so raren und größtenteils in Wien exklusiv vertriebenen Labels wie Filling Pieces, SSUR oder Ransom. Während und auch außerhalb der Ladenöffnungszeiten laden die lichtdurchfluteten 200 m² dazu ein, im integrierten Café das eigens für Sneak In kreierte Hausbrot, Kaffee von Moka Consorten oder toskanischen Wein zu kosten.
7., Siebensterngasse 12, Tel. 01/522 37 43, www.sneakin.at, Öffnungszeiten: Shop: Di–Fr 11–20 Uhr, Sa 10–18 Uhr, Café: Mo–Fr 7.30–0.30 Uhr, Sa 10–0.30 Uhr

Carina e Vincenzo
Im denkmalgeschützten Gebäude mit seinen original erhaltene Fresken direkt hinter

WEITER AUF SEITE 26 →

S/GHT

Ingrid Geringer

Fashion Director

Wenn Sie nicht gerade auf internationalen Modeevents unterwegs sind, wo finden Sie in Wien Inspiration?
Ich schlendere gerne durch den 6. und 7. Bezirk, dort gibt es immer wieder neue Street Art von Künstlern zu entdecken, wie etwa Roa, Frau Isa, Jana und JS, die übrigens alle von der Wiener Art Galerie Inoperable vertreten werden. Das *Essl Museum* und das *Westlicht Galerie* für Fotokunst sind meine Inspirationsquellen an Schlecht-Wetter-Tagen.

Gibt es junge österreichische Designer, deren Karriere Sie mit besonderem Interesse verfolgen?
Petar Petrov, da stimmt einfach alles: Schnitt- und Schneiderkunst, Design und Zeitgeist. Arthur Arbesser, der internationale Newcomer. Minimalistisch und trotzdem experimentell. Markus Binder und Emil Beindl mit ihrem Label Demelrave, die sehe ich in Zukunft auf Augenhöhe mit Stella McCartney. Femme Maison designen pure, stille Schönheit! Das Label GON von Christina Steiner, die mit ihrem lockeren Zugang zur Mode kontinuierlich den Weg der Zeit geht.

Wohin schicken Sie Ihre beste Freundin zum Shopping in Wien?
Zu *Comerc*, weil das meine Jeans-Tankstelle ist. Neben Dr. Denim und BLK DNM gibt es dort immer wieder feine Streetwear-Labels zu entdecken. Wer, wie ich, Rick Owens mag, klopft am besten bei *Andrea Pievetz* an die Boutique-Tür. Ein Update, was „Understatement Fashion" betrifft, holt man sich bei Sasha in der Boutique *Wolfensson*.

Wohin zieht es Sie, wenn Sie mit Ihren beiden Möpsen unterwegs sind?
In den Wiener Wald. Es ist, als würde man durch Märchen wandern, vorbei an verwunschenen Wassertürmen, alten, knorrigen

Bäumen über Blumenwiesen ... Dort finde ich Raum zum Denken und Ideenkreieren. Der Möpse liebster Spot: der Krapfenwald. Von dort aus hat man übrigens den schönsten Blick über ganz Wien.

Essl Museum – 3400 Klosterneuburg, An der Donau-Au 1 / *Westlicht Galerie* – 7., Westbahnstraße 40 / *Comerc* – 7., Westbahnstraße 20/4 / *Andrea Pievetz* – 9., Porzellangasse 10 / *Wolfensson* – 1., Habsburgergasse 1a

dem MuseumsQuartier präsentieren zwei russische Schwestern alles, was ihnen selbst gefällt. Das bunte Spektrum reicht von italienischer Mode der Labels Semi-Couture und Daniele Fiesoli und eigenen Parfumkreationen über Make-up der schwedischen Marke Face bis hin zu Vintage-Möbeln, Kunstwerken, italienischen Weinen und Olivenöl.
7., Breite Gasse 11, Tel. 01/236 89 74, www.carinaevincenzo.com, Öffnungszeiten: Mo–Fr 11–18 Uhr, Sa 11–17 Uhr

Eigensinnig

Der Schauraum für Mode und Fotografie direkt am lauschigen St.-Ulrichs-Platz hat sich ganz den Nicht-Farben Schwarz und Weiß verschrieben – mit allen Grau-Tönen, die dazwischen liegen. Dies betrifft sowohl die meisten der wechselnden Street- und Reportage-Fotografie-Ausstellungen als auch die urban-avantgardistische Mode von Esther Perbandt, Anne Vest oder Sosnovska.
7., St.-Ulrichs-Platz 4, Tel. 01/890 66 37, www.eigensinnig.at, Öffnungszeiten: Di–Fr 12–19 Uhr, Sa 10–18 Uhr

DAS GOLDENE WIENER HERZ

Gemischtes

feinedinge

Hier ist der Name Programm. Die Porzellanwaren der Wiener Manufaktur mit angeschlossenem Showroom erfreuen mit schlichten, aber außergewöhnlichen Formen und zarten Farben und Strukturen. Ob Tableware, Leuchtobjekte, Vasen oder filigraner Schmuck: jedes einzelne der handgefertigten Produkte besticht mit viel Liebe zum Detail. Gleiches gilt für den liebevoll gestalteten kleinen Showroom, in dem das Stöbern besonders viel Spaß macht.
4., Margaretenstraße 35, Tel. 0699/10 10 01 77, www.feinedinge.at, Öffnungszeiten: Mo–Mi 11–18 Uhr, Do–Fr 11–19.30 Uhr, Sa 11–17 Uhr

Le Moulin Rose

In ihrer „rosa Mühle" verleiht die gebürtige Französin Delphine Leger allerhand Ausgemustertem wieder neuen, farbenfrohen Glanz. Im Shop mit angeschlossener Restaurationswerkstatt finden sich liebevoll aufgepeppte Unikate und Interieur-Raritäten aus den 1950er- bis 1970er-Jahren, die das gewisse „Je ne sais quoi" und französisches Flair versprühen. Neben Möbelstücken, Geschirr und Lampen stößt man beim Stöbern auch auf handgefertige Deko-Objekte, Schmuck und viele weitere Kleinigkeiten zum Verlieben.
6., Gumpendorfer Straße 18a, Tel. 0699/12 63 72 52, www.moulinrose.biz, Öffnungszeiten: Di–Fr 11–18 Uhr, im Dezember zusätzlich Sa 10–17 Uhr

Werkbank

In der Nähe des MuseumsQuartiers befindet sich dieser kleine, feine Laden, der Raum für junge Labels bietet. Das Hauptaugenmerk liegt auf Möbeln, Wohnaccessoires und Porzellan, aber auch

Taschen und Schmuck von regelmäßig wechselnden Designern sind hier zu finden, ebenso wie der Cake of the Week. Heißer Tipp: die stylishen Holzrahmen-Brillen des Wiener Labels „Holzfäller", das ganz lässig High Tech mit Tradition verbindet.
7., Breite Gasse 1, Tel. 0650/524 81 36, www.werkbank.cc, Öffnungszeiten: Di–Fr 12–18.30 Uhr, Sa 11–17 Uhr

Das Goldene Wiener Herz
Das Goldene Wiener Herz schlägt leidenschaftlich für den Wiener Schmäh und die Geschichten der Stadt. Hier finden sich die Mitbringsel aus der Donaumetropole: Porzellan mit Geschichte, Heurigen-Gläser und Ansichtskarten sind so hübsch gestaltet, dass man sie am liebsten selbst behalten möchte. Highlight unter den hochwertigen Souvenirs sind die Porzellanbecher mit Echtgold-Motiven der Wiener Jugendstilbauwerke.
7., Kirchberggasse 17, www.dgwh.at, Öffnungszeiten: Di–Fr 13–19 Uhr, Sa 11–17 Uhr

L'Épicerie
Der entzückende Laden von Madame Joséphine Kaci versetzt einen schlagartig nach Südfrankreich. Die charmante Einrichtung und die auserlesenen, in Frankreich produzierten Seifen, Gläser und Dekos lassen frankophile Herzen höher schlagen.
7., Sigmundsgasse 3, Tel. 0699/11 14 76 20, www.facebook.com/pages/LÉpicerie/116416435103956?fref=ts, Öffnungszeiten: Mo–Sa 14–19.30 Uhr

Printa
Im Printa steht alles im Zeichen des Drucks, hier wird von Taschen bis zu Postern bedruckt, was nur geht. Der Shop ist zugleich Galerie und der Zwillingsshop zu jenem in Budapest. Printa widmet sich der Nachhaltigkeit und dem Fördern von österreichischen und ungarischen Newcomern.
7., Lindengasse 22, Tel. 0676/561 11 61, www.printa.hu, www.shop.printa.hu, Öffnungszeiten: Mo–Fr 12–19 Uhr, Sa 12–18 Uhr

MO° music concept store
Auf der vergeblichen Suche nach herausragenden Lautsprechern für seine HiFi-Anlage tat sich der Wiener Ronald Jaklitsch kurzerhand mit Porzellankünstlerin Anne Wolf zusammen. Heraus kamen in Handarbeit produzierte Kugellautsprecher aus dem traditionellen Material, die höchsten technischen und ästhetischen Ansprüchen gerecht werden. Ergänzt wird das MO°-Sortiment durch weitere ausgesuchte Produkte rund ums perfekte Hörerlebnis.
7., Kirchengasse 40, www.mo-sound.com, Öffnungszeiten: Mi–Fr 13–19 Uhr, Sa 13–17 Uhr

Le Shop
In der Kombination aus Geschenkeladen und Grafikbüro legt man neben dem Design großen Wert auf hochwertige Materialien und nachhaltige Produktion. So stammen die besonderen Home-Accessoires, Büro- und Alltagshelfer in den Regalen auch ausschließlich von jungen Designern, die diesen Prinzipien folgen – von Wien bis Indonesien.
7., Kirchengasse 40/1, Tel. 01/956 66 33, www.le-shop.at, Öffnungszeiten: Mo–Fr 11–19 Uhr, Sa 11–18 Uhr

Sous-Bois
Alles an Sous-Bois ist zart, vom kleinen Laden bis zu den filigranen Papierwaren. Die Papeterie bietet Schreibmaterial, Papier, Notizbücher, Tagesordnungen, Tagebücher und Ähnliches von renommierten Marken und Designern und eine kleine Auswahl an Kunstbüchern an. Der Fokus liegt auf Papierdesign und Buchbinderei.
7., Neustiftgasse 33, Tel. 0699/13 06 68 78, www.sous-bois.at, Öffnungszeiten: Mo–Fr 11–18 Uhr, Sa 11–17 Uhr

Ben Bento – Shoes & Sardines
Inhaber Martin Kucera verspricht, dass seine Schuhe 20 Jahre lang halten. Die rahmengenähten Herren-Klassiker aus hochwertigem Leder gibt es auch für Damen und in schönen Schock-Farben! Neben den fantastischen Schuhen bietet die portugiesische Marke auch Spezialitäten aus dem Heimatland wie Sardinen, Portwein, Olivenöl und Seifen an.
7., Burggasse 42, Tel. 0699/16 04 90 04, www.benbento.com, Öffnungszeiten: Di–Fr 11–19 Uhr, Sa 11–17 Uhr

DOPPELT DESIGNT BESSER

Saisonale, für alle geltende Trends gibt es heute kaum noch, alles ist jederzeit möglich. Entscheidend für Modedesigner ist es daher, ihren Kollektionen eine Identität zu geben und mit ihnen einen eigenen Lifestyle zu transportieren. Die momentan spannendsten jungen Modedesigner in Wien tun genau dies. Sie haben jeweils eine ganz eigene Nische gefunden, die sie erfolgreich füllen, und: sie arbeiten zu zweit. So unterschiedlich die Ansätze und verschieden die Nationalitäten sind, eine wichtige Gemeinsamkeit verbindet die Mode-Duos: ihr mehr oder weniger offensichtlicher Bezug zu Wien bei gleichzeitiger Internationalität und die Übersetzung dieser „Culture Clashes“ in ein einzigartiges Lebensgefühl.

Zum Beispiel Emil Beindl und Markus Binder. Die beiden schlossen 2013 ihr Studium an der Universität für Angewandte Kunst unter Bernhard Willhelm ab und sorgten schon mit ihrer Diplomkollektion *Demelrave* für Aufsehen. Die erstaunliche Kombination von – nomen est omen – etwas schrulliger Altwiener Kaffeehauskultur und Insignien der schrillen 1990er-Jahre Rave-Bewegung kommt an und wurde mit einigen Preisen ausgezeichnet. Die erfreuliche Folge: Mit der Frühjahrskollektion 2015 bringen die beiden jungen Talente ihr eigenes Label an den Start und übernehmen dafür den Namen der Kollektion, die ihnen bisher schon so viel Erfolg brachte – *Demelrave*.

Ein anderes Beispiel ist *Femme Maison*. Franziska Fürpass und Sia Kermani betreiben mit ihrem von der Künstlerin Louise Bourgeois inspirierten Label Arbeitsteilung. Fürpass kümmert sich um die Looks der

Kollektionen, der Mixed-Media-Künstler und Fotograf Kermani ist der Mann fürs Branding und Management. Eine clevere Strategie, die aufgeht, da sich gutes Design allein noch lange nicht verkauft. Trotzdem sind permanente Berührungspunkte der Aufgabengebiete gewollt, denn *Femme Maison* definieren die Philosophie ihres Labels über genau diesen interdisziplinären und sehr modernen Ansatz. Sämtliche visuellen und strategischen Entscheidungen werden gemeinsam getroffen – die wunderschönen Ergebnisse dieses Teamworks geben ihnen Recht. Schon bald wird man sie im eigenen Shop in Wien und online kaufen können.

DEMELRAVE

In den Kollektionen von *Bradaric Ohmae* treffen sich Japan, Kroatien und Österreich und feiern gemeinsam ihre Unterschiede. Die Kroatin Tanja Bradaric gründete 2011 mit Taro Ohmae aus Japan ihr Label, zuvor sammelten beide Erfahrung bei einigen der renommiertesten internationalen Modehäuser wie Balenciaga und Chloé. Ein Stück französischer Chic ist also auch immer dabei im innovativen Hybridstil der beiden Designer, die mit Materialien, Techniken und Texturen experimentieren und dabei auch nicht vor österreichischen Designikonen wie dem Thonet-Sessel oder dem Lodenmantel Halt machen. In Wien sind *Bradaric Ohmae* bei *Song* im 2. Bezirk vertreten – einem der schönsten Shops der Stadt.

Mixen, sampeln, sich unterschiedlichster Inspirationsquellen bedienen und zu etwas Neuem zusammensetzen haben sich auch Ida Steixner und Lena Krampf auf die Fahnen geschrieben und gleich in den Namen ihres gemeinsamen Labels integriert. *meshits* coole Mischung aus Elementen diverser Pop- und Jugendkulturen verbindet sich mit Motorrad-Gang-Ästhetik, 80er-Jahre-Mustern und Fotografien befreundeter Künstlerinnen – und trifft damit den Zeitgeist. Nicht nur in Österreich, wo die beiden schon einige Preise für ihre Designs abgeräumt haben, sondern auch auf internationaler Ebene. Selbst bei *Topshop*, der avantgardistischsten unter den großen High-Street-Ketten, waren *meshit* schon im Programm. In Wien findet man die Kollektionen von *meshit* unter anderem im eigenen Shop in der Westbahnstraße 25. — STEPHANIE RUGEL

www.demelrave.tumblr.com, www.femme-maison.com, www.bradaric-ohmae.com, www.meshit.at

Treibgut
Wer auf der Suche nach Unikaten mit Herz und Geschichte ist, sucht am besten im Treibgut. Hier fertigt man beispielsweise aus Wiener Altbau-Türen oder Bananenschachteln, teils in Kombination mit neuem Material, Tische, Kommoden oder Leuchten. Auch Maßanfertigungen sind möglich.
7., Schottenfeldgasse 90, Tel. 0660/527 95 24, www.treibgut.cc, Termin nach Vereinbarung

Österreichische Designer & Modeateliers

AND_i
Der Goldschmied und Bildhauer Andreas Eberharter hat mit seinem Modeschmuck bereits Stars wie Beyoncé, Peaches Geldof oder Lindsay Lohan ausgestattet. Für Furore sorgten 2009 seine Eye Patches in einer Modenschau von Thierry Mugler. Seine Metallaugenklappen kamen auch im Video „Paparazzi" von Lady Gaga zum Einsatz und sind mittlerweile begehrte Kultobjekte.
3., Hohlweggasse 11/2, Tel. 0664/224 62 86, office@and-i.net, www.and-i.net, Atelier geöffnet jeden Donnerstag von 17–21 Uhr und nach Vereinbarung

Atil Kutoglu
In den hyperfemininen, opulenten Kollektionen des Designers mit türkischen Wurzeln ist immer auch der Orient zu spüren. So bevorzugt Kutoglu luxuriöse Materialien wie Leder, Organza, Mousseline, Samt und Stoffe mit Glanz.
1., Habsburgergasse 10, Tel. 01/402 88 03, atil@kutoglu.com, www.atilkutoglu.com

Awareness & Consciousness (Shop)
Christiane Grubers Label A&C steht für fließende Kollektionen aus hochwertigen Jerseymaterialien in Bioqualität. Durch ihre speziellen Handfärbetechniken wird jedes Stück der Damen- und Babykollektionen zum Unikat. In ihrem hübschen, erst kürzlich eröffneten eigenen Shop sind nicht nur diese schönen Exemplare zu erstehen, sondern auch ausgesuchte Taschen von Eva Blut, Schuhe von Alina und Schmuck von Tinchens und Rosivita.
7., Lindengasse 25, Tel. 0699/11 70 98 17, www.awarenessandconsciousness.com, Öffnungszeiten: Mi–Fr 11–18 Uhr, Sa 11–17 Uhr

Bradaric Ohmae
Tanja Bradaric und Taro Ohmae experimentieren mit Materialien, Techniken und Texturen, mixen kulturelle Einflüsse ihrer Herkunftsländer Kroatien und Japan mit österreichischem Traditionshandwerk und zaubern daraus einen ganz eigenen, spannenden Hybridstil auf internationalem Niveau. Das Zeug zur It-Bag haben Bradaric Ohmaes Ledertaschen mit dem typischen Thonet-Sessel-Geflecht.
Erhältlich bei Song, 2., Praterstraße 11–13, info@bradaric-ohmae.com, www.bradaric-ohmae.com

Claudia Brandmair
Charakteristisch für das Brandmair-Design ist der Mix aus Materialien, Schnitten und Formen. Die vorwiegend sehr reduzierten, unifarbenen Stücke warten mit raffinierten Schnitten und feinen Materialien auf.
5., Ramperstorffergasse 30/8, Tel. 0699/12 19 02 64, office@brandmair.net, www.brandmair.net

Demelrave
Markus Binder und Emil Beindl bringen scheinbar unvereinbare Gegensätze zusammen und machen daraus eines der frechsten, wildesten und coolsten jungen Wiener Labels: Demelrave. Wie der Name schon sagt, wird dabei Altwiener Kaffee-

hauskultur mit der Rave-Bewegung der 90er-Jahre gepaart – heraus kommen all-over-gemusterte Nikki-Jogginganzüge, ballonseiden-glänzende Shorts oder Blousons mit Farbverlauf – für Damen und Herren.
Erhältlich bei s/ght, 7., Kirchengasse 24/5, demelrave@gmail.com, http://demelrave.tumblr.com

Diptych
Der Stil von Diptych, dem Label von Ali Zedwitz und Valerie Lange, ist jung und fröhlich mit einem Schuss Ironie. Ein besonders Augenmerk legen die beiden Designerinnen auf die Qualität der verwendeten Materialien, Verarbeitung und Nachhaltigkeit, weshalb sie mit kleinen lokalen Produktionsstätten zusammenarbeiten, um ihre Kollektionen zu realisieren.
office@diptych.at, www.diptych.at

Elfenkleid (Shop)
In den Schauräumen mit angeschlossenem Atelier der beiden Designerinnen Sandra Thaler und Anette Prechtl wird man sofort von den wunderschön schlicht-eleganten Brautkleidern und Abendroben verzaubert. Hier verschmilzt Couture mit Prêt-à-Porter, denn man kann in beiden Bereichen zwischen Maßanfertigung und Konfektion wählen. Für etwas weniger festliche Anlässe bieten die Ready-to-wear-Kollektionen eine große Bandbreite an zeitlos schönen Stücken aus fließenden Stoffen.
4., Margaretenstraße 39/3–4, Tel. 01/208 52 41, www.elfenkleid.com, Öffnungszeiten: Di–Sa 11–18 Uhr

Eva Blut (Shop)
In Anknüpfung an die bis in die 1980er-Jahre lebendige und vom Verschwinden bedrohte Tradition der „Wiener Lederware", konzentriert sich Eva Blut auf die Entwicklung von Taschen und Lederaccessoires wie Beutel, Gürtel und Portemonnaies, vor allem auch zugleich schönen wie praktische Accessoires rund um das Rad, denen sie neue Impulse verleiht.
1., Jordangasse 3, Tel. 01/890 65 60-15, wien@evablut.com, www.evablut.com

Femme Maison
Atelier und Showroom des jungen Wiener Damenmodelabels, das sich mit seinem minimalistischen, extravaganten Design und den aufregend luxuriösen Stücken einer ständig wachsenden Fangemeinde erfreut, liegen mitten im schönen Servitenviertel. Seit Kurzem kann man die raue Eleganz der großartigen Kollektionen auch im eigenen Showroom bewundern und sich persönlich beraten lassen. Allerdings nur nach Terminvereinbarung!
9., Hahngasse 15, Tel. 01/922 31 34, www.femme-maison.com

Florian Ladstätter – Florian Jewellery
Ohne Scheu experimentiert Ladstätter mit Formen und Materialien und ist damit überaus erfolgreich. Er mischt Plastikgold mit echten Vergoldungen, hängt Bilderrahmen

und vieles mehr um zarte Hälse. Seine Ketten – egal, ob zart oder riesig – sollen, wie Kleider, mit ihrem Träger verschmelzen. Er kooperierte mit Hussein Chalayan, hatte eine Ausstellung im MAK und entwickelte auch eine Kollektion für Comme des Garçons.
1., Wipplingerstraße 23, Tel. 0699/12 15 99 55, sales@florian-design.com, www.florian-design.com

Gebrüder Stitch

Maßgeschneiderte Jeans, darunter Radl-Jeans mit speziellen Features, gibt es im Hosenlabor der Gebrüder Stitch. Außerdem bieten Moriz Piffl und Michael Lanner hier mit den Stitching Sessions regelmäßig Nähkurse an und verwandeln das Labor jeden Advent in einen entzückenden Treffpunkt der Generationen, wenn Omas in der Vollpension Kuchen backen und bei Kaffee und Eierlikör aus ihrem Leben erzählen.
6., Mariahilfer Straße 101, 3. Hof, Tel. 0680/144 93 85, www.gebruederstitch.at, Öffnungszeiten: Mo–Di 9–18 Uhr, Mi–Do 12–20 Uhr und nach Vereinbarung

GON

Avantgardistisch und tragbar zugleich sind die Kollektionen von Christina Steiners Label GON. Außergewöhnliche selbst entwickelte Prints auf fließender Seide und anderen hochwertigen Stoffen in Kombination mit klaren, oft oversized Schnitten machen GON zu einem sehr modernen Luxuslabel.
Erhältlich im eigenen Webshop und bei Park, 7., Mondscheingasse 20, label@gonvienna.com, www.gonvienna.com

Hartmann Nordenholz

Das Duo Agnes Schorer und Filip Fiska steht im Ruf, Mode mit architektonischer Präzision und poetischen Referenzen zu entwickeln. Ihre Damenkollektionen gibt es in Wien im superated-Store zu kaufen. Inspiration für ihre Entwürfe holen sie sich aus der Literatur- und Kunstgeschichte. Auch die Affinität zur Haute Couture wird immer wieder deutlich.
Schorer Fiska OEG, 15., Grangasse 5/4, Tel. 0699/11 46 40 51, info@hartmannnordenholz.com, www.hartmannnordenholz.com

Ina Kent (Shop)

Bags tell stories. Ina Kent fertigt hochwertige Casual-Ledertaschen und -accessoires in minimalistischem Design, verschiedensten Farben und Ausführungen. Der Fokus liegt auf der Wandelbarkeit der Taschen und ihrer Praktikabilität im Alltag.
7., Siebensterngasse 50, Tel. 0699/14 77 74 77, www.inakent.com, Öffnungszeiten: Mo–Fr 11–19 Uhr, Sa 11–18 Uhr

Lena Hoschek (Shop)

Ihre Kollektionen folgen keinen Trends. Lena Hoschek reflektiert ihre Leidenschaft für Filmstars der 1940er- und 1950er-Jahre, überliefertes Handwerk, nostalgische Muster, aber auch ihre Passion für Punk, Rock 'n' Roll, Tattoos, böse Jungs und schnelle Autos. Gleichzeitig werden im Atelier Lena Hoschek unter der Leitung von Modedesigner Thomas Kirchgrabner bezaubernde Brautkleider und atemberaubende Couture-Roben entworfen und maßangefertigt.
7., Gutenberggasse 17, Tel. 05030/92 00, www.lenahoschek.at, Öffnungszeiten: Mo–Fr 11–19 Uhr, Sa 11–17 Uhr
Atelier Lena Hoschek: 12., Längenfeldgasse 27, Tel. 05030/91 00, Termin nach Vereinbarung

Mark & Julia

Die Kollektionen für Damen und Herren von Mark Stephen Baignent und Julia

GON

Rupertsberger zeichnen sich durch minimalistische, oft auch geometrische Formen aus, denen sie mit außergewöhnlichen Materialien und Mustern ihren speziellen Twist verleihen.
Erhältlich im eigenen Onlinestore und bei Unikatessen, 4., Margaretenstraße 45/11–12, office@markandjulia.com, www.markandjulia.com

meshit (Shop)
Vier Jahre, nachdem Lena Krampf und Ida Steixner ihr eigenes Modelabel meshit gründeten und damit schnell zu leuchtenden Sternen am heimischen Modehimmel wurden, haben sie nun auch ihren eigenen kleinen Shop eröffnet. Der bietet nicht nur Platz für die eigene Kollektion der beiden „Designers of the Year 2013", sondern ergänzt den besonderen meshit-Look mit Sonnenbrillen von Han Kjøbenhavn, Armbändern von SerpentSea oder dem sehenswerten Fotoband von Daniel Gebhart de Koekkoek.
7., Westbahnstraße 25, Tel. 0650/894 55 63, www.meshit.at, Öffnungszeiten: Di–Fr 11–19 Uhr, Sa 11–18 Uhr

Michel Mayer (Shop)
Fließende Stoffe, Raffungen, Abendroben und Brautkleider sind die Spezialitäten der Designerin. Ihr Laden liegt in unmittelbarer Nähe zum Stephansplatz.
1., Singerstraße 7, Tel. 01/967 40 55, www.michelmayer.at

mija t. rosa
Julia Cepp designt ihre Kollektionen unabhängig von Saisonen. Ihre Mode ist zeitlos, schlicht und hochwertig – Ansprüche, die sie auch selbst an Kleidung stellt. Mit ihrem Label mija t. rosa sucht sie Alternativen zu herkömmlichen Produktionsformen und setzt unter anderem Recyclingtechniken ein.
Erhältlich bei Glanz & Gloria, 7., Schottenfeldgasse 77, Atelierbesuche nach Terminvereinbarung: 15., Markgraf-Rüdiger-Straße 13/2, contact@mijatrosa.com, www.mijatrosa.com

Natures of Conflict
Kathrin Lugbauer und Nora Berger setzen mit ihrem Label Natures of Conflict auf klassisch-schlichte Silhouetten, denen sie mit besonderen Details ihre eigene Handschrift verleihen. Die in ihren Kollektionen verwendeten Materialien werden dabei bewusst ausgewählt und wie ihre Serie der All Time Classic-Tücher und -Schals teilweise in Zusammenarbeit mit einer österreichischen Weberei traditionell produziert.
mail@naturesofconflict.com, www.naturesofconflict.com

WEITER AUF SEITE 36 →

Camille Boyer & Marlene Agreiter

—

Leiterinnen des Vereins zur Förderung Österreichischen Modedesigns

—

Sie bilden ein Team aus einer Französin und einer Österreicherin. Wo ist Wien am französischsten?

Das Grätzl im siebenten Bezirk, zwischen Kirchengasse und Neubaugasse, wo sich unser Büro befindet, hat viel „französisches" Flair. Es gibt viele entspannte Cafés und Bars und eine Vielfalt an guten Restaurants. Außerdem haben sich in den letzten zehn Jahren viele kleine Designerboutiquen angesiedelt.

Wohin muss man gehen, um in Wien auf die junge Modeszene zu treffen? Morgens, mittags, nachts?

Wir scherzen immer, dass es am einfachsten ist, die Designer am Flughafen vor und nach den Fashion-Weeks in Paris oder Berlin zu treffen. Ansonsten führen viele Designer wie *superated, awareness & consciousness, meshit, Katharina Schmid, Eva Blut, Lena Kvadrat* oder *Ina Kent* eigene Boutiquen und beraten ihre Kunden höchstpersönlich.

Sie haben mit der AFA Austrian Fashion Association die Förderung des zeitgenössischen österreichischen Modedesigns übernommen. Was macht Wien zu einem guten Ort für junge Labels?

Von Wien aus ein Modelabel aufzubauen, ist eine Herausforderung. Dennoch gibt es auch Vorteile: Das Leben ist leistbar und ermöglicht es Designern, eigene Geschäfte zu eröffnen. Und es gibt zahlreiche Unterstützungsangebote.

Ein modefreies Wochenende in Wien – wo sind Sie zu finden?

Camille: Ich habe zwei Kinder und versuche, am Wochenende mit meiner Familie der Stadt zu entfliehen: im Sommer beim Baden in der Alten Donau, beim Picknick im nahen Wienerwald oder auf der Baumgartner Höhe. Bei schlechtem Wetter schauen wir uns

gerne Theaterstücke im *Dschungel* an!
Marlene: Für mich ist Samstag Shoppingtag: am liebsten auf dem *Karmelitermarkt* – die Auswahl an heimischen Produkten ist einzigartig. Alternativ geht's zum *Hannovermarkt*, dem Rohdiamanten unter den Wiener Märkten, der noch darauf wartet, wachgeküsst zu werden.

superated – 4., Margaretenstraße 46 / *awareness & consciousness* – 7., Lindengasse 25 / *meshit* – 7., Westbahnstraße 25 / *Katharina Schmid* – 7., Lindengasse 5 / *Eva Blut* – 1., Jordangasse 3/Schultergasse / *art point/Lena Kvadrat* – 7., Neubaugasse 35 / *Ina Kent* – 7., Siebensterngasse 50 u. Neubaugasse 34 / *Dschungel Wien* – 7., Museumsplatz 1 / *Karmelitermarkt* – 2. / *Hannovermarkt* – 2.

Petar Petrov
Er beherrscht das Vokabular einer modernen Garderobe perfekt. Seine Entwürfe sind unverkennbar den Grundsätzen der Wiener Moderne verpflichtet: geradlinig prägnant. Petrov verbindet die unmittelbare Schönheit des Materials mit klaren Formen, sucht die Aktualität in Details und der Offenheit seiner Schnitte. Oberflächen und Materialien zeigen sich durch ihren speziellen Einsatz und die gekonnte Variation immer wieder innovativ. Seine Kollektionen werden in Paris gezeigt und international vertrieben.
2., Praterstraße 33/20, Tel. 0699/10 13 84 47, sales@petarpetrov.com, www.petarpetrov.com

PETAR PETROV

Peter Weisz
Wiens kreativster Schneider. Mit einer klassischen Ausbildung zum Damen- und Herrenkleidermacher wechselte er spielerisch zwischen den Fronten. Weisz arbeitete als Stylist und Moderedakteur, bevor er Nadel und Faden in die Hand nahm und sein Atelier im vierten Bezirk eröffnete. Ein wunderbarer Ort mit charmantem Laisser-faire, wo man sich Maßanzüge, Smokings, Abend- und Hochzeitskleider auf den Leib schneidern lassen kann.
4., Rilkeplatz 9/9, Tel. 0699/10 85 45 47, www.peterweisz.at, Öffnungszeiten nur nach Vereinbarung!

Rani Bageria
Rani Bagerias Stil vereint mühelos scheinbare Gegensätze: Er ist roh, gleichzeitig verspielt und subtil in der Verwendung von Farben und Details. Ein unangestrengter Mix aus Extravaganz und Tragbarkeit ist charakteristisch für die Kollektionen, die ausschließlich aus natürlichen Materialien und Rohstoffen höchster Qualität gefertigt werden.
Erhältlich bei Schauraum Mühlbauer, 1., Seilergasse 5, info@ranibageria.com, www.ranibageria.com

Rosa Mosa Footwear + Accessories
So heißt das Label der gebürtigen Salzburgerin Simone Springer und Yuji Mizobuchi aus Kyoto. Ihre Schuhe und Accessoires, in denen hochwertiges Leder mit außergewöhnlichen Materialien verarbeitet wird, zeigen sie auch in New York, Mailand und Paris.
6., Mollardgasse 85a/3/125 u.126, Tel. 01/941 03 19, info@rosamosa.com, www.rosamosa.com

Schella Kann (Shop)
Anita Aigner und Gudrun Windischbauer kann man mit gutem Gewissen als die Wegbereiterinnen der heimischen Mode-

RANI BAGERIA

szene bezeichnen. Seit den 1980er-Jahren werken sie unermüdlich. Ihre verhaltene, feminine, minimalistische Mode gibt es jetzt endlich auch im eigenen Schella-Kann-Laden zu kaufen. Besonders schön sind die Leder- und Strickteile.

1., Spiegelgasse 15, Tel. 01/997 27 55, office@schellakann.at, www.schellakann.at, Öffnungszeiten: Mo–Fr 11–18 Uhr, Sa 11–17 Uhr

Schneiderhof/Ferrari Zöchling

Zwei Modedesignerinnen und ein Fotograf gründeten den Schneiderhof als moderne Manufaktur und Ort der Begegnung.
In dem offenen Atelier für Mode und Fotografie, das gleichzeitig als Werkstatt und Galerie dient, präsentieren die Gründer ihre eigenen Werke – Mode des Labels Ferrari Zöchling und Severin Kollers Fotografien –, laden aber auch dazu ein, hinter die Kulissen zu schauen und Fragen zu stellen. Außerdem werden regelmäßig Näh- und Fotografieworkshops angeboten, und wer einmal selbst etwas auf die Beine stellen möchte, kann die schönen Räume auch mieten.

5., Diehlgasse 51/1, Tel. 0664/121 11 27, www.schneiderhof.org, Öffnungszeiten: Mi–Sa 12–20 Uhr

superated (Shop)

Von minimalistisch bis extrovertiert beschreitet dieses Label jegliche Pfade abseits festgefahrener Männermode-Klischees. Peter Holzinger und Christian Moser machen Mode für Männer, die Lust auf Humor und Diversität in ihrer Erscheinung haben. Hochwertige Stoffe, faire Produktionsbedingungen und ein gutes Preis-Leistungs-Verhältnis zeichnen ihre Mode aus. Auch Frauen werden in ihrem Shop fündig.

4., Margaretenstraße 46, Tel. 0699/17 09 58 82 sowie 01/945 62 72, office@superated.com, www.superated.com

Ute Ploier

Ploier macht Männermode auf höchstem Niveau. Sie kreiert Kollektionen, die ihr ganzes Raffinement still und schlicht entfalten. Ploier wird ganz besonders für ihren puristischen Zugang geschätzt.
Sie zeigt ihre Kollektion in Paris und kann auf Kooperationen mit Topman und La Redoute verweisen.

5., Rüdigergasse 8/3, Tel. 01/943 12 56, sales@uteploier.com, www.uteploier.com

Wendy & Jim

Helga Schania und Hermann Fankhauser haben sich mit Modeperformances, Installationen und ihren selbstbewussten, puristisch-radikalen Kollektionen einen Namen gemacht. Und können auf Beiträge in ID Magazine, Purple Magazine und Kooperationen mit DJ Hell u.v.a. verweisen.

3., Radetzkystraße 22/15/DG, office@wendyjim.com, www.wendyjim.com

Wilfried Mayer

Bewährten Kleidungsstücken wie dem Smoking oder auch dem Smokinghemd verleiht der Designer Wilfried Mayer in Proportionen und Schnitten neue Gestalt. Zuletzt spezialisierte er sich auf radikal geschnittene Smokingjacken, die er mit dünnem schwarzem Rollkragenpulli anstatt mit Hemd kombiniert. Das ergibt einen modernen und neuen Look, wie man ihn bei einem jungen Designer nur selten sieht.
2., Rueppgasse 11/8, Tel. 0650/863 29 31, office@wilfriedmayer.net, www.wilfriedmayer.net

Z. by Zeynep Merve Mehmetli

Das Besondere an Zeynep Merve Mehmetlis schlicht-eleganten Kollektionsteilen aus edler Seide sind die echten silbernen oder vergoldeten Piercings, die sie anstelle von Nähten einsetzt oder damit die fließenden Silhouetten drapiert.
Erhältlich bei Park, 7., Mondscheingasse 20

GOLDSTÜCK

FASHION-BLOGS

Wer sich über österreichische Mode auf dem Laufenden halten will, kann sich auf den Blogs von ***Vienna Wedekind*** *(www.viennawedekind.com),* ***Stylekingdom*** *(www.stylekingdom.com),* ***Disi Couture*** *(www.disicouture.com) und dem* ***Austrian Fashion Net*** *(www.austrianfashion.net) einen guten Überblick über das aktuelle Geschehen inklusive Sales und Eröffnungen verschaffen.*

Vintage-Läden & -Märkte

Haute Vintage

Taschen, Schmuck und Accessoires von internationalen Luxuslabels findet man im Showroom von Heike Steiner. Die ehemalige Louis-Vuitton-Produktmanagerin setzt dabei nicht nur auf zeitlose Einzelstücke, sondern auch auf deren Geschichten – nachzulesen im empfehlenswerten eigenen Vintage-Blog.
1., Herrengasse 5/3/1, Tel. 0664/910 05 21, www.hautevintage.at, Termin nach Vereinbarung!

Bocca Lupo

Bei Bocca Lupo findet man Second-Hand-Mode aller denkbaren internationalen Designermarken. An beiden Standorten lässt sich herrlich im riesigen Angebot an Kleidung, Schuhen, Taschen und Accessoires stöbern, die die Wiener Gesellschaft abgelegt hat. Dafür muss man zwar etwas tiefer in die Tasche greifen, aber viermal jährlich gibt es beim Super Sale die Gelegenheit, auf Extraschnäppchen-Jagd zu gehen.
1., Landskrongasse 1–3, Tel. 01/532 49 93, www.boccalupo.at, Öffnungszeiten: Mo–Fr 10.30–19 Uhr, Sa 10–18 Uhr

19., Döblinger Hauptstraße 60, Tel. 01/367 40 82, Öffnungszeiten: Mo–Fr 9.30–18 Uhr, Sa 9–13 Uhr

Projektraum Bäckerei Wimmer

Seit die bildende Künstlerin Anita Frech die ehemalige Bäckerei als Off-Space nutzt, kann man hier in unregelmäßigen Abständen auch wahre Vintage-Schätzchen finden. Kleidung, Accessoires und Schmuck werden liebevoll im kleinen Raum präsentiert und zu fairen Preisen gehandelt. Über die Termine informiert man sich am besten auf der Facebook-Seite www.facebook.com/pages/Projektraum-Bäckerei-Wimmer/206539722823712 oder lässt sich unter anitafrech@gmx.net für den Newsletter eintragen.
2., Rembrandtstraße 13

FLO Vintage – Nostalgische Mode

Wie ein privates Modemuseum sieht der Vintage-Laden in der Schleifmühlgasse aus. Die Auswahl der Kleider reicht von den 1910er-Jahren bis in die 1960er-Jahre. Kostbarkeiten, wie sie nur mehr selten zu finden sind.
4., Schleifmühlgasse 15a, Tel. 01/586 07 73, www.vintageflo.com, Öffnungszeiten: Mo–Fr 10–18.30 Uhr, Sa 10–15.30 Uhr

Secondhand Agentur

Der in München und Wien ansässige Shop verfügt über ein breites Netzwerk an Einkäuferinnen, die in den internationalen Modemetropolen auf der Suche nach Designer-Schnäppchen sind. Die Wiener Filiale wird von ihnen dreimal wöchentlich mit Kleidung, Accessoires und Schmuck von Chanel bis Versace bestückt, und das alles ist zu gut einem Drittel des regulären Preises zu haben.
4, Margaretenstraße 10, Tel. 01/58 50 806, www.secondhand-agentur.com, Öffnungszeiten: Mo–Fr 11–18 Uhr, Sa 11–16 Uhr

Little Joe's Gang

Auf kleinstem Raum findet man bei Joe und seiner Gang ein ausgesuchtes und gut erhaltenes Second-Hand-Angebot. Kleidung von Fred Perry, Pringle of Scotland oder Burberry findet ihre stilsichere Ergänzung in der großen Auswahl an Vintage-Sonnenbrillen und Schuhen. Außerdem zu haben: T-Shirts und Taschen, bedruckt mit vom Inhaber selbst designten Motiven.
4., Operngasse 34, Tel. 01/966 75 34, Öffnungszeiten: Mo–Fr 14–18 Uhr, Sa 12–17 Uhr

Fräulein Kleidsam

Einen ausgesuchten Mix aus eher glamourösen Originalen aus den 1920er- bis 1980er-Jahren und neuen Stücken bietet Ursula Wagner aka Fräulein Kleidsam, die auch Initiatorin des Vintage Salon Vienna ist. In ihrem Shop findet man nicht nur tolle Raritäten, sondern kann sich auch hinsichtlich des perfekten Stylings beraten lassen. Aber aufgepasst: das Vintage-Paradies ist nur an zwei Tagen geöffnet!
Galerie Abendstern
4., Seisgasse 3, office@fraeulein-kleidsam.at, www.fraeulein-kleidsam.at, Öffnungszeiten: Do–Fr 13–19 Uhr

Vintage in Vienna

In Carlotta von Bachs kleinem Schatzkästchen, das sich auf Raritäten von 1920–1990 spezialisiert hat, findet man sowohl Designerware als auch hochwertige No-Names. Nicht selten gibt es zu Mode, Accessoires und Schmuck auch noch die jeweilige Geschichte des auserkorenen Stücks mitgeliefert – gratis!
6., Gumpendorferstraße 10–12, Tel. 0699/19 54 04 44, Öffnungszeiten: Di, Mi, Fr 11–18.30 Uhr, Do 11–19 Uhr, Sa 12–16.30 Uhr

BURGGASSE 24

Burggasse 24

Was in Wien gefehlt hat, war ein Vintage-Shop mit leistbaren Preisen. Dieser Mangel wurde nun endgültig in der Burggasse 24 mit dem gleichnamigen Store behoben: In großzügig bemessenen, lichtdurchfluteten Räumen mit hohen Decken wurde das neue Paradies für Vintage-Fans geboren!

7., Burggasse 24, Tel. 0664/442 95 98, www.facebook.com/burggasse24, Öffnungszeiten: Mo–Fr 11–19 Uhr, Sa 11–18 Uhr

Goldstück

Vintagekleidung im 50er-Jahre-Stil und ein wunderbar einladendes Geschäft – alles, was nostalgische Herzen höher schlagen lässt. Außerdem findet frau nur hier das hauseigene Vintage-Label „Wiener Kreation".

7., Neustiftgasse 31, Tel. 0699/16 40 50 98, www.goldstueck-vienna.at, Öffnungszeiten: Mo–Do 12.30–18 Uhr, Fr–Sa 11–18 Uhr

Lieblingsflohmarkt

2011 von Grafikdesignerin Fabienne Feltus initiiert, ist der an wechselnden Locations stattfindende kuratierte Flohmarkt inzwischen eine feste Größe bei Wiens Vintage-Liebhabern und macht seinem Namen alle Ehre. Auch wenn sich die stets spannenden Veranstaltungsorte ändern, darunter diverse Nachtclubs und ein Kino, und man jedes Mal auf neue gebrauchte Schätze stößt – eine Konstante bleibt: die köstliche Verpflegung und stets äußerst nette Atmosphäre! Über die Termine informiert man sich auf der Facebook-Seite www.facebook.com/lieblingsflohmarkt.wien oder auf der Homepage.

Wechselnde Locations, www.lieblingsflohmarkt.com

Vintage Salon Vienna

Für Liebhaber der Ästhetik vergangener Dekaden ist der Vintage Salon Vienna im September ein absoluter Not-To-Be-Missed-Termin. Mode, Design, Kunst, Möbel und Wohnaccessoires sowie ein abendliches Rahmenprogramm sorgen für ein charmantes Retro-Flair und den einen oder anderen Raritäten-Fund.

Wechselnde Locations, www.vintagesalonvienna.com

Juweliere & Ateliers

A. E. Köchert

Als ehemaliger k. u. k. Hofjuwelier kann man hier von einem traditionsreichen Haus sprechen. Viel beachtet, dank der 27 Diamant-Sterne, die Kaiserin Sisi als Schmuck im Haar trug und mit diesen auch auf einem ihrer berühmtesten Porträts aus dem Jahr 1865 abgebildet ist. Die gibt es übrigens wieder zu kaufen – in nicht weniger als 20 Varianten.

1., Neuer Markt 15, Tel. 01/512 58 28, www.koechert.com, Öffnungszeiten: Mo–Fr 10–18 Uhr, Sa 10–17 Uhr

Schullin
Nach dem Motto „Ornament ist kein Verbrechen" gestaltete der Architekt Hans Hollein das Entree des Nobeljuweliers. Schullin-Schmuck besticht durch wunderbar extravagante Entwürfe, Formen und Farben.
1., Kohlmarkt 7, Tel. 01/533 90 07, www.schullin.at, Öffnungszeiten: Mo–Fr 10–18.30 Uhr, Sa 10–18 Uhr

Juwelier Köck
Eine Auslage, vor der man haltmachen muss, denn es funkelt so, dass man kaum widerstehen kann. Brillantringe, Armbänder, Ohrringe – wie man sie heute gerne trägt. Viele davon im eigenen Atelier entworfen und gefertig. Auch die Auswahl der Uhren ist beachtlich: Omega, Zenith, Raymond Weil und noch mehr.
1., Graben 22, Tel. 01/532 08 88, www.vonkoeck.at, Öffnungszeiten: Mo–Fr 10–18 Uhr, Sa 10–17 Uhr

Juwelier Wagner
Auf 700 m² gibt es eine Riesenauswahl an Uhren von Marken wie Rolex, Breitling, Longines, IWC sowie Pretiosen von Chopard bis Bulgari und aus dem eigenen Atelier. Die sehr freundliche Beratung ist kompetent und geduldig.

ANNA INSPIRING UND HAUTE JEWELLERY

OLIVER HEEMEYER

1., Kärntner Straße 32, Tel. 01/512 05 12, www.juwelier-wagner.at, Öffnungszeiten: Mo–Fr 10–18.30 Uhr, Sa 10–18 Uhr

Oliver Heemeyer
Oliver Heemeyer lässt seinen Stücken Freiraum, ohne sie durch übermäßigen Steinbesatz zu betonen. Er hat die Manufaktur sichtbar in die Geschäftsräumlichkeiten integriert, um Klarheit darüber zuschaffen, dass jedes einzelne Stück hier in Handarbeit gefertigt wird.
1., Bräunerstraße 10, Tel. 01/235 05 55, www.oliverheemeyer.com, Öffnungszeiten: Mo–Fr 10–18.30 Uhr, Sa 10–18 Uhr

Anna Inspiring und Haute Jewellery
Der hübsche Laden in der Seilergasse wird zu Weihnachten und am Valentinstag von Jungvolk und Müttern gestürmt. Hier gibt's Message-Armbänder, Reifen, zarte Brillantringe und Ketten – so ziemlich alles, was stylishe Töchter unbedingt haben wollen. Neben internationalen Marken wie Vanrycke, Nikki-B, Servane Gaxotte, Mathias Chaize, Assya und Marie Laure Chamorel hat es Anna selbst zur begehrten Marke geschafft. Der Haute-Jewellery-Laden am Kohlmarkt ist allein schon wegen der traumhaften Dekopuppen sehenswert, von den schwarzen, langen Diamantketten können viele nur träumen.

WEITER AUF SEITE 44 →

Tanja Bradaric

Modedesignerin

In welchen Ort in Wien haben Sie sich als erstes verliebt? Weshalb?

In das *Otto-Wagner-Haus* in der Wienzeile 38. Ich liebe Jugendstil sehr und dieses Haus ist für mich eines der schönsten Exemplare. Die Tatsache, dass man darin auch wohnen kann, macht es perfekt.

Sie stammen aus Kroatien, Ihr Partner Taro Ohmae aus Japan, Sie beide leben und arbeiten in Wien. Findet man in Ihren Kollektionen etwas typisch Wienerisches?

Einige Materialien, die wir in unseren Kollektionen verwenden, stehen in direktem Zusammenhang mit der Geschichte Wiens. Das Augenscheinlichste dieser Elemente ist das Wiener Geflecht. Es wurde bekannt durch die Verwendung im Cesca-Stuhl durch die Firma Thonet im Jahr 1928. Cesca hat Bradaric Ohmaes Taschen-Kollektionen inspiriert, und das Wiener Geflecht wird als ein essenzielles Element der Taschen verwendet.

Eine Partynacht in Wien. Wohin geht's und wo endet sie?

1. Bar *Le Troquet*, 2. *Bar Loosbar*

Und welches ist der perfekte Platz zum Entspannen danach?

Die Liegestühle vor den Weinreben beim Heurigen am Kahlenberg.

Otto-Wagner-Haus – 6., Linke Wienzeile 38 / *Le Troquet* – 7., Kirchengasse 18 / *Loosbar* – 1., Kärntner Durchgang 10

BY SERGEJ

Anna Inspiring, 1., Seilergasse 19 und Kohlmarkt 11, Tel. 01/512 02 53, www.annaij.com, Öffnungszeiten: Mo–Fr 10–19 Uhr, Sa 10–18 Uhr
Anna Haute Jewellery, 1., Kohlmarkt 11, Tel. 01/532 20 50, Mo–Sa 11–18 Uhr

By Sergej
Bei Sergej gibt es prächtigen Vintageschmuck, Fine Jewellery und ausgesuchte Nischendüfte. Exklusiv in Wien: die super chicen Marken wie Repossi, Ileana Makri, Elise Dray und Sergejs eigene Entwürfe. Das Wallpaper-Design stammt übrigens von den beiden Grafik-Designerinnen Christina & Julia Urschler.
1., Parkring 12a, im Hotel Marriot, Tel. 01/512 14 67, www.bysergej.com, Öffnungszeiten: Mo–Sa 12–22 Uhr

Skrein Schmuckwerkstatt
Kompromisslose Stücke, Steine, die nicht nach Schema F geschliffen sind, Einzelstücke mit starkem Charakter – so etwa könnte man die Schmuckstücke des Ateliers beschreiben. Der Kunde kann gerne auch selbst im offenen Atelier mitgestalten.
1., Spiegelgasse 5, Tel. 01/513 22 84, www.skrein.at, Öffnungszeiten: Mo–Fr 10–14 Uhr u. 15–18 Uhr, Sa 10–14 Uhr

Der große Bär
Diese Werkstatt liegt in einem der schönsten Innenhöfe der Stadt. Geschmiedet wird in ehemaligen Stallungen. Sternschnuppen, Meteoriten und vor allem Sternsteine sind die Lieblinge des Goldschmiedes Christian Fail. Mit Daniel Spoerri, dem Schweizer Ausnahme-Künstler, entstanden Schmuckstücke und Kleinplastiken, mit Nives Wiedauer Meteoriten-Ringe, mit Cordula Reyer eine Kollektion aus Pferdehaar.
1., Tuchlauben 17, Innenhof, Tel. 0660/426 04 46, www.dergrossebaer.com, Öffnungszeiten: Mo–Fr 10.30–18 Uhr u. Sa 10.30–16 Uhr

Ring King
König der Ringe: Maximilian Grün verbindet traditionelles Goldschmiedehandwerk mit moderner Technik. Er fräst z. B. vielfältige Grafiken in seine Ringe. Auf der Suche nach einem ausgefallenen (Ehe-)Ring? – Hier sind Sie richtig!
1., Kleeblattgasse 9, Tel. 0699/17 34 11 44, Öffnungszeiten: Mo–Fr 10–18 Uhr, g@ring-king.com, www.ring-king.com

Best of Tradition

Knize
Ein monarchistisches Ambiente bietet der ehemalige k. u. k. Hoflieferant. Die Liste der berühmten Kundinnen kann sich sehen lassen: Marilyn Monroe ließ sich Blusen anfertigen, Marlene Dietrich ihre Anzüge und Josephine Baker Skihosen schneidern. Ein Klassiker ist der Knize-Herrenduft „Knize Ten". Die Architektur von Adolf Loos ist vollständig erhalten geblieben.
1., Graben 13, Tel. 01/512 21 19, www.knize.at, Öffnungszeiten: Mo–Fr 10–18.30 Uhr, Sa 10–17 Uhr

Rudolf Scheer & Söhne
Um den perfekten Schuh bei Scheer zu bekommen, braucht es Zeit. Mittlerweile versorgt bereits die siebte Generation Kunden aus dem In- und Ausland mit Maßschuhen. Ein Blick ins Atelier oder zumindest in die Auslage gehört zum Stadtbummel.
1., Bräunerstraße 4, Tel. 01/533 80 84, www.scheer.at, Öffnungszeiten: Mo–Fr 10–18.30 Uhr, Sa 10–17 Uhr

Ludwig Reiter
Elegant, robust und exklusiv – die rahmengenähten Schuhe von Ludwig Reiter beweisen seit 120 Jahren höchste Qualität. Die Spezialität: Privatanfertigungen und gediegen klassisches Schuhwerk.
1., Mölkersteig 1, Tel. 01/255 93 00-0, www.ludwig-reiter.com, Öffnungszeiten: Mo–Fr 10–18.30 Uhr, Sa 10–17 Uhr

Blumen

Kunstgärtnerei Doll im Palais Hansen Kempinski
Palais Hansen Kempinski Vienna
1., Schottenring 24, Tel. 01/236 10 00 80 97, www.kempinski.com/de/wien/palais-hansen/uebersicht/hotel-dienstleistungen/blumenladen, Öffnungszeiten: Mo–Fr 9–19 Uhr, Sa 9–13 Uhr

Blumenwerk
1., Marc-Aurel-Straße 6, Tel. 01/535 69 90, www.blumenwerk.at, Öffnungszeiten: Mo–Fr 8–18.30 Uhr, Sa 9.30–16 Uhr

Blumenhaus Sädtler
1, Opernring 13, Tel. 01/587 42 19, www.saedtler.at, Öffnungszeiten: Mo–Fr 9–18 Uhr, Sa 9–14 Uhr

Der Rosenkavalier
Ringstraßen-Galerien
1., Kärntner Ring 9–13, Tel. 01/512 61 90, www.derrosenkavalier.at, Öffnungszeiten: Mo–Fr 10–19 Uhr, Sa 10–18 Uhr

Lederleitner (in der Römischen Markthalle im Börsegebäude)
1., Schottenring 16, Tel. 01/532 06 77, www.lederleitner.at, Öffnungszeiten: Mo–Fr 10–19 Uhr, Sa 9–17 Uhr

Lederleitner (Kärntner Straße)
1., Kärntner Straße 55, Tel. 01/513 47 20, www.lederleitner.at, Öffnungszeiten: Mo–Fr 9.30–19 Uhr, Sa 9.30–18 Uhr

Blumen Art
1., Taborstraße 10/1, Tel. 01/212 12 33, blumenart.adb@gmail.com, Öffnungszeiten: Mo–Fr 8–18.30 Uhr, Sa 8–17 Uhr

First Class Blumen
1., Erdberger Lände 16a, Tel. 01/907 60 20, www.firstclassblumen.at, Öffnungszeiten: Di, Do, Fr 10–16 Uhr

Blumenkraft
4., Schleifmühlgasse 4, Tel. 01/585 77 27, www.blumenkraft.at, Öffnungszeiten: Mo–Fr 10–19 Uhr, Sa 10–14 Uhr

Calla Floristik
6, Gumpendorfer Straße 70, Tel. 01/587 91 08, Öffnungszeiten: Mo–Fr 9–18.30 Uhr, Sa 9–13 Uhr

Gruene Mischung

*6, Hirschengasse 3/1,
Tel. 0676/925 14 30,
www.gruenemischung.at,
Öffnungszeiten: Di–Do 15–18.30 Uhr,
Fr 9–14 Uhr und nach Vereinbarung*

Doll's Blumen

*8., Lange Gasse 62, Tel. 01/405 95 31,
www.florist.at, Öffnungszeiten:
Mo–Fr 9–18.30 Uhr, Sa 9–15 Uhr*

Zweigstelle

*9, Porzellangasse 4, Tel. 01/315 66 98,
www.zweigstelle.com, Öffnungszeiten:
Mo–Fr 9–19 Uhr, Sa 9–17 Uhr,
im Juli und August: Mo–Fr 9–18 Uhr,
Sa 9–14 Uhr*

Bloomerei

Sympathisches Blumen-Lieferservice, das in gewünschten Abständen frische Sträuße direkt nach Hause liefert. Man kann aus vier verschiedenen Abo-Paketen wählen.
*Tel. 02946/270 56, hallo@bloomerei.com,
www.bloomerei.com*

Bücher

Morawa

Seit 1877 besteht diese Morawa-Filiale und überzeugt durch ihr umfangreiches Sortiment an deutsch- und fremdsprachiger Belletristik und Fachliteratur sowie eine riesige Auswahl an internationalen Zeitungen und Magazinen.
*1, Wollzeile 11, Tel. 01/513 75 13-450,
www.morawa-buch.at, Öffnungszeiten:
Mo–Fr 9–19 Uhr, Sa 9–18 Uhr*

Shakespeare & Company

Eine versteckte, kleine, herrlich altmodische englischsprachige Buchhandlung. Das Sortiment ist bunt und sehr persönlich zusammengewürfelt.
*1., Sterngasse 2, Tel. 01/535 50 53,
www.shakespeare.co.at, Öffnungszeiten:
Mo–Sa 9–21 Uhr*

Kunstverlag Wolfrum

Einer der schönsten Kunstbuchläden der Stadt. Außerdem gibt es immer wieder Ausstellungen österreichischer Künstler und ein Antiquariat.
*1., Augustinerstraße 10, Tel. 01/512 53 98-0,
www.wolfrum.at, Öffnungszeiten:
Mo–Fr 10–18 Uhr, Sa 10–17 Uhr
(Juli und August 10–14 Uhr)*

Aichinger, Bernhard & Comp.

Am Franziskanerplatz liegt der charmante Buchladen der Familie Aichinger, der neben aktuellen Büchern und Bildbänden auch so manche verspielte Kuriosität anbietet. Perfekt zum Stöbern und Schmökern.
*1., Weihburggasse 16, Tel. 01/512 88 53,
www.abc-wien.at, Öffnungszeiten:
Mo–Fr 10–18.30 Uhr, Sa 10–17 Uhr*

Frick

Traditionsbuchhandlung mit sieben Filialen in Wien. Das größte und älteste Geschäft befindet sich am Graben und bietet auf vier Etagen ein umfangreiches Sortiment mit Schwerpunkten auf Literatur, Naturwissenschaft und englischsprachigen Büchern. Tipp für Schnäppchenjäger: Fricks Restseller in der Wollzeile bietet unschlagbare Sonderangebote!
*1, Graben 27, Tel. 1/533 99 14-0,
www.buchhandlung-frick.at, Öffnungszeiten: Mo–Fr 9–19 Uhr, Sa 9–18 Uhr*

Lhotzkys Literaturbuffet

Beim gastfreundlichen Ehepaar Lhotzky kann man inmitten einer großen Auswahl

WEITER AUF SEITE 50 →

Franziska Fürpass

—

Modedesignerin

—

Ein perfekter Tag in Wien. Wie sieht er aus?

Der perfekte Tag beginnt morgens mit einem Glas Karottensaft. Mittagessen im *Vietthao* ist sehr empfehlenswert. Das ist ein vietnamesisches Restaurant im ersten Bezirk, das nicht nur durch wunderbare, liebevoll zubereitete Gerichte überzeugt, sondern auch durch seine sympathischen Besitzer. Unser Atelier ist mitten im Servitenviertel, auch privat bin ich dort gerne unterwegs. Im *Caffè a Casa* in der Servitengasse gibt es sehr guten Kaffee und Kuchen. Den genießt man entweder dort oder man nimmt ihn mit in den *Liechtensteinpark*. Für mich ist dort ein Fleck wie aus Jane Austens Romanen. Der 9. Bezirk eignet sich sehr gut zum Schlendern, es gibt sehr viele kleine Geschäfte, beispielsweise ebenfalls in der Servitengasse einen Laden mit französischen Wohnaccessoires, eine Chocolaterie, einen Gewürzladen, sehr viel gesundes Essen und natürlich Cafés und Restaurants an jedem Eck.

Wäre Wien ein Kleidungsstück, welches wäre es und warum?

Es wäre ein Femme Maison „Ada Pullover". Das ist unser Klassiker: eine sehr extravagant geschnittene Jacke, schlicht und elegant zugleich, aus traditionellem Lodenstoff, die durch ihren Schnitt und ihre Stofflichkeit eine futuristische Note erhält. Das ist Wien für mich.

Was macht Wien zur guten Homebase für ein junges Modelabel wie Femme Maison?

Wien ist für mich ein guter Rückzugsort, um zu leben und zu arbeiten. Es ist ein guter Platz, um zu reflektieren und umzusetzen. Da ich sehr familienbezogen bin, ist auch das ein weiterer Grund, hier zu leben. Im Gegensatz zum Alltagsstress, den dieser Beruf generell mit sich bringt, schätze ich die Langsamkeit in Wien. Wien ist bodenständig, und das macht es auch so sympathisch. Ich reise sehr gerne, und die Infrastruktur, sowohl zu Modemetropolen als auch zu Produktionsstätten, ist auch sehr gut.

Wo in Wien trifft man die am besten gekleideten Menschen?
Im ersten Bezirk, meist ältere Alt-Wiener Damen und Herren.

Restaurant Vietthao – 1., Friedrichstraße 2 / *Caffè a Casa* – 9., Servitengasse 4a

mit Schwerpunkt Krimi, politisches Buch und Raritäten Wiener Kaffeehausatmosphäre genießen. Frühstück, Snacks und Getränke werden an den kleinen Bistrotischen serviert und versüßen die geistige Nahrung.
2., Taborstraße 28, Eingang Rotensterngasse, Tel. 01/276 47 36, www.literaturbuffet.at, Öffnungszeiten: Mo–Fr 9–18.30 Uhr, Sa 10–16 Uhr

Babette's Spice and Books for Cooks
Eine offene Küche mitten im Buchgeschäft lädt mittags zum Essen ein. Abends wird von den Gästen im Rahmen der zahlreichen Kochkurse selbst Hand angelegt. Und das in gemütlichster Wohnzimmeratmosphäre zwischen unzähligen Kochbüchern.
4., Schleifmühlgasse 17/Mühlgasse 9, Tel. 01/585 51 65, www.babettes.at, Öffnungszeiten: Mo–Fr 10–19 Uhr, Sa 10–17 Uhr und 1., Am Hof 13, Tel. 01/533 66 85, Öffnungszeiten: Mo–Fr 11–19 Uhr, Sa 10–17 Uhr

Anna Jeller
Schöne, alte Räume und hohe, dunkle Regale bis oben hin voll mit Büchern. Dieses Buchgeschäft strahlt Gemütlichkeit und Nostalgie aus. Ein Tipp für Buchliebhaber!
4., Margaretenstraße 35, Tel. 01/586 13 53, www.annajeller.at, Öffnungszeiten: Mo–Fr 10–19 Uhr, Sa 9.30–13 Uhr

fabelwelt
Ein reizendes Kinder- und Jugendbuchgeschäft, das neben deutschsprachigen Büchern liebevoll ausgewählte Kinderliteratur aus allen Ecken der Welt führt – in der jeweiligen Landessprache. Workshops, Lesungen und handgemachte Kleinigkeiten ergänzen das Angebot.
4., Schleifmühlgasse 6–8a, Tel. 01/955 21 80, www.kinderbuecher-fabelwelt.at, Öffnungszeiten: Mo–Fr 10.30–18 Uhr, Sa 10.30–15 Uhr

phil
Die Kombination aus Büchern, Comics, CDs, Filmen, Kaffee, Drinks, Brunch, alten

BABETTE'S SPICE AND BOOKS FOR COOKS

Möbeln, Lesungen und Konzerten macht diesen Laden zu etwas Besonderem. Schmökern, Menschen treffen, brunchen und trinken in hipper Atmosphäre.
6, Gumpendorfer Straße 10–12, Tel. 01/581 04 89, www.phil.info, Öffnungszeiten: Mo 17–1 Uhr, Di–So 9–1 Uhr

Thrill & Chill
Nerven- und Seelenentspannung ist das Konzept von Thrill & Chill, das neben seinem Krimi-Schwerpunkt auch Belletristik, Koch- und Kinderbücher im Programm hat. Ein kleiner, feiner Shop mit netter Beratung.
6., Mariahilfer Straße 125, Tel. 01/890 45 98, www.thrillandchill.at, Öffnungszeiten: Di–Fr 9–18.30 Uhr, Sa 10–14 Uhr

Thalia
Über vier Etagen erstreckt sich das riesige Sortiment an deutsch- und fremdsprachiger Belletristik, Fachliteratur, E-Books, DVDs und Papeterie. In der integrierten Coffeeshop Company kann man bei einer Tasse Kaffee gleich mit dem Lesen beginnen.
6., Mariahilfer Straße 99, Tel. 0732/76 15-667 10, www.thalia.at, Öffnungszeiten: Mo–Mi 9–19 Uhr, Do–Fr 9–20 Uhr, Sa 9–18 Uhr

Mord & Musik
Kleiner, aber feiner Laden, der sich auf Krimis, Fantasy und Thriller spezialisiert hat. Auch die gute Auswahl an Tonträgern aus den Bereichen Avantgarde, Ambient und Industrial ist aussagekräftig.
7., Lindengasse 22, Tel. 01/990 65 06, www.mordundmusik.at, Öffnungszeiten: Mo–Fr 14–18.30 Uhr, Sa 11–16.45 Uhr

Buchhandlung Walther König
Schwerpunkte sind Bücher und Bände aus den Bereichen Kunst, Architektur, Fotografie und Design sowie ein Büchermarkt mit Sonderangeboten, Kunstmagazinen und Wien-Guides. Verlockend: die tolle Auswahl und die gute Lage im MuseumsQuartier.
MuseumsQuartier, 7., Museumsplatz 1, Tel. 01/512 85 88-0, www.buchhandlung-walther-koenig.de, Öffnungszeiten: Mo–Sa 10–19 Uhr, So 12–19 Uhr

Buchkontor
Die Buchhandlung Buchkontor ist ein Fixpunkt in der Wiener Kulturszene. Im Nibelungenviertel hinter der Stadthalle angesiedelt, ist der herrlich gemütliche Laden eine Heimat der Bücher, eine Heimstatt der Literaten, Musiker und Künstler. Es finden immer wieder Leseabende und Veranstaltungen statt.
15., Kriemhildplatz 1, Tel. 01/943 41 43, www.buchkontor.at, Öffnungszeiten: Mo–Fr 9.30–18 Uhr, Do 9.30–19 Uhr, Sa 9–13 Uhr

Hartliebs Bücher
Im kleinen Liebhaber-Shop von Krimiautorin Petra Hartlieb und ihrem Mann stapeln sich die Bücher bis unter die Decke. In familiärer Atmosphäre wird hier hervorragend beraten, geschmökert und literarisch genossen. Für Italo- und Frankophile: die Filiale in der Porzellangasse ist auf italienisch- und französischsprachige Bücher spezialisiert.
18., Währinger Straße 122, Tel. 01/942 75 89
9., Porzellangasse 36, Tel. 01/315 11 45, www.hartliebs.at, Öffnungszeiten: Mo–Fr 9–18 Uhr, Do 9–20 Uhr, Sa 9–13 Uhr

Der erste Cityguide für stilbewusste Frauen

Abwechslungsreich, gut recherchiert und amüsant. Die City-Guides „for Women only" sind für stilbewusste Frauen, die das Besondere suchen und eine Stadt in all ihren Facetten genießen wollen. Up to date und gefüllt mit handverlesenen Tipps, werden Hotspots für Mode, Beauty, Kunst, Design und Kultur vorgestellt – man schweift über Märkte und grüne Oasen, besucht vergnügliche Restaurants und Bars und landet schließlich auf den richtigen Partys. Mit vielen persönlichen Tipps von Insiderinnen aus Mode, Kunst und Society.

MÜNCHEN
Broschur, 13,5 x 21 cm, 208 Seiten, ca. 200 Abbildungen
ISBN 978-3-85033-758-8 € 22,- sfr 31,50

BERLIN
Broschur, 13,5 x 21 cm, 208 Seiten, ca. 150 Abbildungen
ISBN 978-3-85033-803-5 € 22,- sfr 31,50

Brandstätter

KAISERLICHER GLANZ UND ZEITGENÖSSISCHES DESIGN

DIE JUWELIERE A. E. KÖCHERT FEIERN IHR 200-JAHR-JUBILÄUM

Seit ihrer Gründung vor zweihundert Jahren zählen die Juweliere A. E. Köchert zu den renommiertesten ihres Fachs. Schon früh fanden ihre Handwerkskunst und die einzigartigen Schmuckstücke des Hauses prominente Abnehmer in Adelskreisen. Über Fürst Metternich kamen die Juweliere A. E. Köchert zu ihrem ersten kaiserlichen Auftrag. So kam es, dass A. E. Köchert als k. u. k. Hof- und Kammerjuwelier herausragende Preziosen für das österreichische Kaiserhaus entwarf, darunter die bezaubernden Diamantsterne, die Kaiserin Sisi auf dem berühmten Ölgemälde von Franz Xaver Winterhalter im Haar trägt.

Zunehmend zählten auch das gehobene Bürgertum, wie die Familien Wittgenstein, Haas oder Sacher, und Musiker, wie der Künstler Richard Strauss, zum noblen Kundenkreis des Hauses. In der Zeit des Wiener Jugendstils arbeitete die Juweliersfamilie eng mit der Wiener Werkstätte zusammen und die Architekten Josef Hoffmann und Oswald Haerdtl entwarfen Schmuckstücke.

Heute wird das Unternehmen in sechster Generation von Wolfgang, Christoph und Florian Köchert im *Wiener Stammhaus am Neuen Markt 15* und einer *Dependance in Salzburg* geführt. Die im Atelier gefertigten Schmuckstücke verschmelzen Klassisches mit der Moderne und Schönheit mit edelstem Material. Es gilt der höchste Anspruch an Handwerkskunst, Design und Qualität - wie schon vor zweihundert Jahren. *www.koechert.com*

Advertorial

Essen & Trinken

EIN IMBISS VOM FOOD TRUCK
ODER EIN MENÜ IM HAUBEN-
RESTAURANT – KULINARISCH LÄSST
WIEN KEINE WÜNSCHE OFFEN.

FAST KÖNNTE man glauben, das Wiener Volk sei gehfaul geworden. Schon bisher war es nicht allzu schwer, in jedem Grätzel, wie die Wienerinnen bekanntlich sagen, in unmittelbarer Nähe ein annehmbares Lokal zu finden (wobei es schon interessant ist, dass gerade die Bezirke, wo diversen Statistiken nach das Geld zu Hause ist – Hietzing, Döbling –, in der Versorgung hinterherhinken). Jetzt aber wird es in Wien noch leichter, den Hunger zu stillen: Essen auf Rädern ist im Anrollen. Nach amerikanischem Vorbild beginnen die ersten speziell umgebauten Versorgungsgefährte durch die Gassen der Stadt zu kurven, um sich jeweils für ein paar Stunden an wechselnden Orten niederzulassen und das herbeiströmende Stadtvolk zu verköstigen. Während am Sunset Boulevard in Los Angeles ein Food Truck namens „The Wien" – erraten – Würstel verkauft, ist im tatsächlichen Wien etwa das *Pizza-Mobile*, ein umgebauter Steyr-Lastwagen, unterwegs und versorgt Orte wie die *Strandbar Herrmann* mit Holzofenpizza à la minute. Die *Wrapstars*, die sich „Wiens erster Foodtruck" nennen, machen an diversen Orten halt, ebenso ein kleines Gefährt namens *Hy Kitchen* oder das noch viel klitzekleinere *Espressomobil*. Letzteres ist für eine Slow-Coffee-Stadt wie Wien übrigens bemerkenswerter als für Neapel, Triest oder Mailand – Städte, wo man beim Kaffee traditionell schon lange den Sekundengenuss pflegt.

Wien lernt übrigens in Sachen Kaffee seit Neuestem weniger von Italien als vielmehr von Vietnam: Die Kaffeekultur in der österreichischen Hauptstadt, die für traditionelle Koffeinspezialitäten wie den Einspänner bekannt ist, wird um den vietnamesischen Cà Phê ergänzt, eine Zubereitung mit dicker, süßer Kondensmilch und ganz langsamem, ergo hochkoffeinösem Getröpfel. Zu verdanken haben wir diesen neuen Kaffee vietnamesischen Gastronomen, die in Wien derzeit Lokale sonder Zahl eröffnen: Das *Pho Sài Gòn* in der Hegelgasse, das *Vietthao* am Karlsplatz, das *Saigon Riverside* am Franz-Josefs-Kai, das *By Chi* in der Hollandstraße nahe dem Karmelitermarkt, das *Le Viet* auf der Stubenbastei, das *Le Pho* in der Gumpendorfer Straße – sie alle wickeln derzeit nicht nur kalte Reispapierrollen, sondern gleich die halbe Stadt um den Finger. Mit viel frischem Koriander, Fischsauce, gerösteten Erdnüssen und Chili.

Und gegen zu viel ungewohnte Schärfe hilft traditionell nicht Wasser, sondern Bier. Hier tun sich in Wien neuerdings Welten auf. Mehr und mehr Adressen für Craft Beer, also handwerklich gebraute,

mitunter sehr schräge Bierspezialitäten, erobern die Stadt: Lokale wie das *Steirereck* oder das *Da Max* bieten eine Bierbegleitung zum Menü an – übrigens oft in eleganten Mengen und ebensolchen Stielgläsern serviert –, oder es sind gleich die Kleinstbrauereien, die ihre Kreationen direkt ausschenken, wie die *1516 Brewing Company* oder das *Lichtenthaler Bräu*. Die neue Bierkultur heißt aber nicht, dass eine der ganz großen Bierinstitutionen der Stadt, das *Schweizerhaus* im Prater, an Zustrom verliert. Das *Schweizerhaus* ist eines jener Lokale mit der größtmöglichen Zielgruppe: alle. Hier geht tatsächlich jeder hin, von der Chefredakteurin bis zum Elektriker. Außer vielleicht Veganerinnen – schließlich ist im *Schweizerhaus* die Stelze noch immer das berühmteste Gericht. Mit veganen Adressen ist Wien aber nicht gerade schlecht versorgt. Da gibt es etwa das junge Bistro *Harvest* im jüdisch-orthodox geprägten Viertel rund um die Karmeliterkirche, das *deli bluem* an einem der wenigen grünen Orte im achten Bezirk, am Hamerlingplatz, oder auch vegane Küche auf höchstem Niveau: Im *Tian*, dem ersten vegetarischen Sternelokal Österreichs, kocht

Ferdl

Küchenchef Paul Ivic immer auch vegan. Supermärkte wie der *Maran Vegan* im sechsten Bezirk oder der wunderbare Eissalon *Veganista* im siebenten – mit Sorten wie Orange-Safran-Olivenöl oder Ahornsirup-Pekannuss – ermöglichen in Wien ein höchst genussreiches tierproduktfreies Leben. Eingefleischte Carnivorinnen müssen sich dennoch keine Sorgen machen: Weder stirbt das Wiener Schnitzel aus, noch verschwinden Würstelkultur oder Wiener Innereienküche. Im Gegenteil: Fleisch ist wichtiger Bestandteil der zukünftigen Esskultur der Stadt. Etwa bei einem der jährlichen Sommer-Pop-ups neben dem *Badeschiff* am Donaukanal, wo schon zu Burgern und originalem Barbecue geladen wurde. Oder beim *Gschupftn Ferdl*, wo man die Wiener Heurigenkultur neu denkt. Oder im lauschigen Garten rund um den *Volksgarten Pavillon*. Hier wird dem Fleisch im Smoker oder in Form von eigens entwickelten spannenden Würsteln gehuldigt.

„Fleisch ist mein Gemüse", sagen die einen, „Gemüse mein täglich Brot", sagt der andere. „Der andere" ist in diesem Fall Michael Bauer, der im 22. Bezirk für das Lokal *Ströck Feierabend* ein Bio-Gemüsefeld mit mehr als zwanzig zum Teil alten Sorten bestellt. Gemeinsam repräsentiert man damit einen weiteren Trend: Gastronomie, die zum Teil auf Selbstversorgung basiert. Das *Steirereck* treibt dies mit seinem Dachgarten im Stadtpark ebenso voran wie der Verein Karlsgarten, der neben dem Lokal *Heuer* am Karlsplatz mit urbaner Landwirtschaft experimentiert – inklusive Bienen und Schnecken. Dahinter steckt die Sehnsucht nach gutem Gewissen und Vertrauen, nach sorgsam ausgewählten Produkten aus vertrauenswürdigen Quellen. Genauso wie die Tipps in diesem Genuss-Kapitel.

— ANNA BURGHARDT

Strandbar Herrmann – 3., Hermannpark / *Pho Sài Gòn* – 1., Hegelgasse 17 / *Vietthao* – 1., Friedrichstraße 2 / *Saigon Riverside* – 1., Franz-Josefs-Kai 31 / *By Chi* – 2., Hollandstraße 15 / *Le Viet* – 1., Stubenbastei 12 / *Le Pho* – 6., Gumpendorfer Straße 97 / *Steirereck* – 3., Am Heumarkt 2a / *Grillhaus Da Max* – 1., Schellinggasse 6 / *1516 Brewing Company* – 1., Schwarzenbergstraße 2 / *Lichtenthaler Bräu* – 9., Liechtensteinstraße 108 / *Schweizerhaus* – 2., Prater 116 / *Harvest* – 2., Karmeliterplatz 1 / *deli bluem* – 8., Hamerlingplatz 2 / *Tian* – 1., Himmelpfortgasse 23 / *Maran Vegan* – 6., Stumpergasse 57 / *Veganista* – 7., Neustiftgasse 23 / *Zum Gschupftn Ferdl* – 6., Windmühlgasse 20 / *Volksgarten Pavillon* – 1., Burgring 1 / *Ströck Feierabend* – 3., Landstraßer Hauptstraße 82 / *Heuer* – 4., Treitlstraße 2

GUT ESSEN

Leger & entspannt

Finsterer Stern

Es gibt zwei sechsgängige Minimenüs – wobei das Kaninchen schwer zu toppen ist. In der warmen Jahreszeit sitzt man unter Bäumen auf einem der lauschigsten Plätze Wiens. Wegen der versteckten Lage und der intimen Atmosphäre perfekt für romantische Tête-à-Têtes.

1., Schulhof 8, Tel. 01/535 21 00, Öffnungszeiten: Mo–Sa 18–24 Uhr

Holy Moly Rock 'n' Rolly

Der umgebaute Lastenkahn mit schwimmendem Pool-Restaurant und Open-Air-Bar an Deck. Lässiges Ambiente nach dem Credo: eine sinnliche Verbindung von Ess- und Trinkkultur und Sound. Frisches Bier direkt aus den Kesseln der Brauerei, den Wein kann man nach Lust gerne selbst mitbringen und zahlt dafür Stoppelgeld. Steckerlfisch und bester BBQ „Big Smoke" im Sommer.

LANE & MERRIMAN'S

1., Donaukanallände zwischen Schwedenplatz und Urania, Tel. 0699/15 13 07 50, reservierung@badeschiff.at, www.badeschiff.at, Öffnungszeiten: täglich 17–1 Uhr

Palmenhaus

Das Palmenhaus – eine Mischung aus Späthistorismus, Barock und Jugendstil – gehört zweifellos zu den prächtigsten Stahl-Glas-Konstruktionen seiner Zeit. Die darin befindliche Brasserie ist charmant und auch an düsteren Tagen lichtdurchflutet. Im Sommer auch schön zum Draußensitzen, es herrscht allerdings fast immer Hochbetrieb.

1., Burggarten 1, Tel. 01/533 10 33, office@palmenhaus.at, www.palmenhaus.at, Öffnungszeiten: Mo–Sa 10–22.30 Uhr, So 10–22 Uhr

Skopik & Lohn

Das Skopik & Lohn ist eines jener Lokale, in denen dem Publikum der Name des Kochs nicht so wichtig ist. Hier geht es vielmehr um Stimmung und Ambiente – die Arbeit des Künstlers Otto Zitko ziert Wände und Decken. Das Hinterzimmer reserviert man am besten rechtzeitig für die nächste Geburtstagsjause, und je später der Abend, desto illustrer die Gäste und die Beschallung – Chansons der 1920er- bis 1960er-Jahre. Immer wieder fantastisch!

2., Leopoldsgasse 17, Tel. 01/219 89 77, www.skopikundlohn.at, Öffnungszeiten: täglich 18–1 Uhr, Sonntag geschlossen

Das Engel

Ein gemütliches Lokal, zwei riesige Gemeinschaftstische. Die Gerichte der handgeschriebenen Speisekarte von Una Abraham wechseln ständig. Die Schätze der Weinkarte und die selbst gemachte Ingwerlimonade können wir wärmstens empfehlen. Eine Tasse von Tobias Radingers Kaffeefabrik-Röstung nach dem Essen ist ebenfalls ein Genuss.

2., Große Pfarrgasse 5, Tel. 01/212 78 94, www.dasengel.at, Öffnungszeiten: Mo–Fr ab 16 Uhr, Sa 10–15 Uhr

Kussmaul
Snacken auf hohem Niveau: eine Mischung aus Restaurant, Café-Patisserie und Bar. Das Konzept: regional, biologisch, hausgemacht. Selbst gemachte Patisserie, selbst gemachtes Tonic, hängende Kräutergärten – die Kräuter werden dann in der Küche verwendet – und eine DJ-Line am Wochenende.
7., Spittelberggasse 12, office@kussmaul.at, www.kussmaul.at, Öffnungszeiten: Mo–Sa 8–2 Uhr, So 8–18 Uhr

Lane & Merriman's
Ein Café, Organic Grocer und gemütliches Pub, in dem Bio-Gemüse und selbst gebackenes Brot, selbst gemachte Kuchen, Burger mit Bio-Ketchup und andere Köstlichkeiten, u. a. auch Bio-Bier, feilgeboten werden. Auch Veganer kommen hier voll auf ihre Kosten.
9., Spitalgasse 3, Tel. 0660/348 45 88, office@laneandmerrimans.com, www.laneandmerrimans.com

Speisekammer
Ein Souterrainlokal mit nackten Wänden, rohen Holztischen, Industrieleuchten und – sehr bequemen – Plastikstühlen. Die Stimmung ist gut und das liegt nicht nur an der Küche, der es gelingt, gutes Essen um ziemlich wenig Geld zu kredenzen.
8., Tigergasse 31, Tel. 0680/440 63 38, Öffnungszeiten: Di–Sa 18–22.30 Uhr

Charlie P's Dining Room
Das Esszimmer des Charlie P ist schwer zu empfehlen. Gute Atmosphäre, herausragendes Essen – ziemlich fleischlastig –, herrliche Nachspeisen, köstliches britisches Bier und angenehme Menschen. Was will man mehr?
9., Währinger Straße 3, Tel. 01/409 79 23, www.charlieps.at, Öffnungszeiten: Mo–So 17–22 Uhr

Szene

Volksgarten-Pavillon Barbecue (Sommer)
Der Gastgarten beim Volksgarten-Pavillon ist groß und weitverzweigt, doch ohne Reservierung wird's an einem schönen Abend eng: Hier ist es einfach zu schön, wenn der Grill angeworfen wird. Donnerstags ist übrigens Würstel-Abend. Ansonsten wird hier Steckerlfisch von der Forelle, Pork Belly Burger oder ein Veggie mit Süßkartoffeln, Zwiebeln und Roter Rübe aus der Glut geholt und mit Büffeljoghurt und Petersilsalat kombiniert – einfach köstlich.
1., Heldenplatz, Tel. 01/532 09 07, www.volksgarten-pavillon.at, bei Schönwetter im Sommer täglich 18.30–23 Uhr

Motto am Fluss
Restaurant und Café an der Anlegestation am Donaukanal. Besonders hübsch im Sommer, um in den Liegestühlen und umtriebiger Atmosphäre ein Mittagsmenü zu sich zu nehmen oder frisch zubereitete Limo zu trinken. Empfehlenswert: die hausgemachten Torten und Cakes.
1., Franz-Josefs-Kai/Vorkai, zwischen Marien- und Schwedenbrücke, Tel. 01/252 55 10, restaurant@mottoamfluss.at, www.motto.at/mottoamfluss, Öffnungszeiten: Mo–So 11.30–14.30 und 18–2 Uhr

CAFÉ FRANÇAIS

Dots X-Club
Eine Mischung aus Restaurant und Club, um hineinzukommen, braucht man einen Schlüssel. Wer selbst keinen hat, muss sich die richtige Begleitung suchen. Tolle Location, chice Crowd und fantastische Steaks – das kostet, aber das ist es auch wert. Ein Hauch New York und für einen niveauvollen Dinner & Dance-Abend absolut empfehlenswert.
1., Wollzeile 19, www.luxious.at, Öffnungszeiten: Di–Sa 18–2 Uhr

Albertina Passage Dinnerclub
Dining & Dancing wie in den 1930er- bis 1950er-Jahren. Die Speisekarte ist international und die Drinks sind gut. Ab 20 Uhr gibt's Swing oder singenden Dinnerjazz auf der Bühne. Kurz vor Mitternacht übernehmen die DJs von Radio Superfly und sorgen mit den Barkeepern für Clubstimmung.
1., Opernring, Tel. 01/512 08 13, www.albertinapassage.at, Öffnungszeiten: Do–Sa 18–4 Uhr

On Market
Köstliche, frisch zubereitete Gerichte nach südchinesischer Art, gepaart mit japanischen Einflüssen. Fisch, Meeresfrüchte, Gemüse und Gewürze – herrliches Sushi, Teigtaschen oder auch asiatisches Frühstück. Gelungenes Szenelokal beim Naschmarkt, mit gutem Dekor. Eines der wenigen Szenelokale, das auch sonntags offen hat.
6., Linke Wienzeile 36, Naschmarkt, Tel. 01/581 12 50, www.on-market.at, Öffnungszeiten: täglich von 7–2 Uhr

Café Français
Hier genießen frankophile Frühstückerinnen ihr Baguette und einen Café Crème. Das Bistro ist eine Huldigung an die französische art de vivre: Musik von Gainsbourg bis Guetta und Zaz über ganz herausragend knusprig-cremige Pommes frites mit extra scharfem Dijon-Senf, Zwiebelsuppe und einen Coq au vin – wie es sich gehört.
9., Währinger Str. 6–8, Tel. 01/319 09 03, www.cafefrancais.at, Öffnungszeiten: Mo–Sa 9–23 Uhr

Ablaufdatum
Ein mediterranes Restaurant mit Bar mitten im 19. Bezirk: fantastische Antipasti, süß marinierter Krautsalat mit Heidelbeeren, sehr feine Peperonata oder Pulpo mit Stangensellerie und warme Gerichte. Sehr sympathisch mit schönem Gastgarten und guter Stimmung.
19., Sieveringerstraße 118, Tel. 0699/11 03 82 96, www.ablaufdatum.at, Öffnungszeiten: Mo–So 17–24 Uhr, So 10–15 Uhr

Beisln & Wiener Küche

Gasthaus Pöschl
Ein Beisl-Klassiker mit Altwiener Küche. Liegt mitten in der Stadt und wird von Schauspieler Hanno Pöschl und Radio-

köchin Andrea Karrer-Pöschl geführt. Herrliche Atmosphäre, gutes Essen, und im Sommer kann man am wunderschönen Franziskanerplatz Platz nehmen. Unbedingt reservieren, denn hier geht's zu Mittag zu wie in einem Bienenstock.
1., Weihburggasse 17, Tel. 01/513 52 88, Öffnungszeiten: Mo–So 12–24 Uhr

Plachuttas Gasthaus zur Oper
Gaststätte mit modernem Gasthaus-Ambiente mit großem Schanigarten und Blick auf die Oper. Serviert werden Klassiker der Wiener Küche; Schnitzel und Rindfleisch mit Garnitur sind so, wie es sich gehört. Ideal für das sonntägliche Mittagessen mit Jung und Alt.
1., Walfischgasse 5–7, Tel. 01/512 22 51, www.plachutta.at, Öffnungszeiten: täglich von 11–0.30 Uhr

Am Nordpol 3
Die deftige böhmische Hausmannskost macht auf kurz oder lang kugelrund, das ist gewiss, aber auch glücklich. Zwischen Knödeln, faschiertem Braten, handgewuzelten Mohnnudeln oder Powidltascherln wird man dem nur zustimmen können.
2., Nordwestbahnstraße 17, Tel. 01/333 58 54, www.amnordpol3.at, Öffnungszeiten: Mo–Fr 17–24 Uhr, Sa, So, Fei 12–24 Uhr

ON MARKET

Gasthaus Wild
Groß und gemütlich, genau die richtige Mischung aus Alt und Neu. Aus der Küche kommen modernisierte Klassiker. Der großzügige Schanigarten im Sommer ist ein guter Platz, um sich das eine oder andere kühle Bier zu genehmigen.
3., Radetzkyplatz 1, Tel. 01/920 94 77, wild@chello.at, Öffnungszeiten: Mo–So 9–1 Uhr, Küche Mo–Sa 11.30–23 Uhr, So 11.30–22 Uhr

Zur Herknerin
Stefanie Herkner kocht in einem ehemaligen Installateur-Laden, der von außen auch noch so aussieht. Drinnen herrscht improvisierte Gemütlichkeit. Aufgetischt wird Rindsuppe mit Grießnockerln, Erdäpfelgulasch, fallweise auch Krautrouladen und Butterkarfiol mit Bröseln. Wirtin Stefanie sorgt nicht nur für gutes Essen, sondern auch für beste Stimmung – Lieblingsbeisl von Kreativen aller Art. Im Sommer auch zum Draußensitzen.
4., Wiedner Hauptstraße 36, Tel. 0699/152 205 22, buero@zurherknerin.at, www.zurherknerin.at, Öffnungszeiten: Di–Fr 17–22 Uhr

Gasthaus Wolf
Spannendes Wirtshaus mit viel Innereien, Gewürzen und Obst und Kräutern aus dem Garten der Mama. Von Kalbsrahmbeuschel bis zu Mangalitza-Stelzenconfit. Resopaltische, Sessel vom Pontoni II und eine alte Schanktheke als Blickfang. Von Juni bis September kann man im Schanigarten sitzen.
4., Rienößlgasse 17/Ecke Große Neugasse 20, Tel. 01/581 15 44, tisch@gasthauswolf.at, www.gasthauswolf.at, Öffnungszeiten: Mo–Sa 17–1 Uhr, Küche: 18–22 Uhr

Gasthaus Woracziczky
Hier gibt's bodenständige Wiener Küche wie Tafelspitzsulz, Kalbsrahmgulasch oder Rahmschmarren mit Zwetschkenröster und

im Sommer einen schönen Gastgarten. Die Chefin kümmert sich persönlich um die Gäste.
5., Spengergasse 52, Tel. 0699/112 29 530, Öffnungszeiten: Mo–Fr 11.30–15 Uhr und 18–24 Uhr

Rudi's Beisl
Rudi's Beisl wurde von Wolfram Siebeck zum Prototyp des Wiener Beisls erkoren. Das Beisl ist klein, aber fein. Der Wirt ist allgegenwärtig, das Stammpublikum ihm treu ergeben.
5., Wiedner Hauptstraße 88, Tel. 01/544 51 02, www.rudisbeisl.at, Öffnungszeiten: Mo–Fr 11–15 Uhr u. 18–23 Uhr

Glacis Beisl
Modernes Beisl in gutem Design mit Wiener bis altösterreichischer Küche und einer guten Auswahl an Bier und Wein. Besonders schön ist im Sommer der große, begrünte Gastgarten!
MuseumsQuartier, 7., Museumsplatz 1 (Zugang Breitegasse 4), Tel. 01/526 56 60, mail@glacisbeisl.at, www.glacisbeisl.at, Öffnungszeiten: Mo–So 11–2 Uhr

Gasthaus Schilling
Beliebtes Beisl mit bodenständiger Wiener Küche und urigem Ambiente – nett im Winter und für ein zünftiges Mittagessen am Sonntag.
7., Burggasse 103, Tel. 01/524 17 75, Öffnungszeiten: täglich 11–1 Uhr

Hohensinn
Charmantes Lokal mit bezauberndem Innenhof und weiß gedeckten Tischen. Hier wird Wiener Küche zelebriert. Innereienspezialitäten, aber auch leichtere traditionelle Gerichte für alle, die es nicht so mit Kalbsnieren und Beuscheln haben.
8., Fuhrmanngasse 9, Tel. 01/533 64 64, Öffnungszeiten: Di–Fr 11–24, Sa 17–24 Uhr

Roter Bär
Bodingbauer und Kovacic sind hier angetreten, um mit biologischer Küche das eingefleischte Stammpublikum von Altwiener Backfleisch in Bioqualität, dem slowenischen Vorspeisenteller mit Sterz, polnischer Pierogi und Rinderschmorbraten mit Butternudeln zu überzeugen. Fabelhafte Küche und bunt gemischtes Publikum.
9., Berggasse 39, Tel. 01/317 61 50, Öffnungszeiten: Mo–Fr 9–23 Uhr, Sa 18–24 Uhr

Zum gschupftn Ferdl
Der erste Bio-Heurige mit der besten Jausn der Stadt. Die Glasvitrine ist gefüllt mit Hauswürstln, Speck, Käse, einem gscheiten Brot und guten Aufstrichen – jeden Abend kredenzt der Ferdl außerdem „Schupfkrapfen" mit Fleisch, Blunze oder vegetarisch. Sonntags serviert Köchin Parvin Razavi Bio-Grillhennen. Weil die Gemütlichkeit auch Musik erfordert, im Speziellen das Wiener Lied, gibt's einen Wurlitzer oder junge Musiker, die hier auftreten. Man trifft hier Künstler, Kreative und andere junge, wilde Stadtbewohner.
6., Windmühlgasse 20, Tel. 01/966 30 66, www.zumgschupftnferdl.at, Öffnungszeiten: Mo–Fr 9–12.30 Uhr, Sa u. So 9–14 Uhr, Frühstück: 9–2 Uhr

Fine Dining

Steirereck
Gastronomische Perfektion: In der Weltrangliste der besten Lokale auf Platz 16, die Nummer eins in Wien. Heinz und Birgit Reitbauer zeigen, wie es geht – auf der Suche nach einzigartigen Aromen und geschmacklicher Vielfalt mit den besten regionalen Produkten zubereitet. Unglaubliches Käse- und Brotsortiment – alles in allem ein Erlebnis. Unbedingt reservieren.

3., Am Heumarkt 2a, Tel. 01/713 31 68, wien@steirereck.at, www.steirereck.at, Öffnungszeiten: Mo–Fr 11.30–14.30 und ab 18.30 Uhr, Fei geschlossen

Filippou
Konstantin Filippou hat sich innerhalb kürzester Zeit eine Fancommunity erkocht – schönes Lokal mit eleganten Sesseln, Naturholztischen mit nordischem Flair und tollem Essen. Ohne Reservierung geht hier nichts. Zu Mittag gibt es auch ein Menü mit „normalem" Essen, das sich sehen lassen kann.
1., Dominikanerbastei 17, Tel. 01/512 22 29, restaurant@konstantinfilippou.com, www.konstantinfilippou.com, Öffnungszeiten: Mo–Fr 12–15 Uhr (Küche bis 14 Uhr) u. 18.30–24 Uhr (Küche bis 22.30 Uhr)

Tian
Hier wird vegetarische und vegane Küche auf höchstem Niveau geboten. Vereint werden dabei gleich vier verschiedene Konzepte unter einem Dach: eine Greißlerei als eine Art Take-away-Market, ein urbanes Café-Restaurant für den Mittagsbetrieb, eine Bar-Lounge sowie ein Salon mit „Private Room" für Haute Cuisine am Abend.
1., Seilerstätte 16, Tel. 01/890 46 65, reservierung@tian-vienna.com, www.tian-vienna.com Öffnungszeiten: Di–Sa 12–24 Uhr

Freyenstein
Meinrad Neunkirchner, ein Meister der Kräuter- und Wildpflanzenküche, hält schon seit Jahren, was er verspricht: gute Preise und top Qualität. Reservieren!
18., Thimiggasse 11, Tel. 0664/439 08 37, www.freyenstein.at, Öffnungszeiten: Di–Sa 18–24 Uhr, Küche 18–23 Uhr

Vestibül
Die Küche des hübschen Lokals im Burgtheater ist immer wieder für Höchstleistungen gut.
1., Universitätsring 2, Tel. 01/532 49 99, www.vestibuel.at, Öffnungszeiten: Mo–Fr 11–24 Uhr, Sa 18–24 Uhr

Mraz und Sohn
Tolles Gasthaus mit allerfeinster Kreativküche, ein bisschen abseits vom Schuss, dafür umso origineller. Inszenierung, Konsistenzen und Experimente sind Teil des Menüs. Hübscher Gastgarten.
20., Wallensteinstraße 59, Tel. 01/330 45 94, www.mrazundsohn.at, Öffnungszeiten: Mo–Fr 19–24 Uhr (Fei geschlossen)

Steaks

Flatschers
Wer das junge, moderne Wien sucht und Wert auf untypische Gerichte legt, ist hier auf der richtigen Spur. Eine gelungene Mischung aus Bar, Restaurant und Bistro. Aus diesem Grund geht hier der Student mit dem Geschäftsmann auf Tuchfühlung. Feinste Rinderfilets aus Argentinien bis zum T-Bone-Steak und Burger werden hier verspeist, dazu handgemachte Pommes frites oder hausgemachte Saucen.
7., Kaiserstraße 113–115, Tel. 01/523 42 68, www.flatschers.at, Öffnungszeiten: täglich 17–1 Uhr

Grill House da Max

In Sachen Burger ist das Grill House eine der besten Adressen. Auf den Tischen stehen riesige Speisekarten, die ein bisschen aussehen wie kleine Paravents. Und das mit Absicht. In Bezug auf die Getränke gilt: kleine Weinkarte, dafür große Craftbeerkarte!
1., Schellinggasse 6, Tel. 01/512 81 28, www.zum-huth.at, Öffnungszeiten: täglich 12–24 Uhr

... said the butcher to the cow

Vom klassischen Hamburger und Cheeseburger bis zu Varianten mit Pulpo und Faschiertem vom Schwein oder „Black-Bean-" und „Halloumi-Burger" wird hier aufgetischt. Auch ein „Surf-'n'-Turf-Burger" mit Black-Tiger-Garnelen ist dabei. Zum Nachtisch einen Cheesecake und ein hausgemachter Gin Tonic.
1., Opernring 11, Tel. 01/535 69 69, www.butcher-cow.at, Öffnungszeiten: Di u. Mi 17–1 Uhr, Do–Sa 17–2 Uhr

Dstrikt

Das elegante Steak-House im Hotel Ritz-Carlton hat sich dem Konzept „farm-to-table" verschrieben. Gutes Fleisch und lokale Produkte.
1, Stubenring 5–7, Tel. 01/311 88 110, www.ritzcarlton.com, Öffnungszeiten: Mo–So 12–14.30 Uhr, 18–22.30 Uhr

El Gaucho

Designer-Lokal im Stilwerk, das argentinisches Bio-Rindfleisch und österreichische Dry-Aged-Steaks serviert – top Qualität. Es stehen so gut wie alle Steakklassiker im Angebot: T-Bone, Porterhouse, Hüferlsteak, Rumpsteak, Filet und Rib-Eye mit dem schönen Fettauge in der Mitte. Das Fleisch ist köstlich, das Ambiente Geschmackssache.
2, Praterstraße 1, Tel. 01/21 21 21 0, www.elgaucho.at, Öffnungszeiten: Mo–Sa 11.30–24 Uhr

Französisch

Beaulieu

Das kleine Bistro ist gleichzeitig ein Delikatessenladen mit einer guten Auswahl an Käse, Quiches, Wein und Tartes. Am besten zum Lunch auf ein belegtes Baguette, einen Coq au vin oder ein Chèvre chaud vorbeischauen – als wäre Wien Paris. Hübscher Garten und ein noch hübscheres Kochbuch zum Mit-nach-Hause-Nehmen.
Ferstl-Passage, 1., Herrengasse 14, Tel. 01/532 11 03, office@beaulieu-wien.at, www.beaulieu-wien.at, Öffnungszeiten: täglich 10–23 Uhr, Sonntagsbrunch von 10–18Uhr

Le Salzgries

Eines der besten und authentischsten französischen Bistros der Stadt mit wechselnder Karte. Spezialitäten: Meeresfrüchte, vor allem Austern, und im „Green Egg" geräucherte BBQ-Gerichte. Im Keller lockt eine gut gefüllte Weinbar; im Sommer empfiehlt sich der kleine Schanigarten zum Draußensitzen.
1., Marc-Aurel-Straße 6, Tel. 01/533 40 30, www.le-salzgries.at, Öffnungszeiten: Di–Sa 11.30–23 Uhr (Fei geschlossen), Küche 11.30–14.30 Uhr und 18–23 Uhr, dazwischen Barspeisekarte

BEAULIEU

Coté sud
Eine Elsässerin interpretiert in ihrem kleinen, angenehm designten Bistro südfranzösische Küche. Draußen ist ein kleiner Schanigarten.
4., Schleifmühlgasse 8, Tel. 01/208 03 75, info@cotesud.at, www.cotesud.at, Öffnungszeiten: Mo–Fr 11.30–14.30 Uhr u. 18.30–22.30 Uhr, Sa 19–22.30 Uhr

Italienisch

Fabios
Schickes Lokal, schicke Menschen und feines italienisches Essen, inklusive dem entsprechende Ambiente, das seinen Preis hat. Laue Sommerabende genießt man auf der Terrasse. An der Bar trifft man halb Wien bei Tratsch und Drinks.
1., Tuchlauben 4–6, Tel. 01/532 22 22, fabios@fabios.at, www.fabios.at, Öffnungszeiten: Mo–Sa 10–1 Uhr

Rossini
Unkapriziös und gemütlich. Neapolitanische Küche, gute Pizza, netter Schanigarten und italienisches Personal. Hier kann man auch ganz gemütlich mal abends alleine essen gehen.
1., Schönlaterngasse 11, Tel. 01/512 62 14, Öffnungszeiten: Mo–Sa 12–14.30 Uhr, 18–23.30 Uhr

Pizzeria Mari'
Das Ambiente ist bewusst sehr karg gehalten, die original neapolitanische Pizza (nur sechs Pizze stehen zur Auswahl) zählt zu den besten der Stadt – finden wir. Auch zum Mitnehmen. Außerdem: gute Brände und Grappe.
2., Leopoldsgasse 23a, Tel. 0676/687 49 94, office@pizzamari.at, www.pizzamari.com, Öffnungszeiten: Di–Sa 12–24 Uhr, So 17–23 Uhr

DISCO VOLANTE

Disco Volante
Maria Fuchs, Inhaberin von Pizza Mari', bringt in ihrem zweiten Lokal mit dem köstlichen Discokugel-Ofen zum Schlangestehen. Das kantinenartige Lokal ist jeden Abend gut gefüllt, gute Atmosphäre und ein Mix aus Szene-Menschen, Pizzafreunden und jungen Menschen, die in der Gegend wohnen. Auch hier sehr reduziert, aber wunderbar am Punkt und auch sonntags geöffnet.
6., Gumpendorferstraße 98, prenotazioni@disco-volante.at, www.disco-volante.at, Öffnungszeiten: Di–Sa 12–24 Uhr, So 12–23 Uhr

Il Mare
Alt, aber oho – die traditionell italienische Küche, die neben guten Pizze auch Fischkreationen allererster Wahl feilbietet, erfreut in jeder Hinsicht. Die Bistecca Fiorentina ist stadtbekannt und die Zutaten kommen aus Italien.
7., Zieglergasse 15, Tel. 01/523 74 94, Öffnungszeiten: 12–14.30 Uhr u. 18–23 Uhr

WEITER AUF SEITE 70 →

Stefanie Herkner

Wirtin

Was ist das Besondere an der Wiener Wirtshauskultur?

Das Besondere an der Wiener Wirtshauskultur ist, wie der Name schon sagt, dass der Wirt das Sagen hat und nicht der Gast. In Wien geht man zum Wirten nicht nur, um gut zu essen und zu trinken, sondern auch, weil man hier sein zweites Zuhause findet, wo geredet, geliebt, gelitten – einfach gelebt wird.

Welche Märkte und Läden würden Sie Menschen mit Vorliebe für gutes Essen und gute Produkte empfehlen?

Am Naschmarkt gibt es viel, aber nicht alles ist gut. Meine persönliche Empfehlung sind die Käsebuben – der *Urbanek* –, besonders gerne nehme ich den Liptauer nach Rezept meines Vaters. Ursprünglicher geht es am Meiselmarkt zu, von dort beziehen wir unser Sarma-Kraut. Fleischspezialitäten gibt es in der *Fleischerei Gissinger* und süße Köstlichkeiten in der *Conditorei Sluka.*

Wo lassen Sie sich gerne inspirieren, wenn Sie mal nicht in Ihrem Lokal die Gäste bekochen?

Inspiration finde ich, wenn ich auf Reisen gehe: Viele Ideen habe ich aus Berlin, London und New York mitgenommen und sie dann in der *Herknerin* auf „Wienerisch“ umgesetzt.

Einen Abend mit Freunden, wie sieht der aus und wo trifft man Sie zu später Stunde?

Wir beginnen mit von mir selbst gemixten „Martinis at home“. Danach beziehen wir einen gemütlichen Tisch bei Horst im *Skopik & Lohn* und anschließend ein Night Cup bei *Roberto's.*

Urbanek – 6., Naschmarkt Stand 46 / *Fleischerei Gissinger* – 16., Ottakringer Straße 140 / *Conditorei Sluka* – 1., Rathausplatz 8 / *Zur Herknerin* – 4., Wiedner Hauptstraße 36 / *Skopik & Lohn* – 2., Leopoldsgasse 17 / *Roberto American Bar* – 1., Bauernmarkt 11–13

28 LE LAVA

Pizzeria Riva
Es gibt viele, die meinen, es gäbe hier die beste Pizza der Stadt, weil diese mit viel Liebe und neapolitanischem Know-how gefertigt wird. Darum ist das Lokal auf zwei Ebenen auch immer gut gefüllt – also reservieren!
9., Schlickgasse 2/Ecke Türkenstraße, Tel. 01/310 20 88, www.pizzariva.at, Öffnungszeiten: Mo–Fr 11.30–14.30 Uhr u. 17.30–23 Uhr, Sa u. So 17.30–23 Uhr

Wetter (am Yppenmarkt)
Raetus Wetter hat mit seinem Lokal den Schritt gewagt, eine Küche zu präsentieren, die bis auf das Pesto alla Genovese für die meisten völlig unbekannt war. Delikat das geschmorte Kaninchen in Paradeisern, Oliven, Tonnen an Zwiebeln und Karotten. Perfekt auch die Pasta mit Erdäpfeln und Walnüssen.
16., Yppenplatz/Payergasse 13, Tel. 01/406 07 75, www.wettercucina.at, Öffnungszeiten: Di–Fr 18–22.30 Uhr, Sa 11–22.30 Uhr

LOVE KITCHEN

La Salvia
Ein Alimentari mit Küche im „Hinterzimmer". Neben italienischen dominieren slowenische und kroatische Zutaten und Gerichte. Eine echte Bereicherung des Yppenmarkts.
16., Marktstand gegenüber Yppenplatz 8, Tel. 01/236 72 27, www.lasalvia.at, Öffnungszeiten: Di–Do 16–22 Uhr, Fr 10–22 Uhr, Sa 9–15 Uhr

Private Dinner

Love Kitchen
Eschie Fiege kocht dienstags und mittwochs vegetarischen Lunch in ihrer wunderbaren Wohnung auf der Wienzeile. Menü und Öffnungszeiten erfährt man auf der Homepage. Ihr neues Kochbuch mit köstlichen Rezepten ist ein heißer Tipp!
www.lovekitchen.at

Mezzanin 7
Im Mezzanin 7, einem Salon im Wiener Shabby-Chic, werden Köstlichkeiten, begleitet von Opernarien oder Jazz aus den 1930er-Jahren, aufgetischt. Das Ganze nennt sich Vintage-Dinner.
www.mezzanin7.at

Imbisse

1. BEZIRK

Zum Schwarzen Kameel
Wunderbare Brötchen und Petit Fours – herrlich holzgetäfeltes Ambiente und bunt gemischtes Publikum. Ein Muss beim Stadtbummel.
1., Bognergasse 5, Tel. 01/533 81 25, www.kameel.at, Öffnungszeiten: Mo–Sa 12–15.30 Uhr, 18–24 Uhr

Trzesniewski
Legendäre Brötchen mit delikaten Auf-

ZUM SCHWARZEN KAMEEL

strichvariationen zum gleich Essen oder Mitnehmen. Es gibt mittlerweile in ganz Wien Trzesniewski-Läden, aber jener in der Dorotheergasse ist das Original. Alles hier wie in alten Zeiten – einfach herrlich!
1., Dorotheergasse 1, www.trzesniewski.at, Öffnungszeiten: Mo–Fr 8.30–19.30 Uhr, Sa 9–17 Uhr

Hidden Kitchen
Zum Lunch gibt es köstliche Quiche, Salate und jeweils eine Tagesspeise und zum Nachtisch herrliche Torten und Cupcakes.
1., Färbergasse 3, Tel. 01/276 83 98, eat@hiddenkitchen.at, www.hiddenkitchen.at, Öffnungszeiten: Mo–Fr 11–16 Uhr

Würstelstand Bitzinger (bei der Albertina)
Spät nachts eine der beliebtesten Würstelbuden der Stadt. Extra: Schampus zur Bosna, um einen Abend auf sehr wienerische Art abzuschließen.
1., Augustinerstraße 1, Tel. 01/533 10 26, wurst@bitzinger.at, Öffnungszeiten: im Sommer von 8–5 Uhr

2. BEZIRK

Wulfisch (beim Karmelitermarkt)
Krabbenbude wie in Hamburg, Wraps und Matjes-Brötchen.
2., Haidgasse 5, Tel. 01/946 18 75, hunger@wulfisch.at, www.wulfisch.at, Öffnungszeiten: Mo–Fr 11–20 Uhr, Sa 10–15 Uhr

4. BEZIRK

4., Paninoteca
Guter Espresso, Cinotto und leckere Paninis.
4., Margaretenstraße 22, Tel. 0699/17 11 81 92, office@paninoteca.at, www.paninoteca.at, Öffnungszeiten: Mo–Sa 11.30–15.30 Uhr

Kiosk
Allerlei Würstelspezialitäten, perfekt nach einem Streifzug durch die Galerien in der Schleifmühlgasse.
4., Schleifmühlgasse 7/3, Tel. 01/585 40 77, kiosk@xpedit.at, Sommeröffnungszeiten: Do–Sa 18–3.30 Uhr

6. BEZIRK

Suppito
In Gläsern abgefüllte Suppen, Currys und Sugos zum Mitnehmen, alles frisch und nach den fünf Elementen zubereitet. Auf Bestellung wird auch mit dem Taxi ins Büro oder nach Hause geliefert.
6., Girardigasse 9/Ecke Lehargasse, Tel. 0664/213 91 09, info@suppito.at, www.suppito.at, Öffnungszeiten: Mo–Fr 11–18 Uhr

Tongues Feinkost & Records
Ein Konzept, das Bio-Feinkost mit einem Plattenladen vereint. Ein Greißler, der frische Kräuter, Gemüse, Käse verkauft und verkocht – es gibt Mittagsmenü zum gleich Essen oder Mitnehmen. Und Venylplatten, deren Auswahl von House und Techno aus Detroit bis Dancehall und Jazz reicht.
6., Theobaldgasse 16, Tel. 01/236 92 91, mail@tongues.at, www.tongues.at, Öffnungszeiten: Mo–Fr 11–21 Uhr, Sa 11–18 Uhr

7. BEZIRK

Burger de Ville

Beim kultigen amerikanischen Airstream-Wagen vor dem 25hours Hotel bekommt man einen der besten Burger Wiens. Fabelhaft auch der kleine Garten, im Sommer herrscht hier allerdings Hochbetrieb.
7., Lerchenfelderstraße 1–3

8. BEZIRK

Verde 1080

Winziges Lokal und Feinkostladen mit einer der besten Bierauswahlen Wiens – und mehr Biersorten als Stühle. Das wechselnde Mittagsmenü ist herrlich und einkaufen kann man auch, z. B. köstlichen Gerstensaft, saisonales Gemüse, Honig, Schokolade, Biosäfte und noch viel mehr.
8., Josefstädter Straße 27, www.verde1080.at, Öffnungszeiten: 11–18 Uhr

9. BEZIRK

Zuppa

Take-away: herrliche Suppen, Currys und Sandwiches. Das Brot für die Sandwiches ist eine Spezialanfertigung der Holzofenbäckerei Gragger. Zu Mittag herrscht hier Hochbetrieb, schon ab 11 Uhr Vormittag kann es zu Schlangenbildung kommen.
9., Schwarzspanierstraße 22, Tel. 01/405 85 00, kueche@zuppa.at, www.zuppa.at, Öffnungszeiten: Mo–Fr 11–16 Uhr

Fisch & Mediterranes

Kornat

Guter Fisch und Meerestiere, freundliches Personal; Familie Radic führt das Lokal seit Jahren mit Sorgfalt und Liebe.
1., Marc-Aurel-Straße 8, Tel. 01/535 65 18, office@kornat.at, www.kornat.at, Öffnungszeiten: Mo–So 11.30–24 Uhr

Umar

Der Klassiker am Naschmarkt, entspanntes Lokal mit besonders guter Stimmung am Abend. Unbedingt nach Tagesspezialitäten fragen. Umar betreibt auch eine Fischhandlung gleich nebenan.
6., Naschmarkt Stand 38–39, Tel. 01/587 04 56, office@umarfisch.at, www.umarfisch.at, Öffnungszeiten: Mo–Sa 11–24 Uhr

An-Do

Die drei Brüder Ibrahim, Sezgin und Ergün Kilicdagi kamen aus Deutschland und gründeten gemeinsam das An-Do-Café und das An-Do-Fischrestaurant auf dem Yppenplatz. Mit ihrer modernen Art der Gastronomie prägten sie das Publikum des gesamten Ottakringer Grätzels. Bobo-Alarm!
16., Yppenmarkt Stand 40, Tel. 01/308 75 76, andofisch@gmx.at, www.andofisch.at, Öffnungszeiten: Mo–Sa 8–23 Uhr

BURGER DE VILLE

ETHNO KÜCHE

Fusion

Kim kocht

Ein echtes Geschmackserlebnis ist der Ableger der TV-Köchin Sohyi Kim mit ihrer 5-Elemente-Küche auf dem Wiener Naschmarkt und im Merkur Markt am Hohen Markt. Durch die Glaswand kann man ihrem Team beim Kochen zusehen. Den Schärfegrad des Essens kann man gerne mitbestimmen. Zu empfehlen ist auch die Teebegleitung zum Essen (Sorten Lemongras/Mango oder Verbene/Ginkgo).
Merkur Markt, 1., Hoher Markt, Öffnungszeiten: 11.30–18 Uhr oder 6., Naschmarkt Stand 28, Tel. 01/319 34 02, shopstudio@kimkocht.at, www.kimkocht.at, Öffnungszeiten: Di–Fr 12–19.30 Uhr, Sa 12–18 Uhr

Vietnamesisch

Pho Saigon

Vietnamesische Küche mit Gefühl für geschmackliche Balance, komplexe Aromen und Leichtigkeit. Entensalat mit Minze und roter Zwiebel, Quallensalat – jedes Gericht ein Genuss.
1., Hegelgasse 17, Tel. 01/512 11 84, www.phosaigon.at, Öffnungszeiten: täglich 11.30–24 Uhr, durchgehend warme Küche bis 22.30 Uhr

Vietthao

Ein kleiner Vietnamese am Karlsplatz serviert Köstlichkeiten wie Nem-Rollen mit Tofu, Schweinefleisch oder Garnelen in knuspriger Hülle, die in Salatblätter und Kräuter (Minze!) gewickelt werden, dazu einen Dip. Es lohnt sich, sich durch die Karte zu kosten.
1., Friedrichstraße 2, Tel. 01/585 20 31, Öffnungszeiten: So–Fr 11.30–22.30 Uhr

Saigon Riverside

In einem winzigen, gerade fünf Tische und eine offene Küche umfassenden Restaurant tischt Nguyen vietnamesische Gerichte wie Cha-Gio- und Goi-Cuon-Rollen, Pho-Bo-Suppentopf oder die fantastischen Papaya- und Pomelo-Salate auf.
1., Franz-Josefs-Kai 31, Tel. 0660/377 12 99, www.saigonriverside.at, Öffnungszeiten: Mo–Sa 11–22 Uhr, So 13–22 Uhr

By Chi

Frühlings- und Reispapierrollen, Pho-Bo-Suppen, vietnamesische Garküche – alles köstlich! Die Einrichtung leider mehr als zurückhaltend, gemütlich ist anders. Aber das Essen zahlt sich allemal aus.
2., Hollandstraße 15, Tel. 0650/668 27 77, Öffnungszeiten: Mo–Sa 10.30-22.30 Uhr

Le Pho

Essenswünsche trägt man hier auf Zetteln ein. Authentische vietnamesische Küche, Vorspeisen, Salate und 5 Varianten der Pho-Suppe. Ein nettes Lokal für eine schnelle Einkehr.
6., Gumpendorfer Straße 97, Tel. 01/597 32 26, office@le-pho.at, www.lepho.at, Öffnungszeiten: Mo–Fr 11.30–14.30 Uhr u. 18–22 Uhr, Sa 12–22.30 Uhr, So 12–21.30 Uhr

Sapa

Von Fingerfood bis traditioneller Pho spielt man hier alle Stücke. Neben vietnamesischen Speisen hat auch französische Pâtisserie große Bedeutung, denn mit dem tart'à tata sind Eclair und Co in das Lokal eingezogen.
7., Lindengasse 35, Tel. 01/526 56 26, eatdrink@sapa.at, www.sapa.at, Öffnungszeiten: So–Do 9–2 Uhr, Fr u. Sa 9–4 Uhr

Indisch/Pakistanisch

Deewan (Low Budget)
Immer frisch zubereitet – pakistanisches Curry, Lassis. Als Nachspeise gibt es Grießkuchen. Das Spezielle dran: Man zahlt so viel, wie man für angemessen hält.
9., Liechtensteinstraße 10, Tel. 01/925 11 85, www.deewan.at, Öffnungszeiten: Mo–Sa 11–23 Uhr

Nam Nam Deli
Ein Inder, der anders aussieht und auch ein bisschen anders kocht. Angenehm überschaubare Karte mit einigen Klassikern, die aber definierter, präziser und auch ein bisschen moderner wirken als sonst beim Inder. Schöner Gastgarten und auch Takeaway und Delivery.
5., Arbeitergasse 8, Tel. 01/941 65 11, www.nam-nam.at, Öffnungszeiten: Di–So 11–14.30 Uhr und 18–23 Uhr

Schutzhaus am Heuberg
Kurios: Hier wird indisch und wienerisch gekocht. Ein wunderbares Lokal mit vielen Stammgästen und einer indischen Küche, wie man sie in Wien sonst kaum findet.
17., Röntgengasse 39, Tel. 01/489 82 10, www.restaurant-heuberg.at, Öffnungszeiten: Di–Sa 9.30–22 Uhr, So u. Fei 9.30–20 Uhr

Thailändisch

Patara
Hier wird mit österreichischen Bio-Produkten und original thailändischen Zutaten gekocht. Kokossuppe mit Huhn, rotes Curry mit tropischen Früchten, Wange vom Biorind, sautiert in Sauce aus wildem Ingwer und Chili, und als Nachspeise Thai-Mango mit Kokosklebreis oder mit Pandanblättern parfümierte Crème brulée. Günstig ist es hier allerdings nicht.

CHINA BAR

1., Petersplatz 1, Tel. 01/997 19 38-0, mail@patara.at, www.patara-wien.at, Öffnungszeiten: Mo–Sa 12–23 Uhr, Fei geschlossen

Siris Thai Imbiss
Thai-Küche, wie sie sein soll: frisch, kurz gegart und scharf. Ein kleines Lokal mit vielfältiger Karte – empfehlenswert!
12., Jägerstraße 38, Tel. 01/276 10 95, www.siris-thaihaus.at, Öffnungszeiten: Mo–Do 11–14.30 Uhr u. 17.30–23 Uhr, Fr 11–14.30 Uhr u. 17.30–2 Uhr, So u. Fei 17.30–23 Uhr

Chinesisch

Chinabar
Kleines, hübsches Chinarestaurant mit Vorgeschichte. Betreiber ist Simon Xie Hong, ihm gehört auch der On Market. Zwischen Weinbar, chinesisch-spanischen Tapas und einem breiten Spektrum an Nudelgerichten zu Mittag. Abends gibt es Köstlichkeiten

GENUSSVOLL ALLEIN DINIEREN

Als Frau allein essen zu gehen, erfordert, zugegeben, Mut. Aber das braucht das Ausführen eines Leo-Jumpsuits über Neon-High-Heels auch. Und womöglich ist diese Kombination sogar öfter anzutreffen als eine Frau, die mit vollem Selbstbewusstsein dem Servierpersonal sagt: „Genau, das zweite Gedeck können Sie wegnehmen, ich esse allein." Als „bestellt und nicht abgeholt", wie man in Wien zum Versetztwerden sagt, wird Sie niemand mehr einordnen, sobald Sie sich mit zufriedenem Lächeln das erste Glas Champagner bestellt haben (oder gleich eine Kleinflasche Wein, wofür wurden die denn sonst erfunden).

Gut aufgehoben ist man als allein dinierende Frau zunächst einmal in Hotelrestaurants – wenn sie denn nicht gar so leer sind wie leider viele. Sie können sich dort den Spaß machen und auf Luxustouristin spielen, auf Englisch bestellen und den Kellner alles fragen, was Sie schon immer wissen wollten. Eine Adresse hierfür wäre etwa das *The Bank* im Park Hyatt, in dem Sie sich nach dem Essen unbedingt die alte, drei Tonnen schwere Tresortür zeigen lassen müssen – das Hotel ist im Repräsentiergebäude einer ehemaligen Bank zu finden. Eine weitere, deutlich ungewöhnlichere Adresse ist *The Dining Room*, das schon von der NY Times gelobte Wohnzimmerlokal im Privathaus von Angelika Apfelthaler in Hietzinger Grünlage. Bitten Sie um den Tisch gleich bei der Küche, dann können Sie der Köchin zwischen den Gängen bei den Vorbereitungen zuschauen und mit ihr plaudern. Am Chef's Table bei *Konstantin Filippou* in einer ruhigen Gasse des ersten Bezirks lässt es sich ebenfalls gut allein dinieren. Während direkt am Tisch Köche mit hochpräzisem Anrichten beschäftigt sind, lässt man sich am besten vom Sommelier mit den spannenden Natural Wines der hiesigen Weinkarte versorgen. Alle Gäste an einem Tisch, das ist das Motto in *Hollmanns Salon* im stimmungsvollen Heiligenkreuzerhof, wo man eine sympathisch unkompliziert-moderne Küche bietet. — ANNA BURGHARDT

wie Thunfisch-Sashimi mit Mango-Limetten-Chili-Dressing. Schöner Platz zum draußen Sitzen.
7., Burggasse 76, Tel. 01/522 08 31, www.chinabar.at, Öffnungszeiten: 12–24 Uhr

On
Die Neuinterpretation eines China-Lokals. Eine Mischung aus Sushi und anderen asiatischen Köstlichkeiten. Tolle Qualität und gute Atmosphäre.
5., Wehrgasse 8, Tel. 01/585 49 00

Aming Dim Sum Profi
Imbissstube beim Naschmarkt mit authentischer chinesischer bzw. kantonesischer Küche und gutem Dim Sum zu günstigen Preisen.
5., Rechte Wienzeile 47, Tel. 01/954 08 40, dimsumprofi@hotmail.com, Öffnungszeiten: Mo–Sa, Fei 11–22 Uhr, So 12–16 Uhr

Kian Winebar
Kleinster Chinese der Stadt mit chinesischem Street-Food. Überschaubare, aber spannende Speisekarte und spezielles Weinsortiment.
16., Yppenplatz 11, Tel. 0664/515 36 33, Öffnungszeiten: Di–Sa 17–24 Uhr

Georgisch

Café Ansari
Platzt nicht nur Samstagvormittag aus allen Nähten. Im Café Ansari kann man ähnlich köstlich schmausen wie einst im Stammhaus am Karmelitermarkt – hauptsächlich georgische Küche und herrlich zum draußen Sitzen.
2., Praterstraße 15, www.cafeansari.at, Öffnungszeiten: Mo–Sa 8–23 Uhr, So 9–15 Uhr, Fei geschlossen

Satrapezo
Georgisch für Anfänger und Menschen, die gerne zugreifen: herrlichstes Khachapuri und auch noch viele andere georgische Köstlichkeiten. Eine Figursünde wert!
3., Marxergasse 5, Tel. 01/713 03 94, info@satrapezo.at, www.satrapezo.at, Öffnungszeiten: Di–Fr 17–23 Uhr, Sa, So 14–24 Uhr

Persisch

Pars
Persisches Restaurant, sehr authentisches Ambiente mit Wandteppichen und imposanten Lustern. Die Speisekarte wird vom freundlichen Personal genauestens erklärt, inklusive Aussprache der Gerichte. Unbedingt reservieren.
8., Lerchenfelder Straße 148, Tel. 01/405 82 45, www.pars.at, Öffnungszeiten: Mo–Sa 11–24 Uhr

Latino

Comida y Ron
Restaurant und Cocktailbar. Die Küche vereint kreolische mit karibischen und spanischen Elementen – saftige Steaks, frischer Fisch und Krustentiere. Die Steaks sind herrlich, das kreolische Huhn mit Bananenchips ebenso. Auch zu Mittag ein empfehlenswerter Lunchplatz mit Mittagsmenüs. Das Angebot an 300 ausgewählten Rumsorten sucht seinesgleichen und macht unmissverständlich klar, dass hier das Herz der Karibik schlägt.
1., Stubenring 20, Tel. 01/512 40 24, www.comida.at, Öffnungszeiten: Mo–Fr ab 11 Uhr, Sa u. So ab 18 Uhr

Mercado
Hier wird latin-inspired market cuisine aufgetischt, facettenreich und spannend. Die Gerichte werden in die Mitte gestellt und jeder

CAFÉ ANSARI

kann sich bedienen – sehr sympathisch. Der eklektische Design-Mix wirkt fröhlich und unbekümmert, könnte aber auch irritieren.
1., Stubenring 18, Tel. 01/512 25 05, www.mercado.at, Öffnungszeiten: Mo–Fr 12–23 Uhr, Sa, So, Fei 17–23 Uhr

Marokkanisch/Arabisch

Aux Gazelles
Club und Restaurant, hier gibt es Köstlichkeiten der marokkanisch-französischen Küche – entweder im Café, an der Kaviar- und Austern-Bar oder im Restaurant. Tipp: die Wasserpfeifen. Nachtschwärmer kommen im angeschlossenen Club jeweils Donnerstag bis Samstag bei orientalischen Klängen auf ihre Kosten.
6., Rahlgasse 5, Tel. 01/585 66 45, www.auxgazelles.at, So Ruhetag!

Neni
Die Molchos – eine Erfolgsgeschichte: Die israelisch-orientalischen Wurzeln der Inhaberin und Köchin Haya Molcho spiegeln sich in der Speisekarte wider. Besonders gut geeignet für den kleinen Hunger ist das delikate Ruben-Sandwich mit Pastrami, Senf, Sauerkraut und geschmolzenem Käse und natürlich das Humus.
6., Naschmarkt 510, Tel. 01/585 20 20, www.neni.at, Öffnungszeiten: Mo–Sa 8–23 Uhr, Frühstück 8–14 Uhr

Le Cèdre
Ein Kellerlokal mit schattigem Garten, von drei Libanesen geführt. Die eigentliche Attraktion ist die Küche; die Kunst der vielfältigen „Mezze", wie die warmen und kalten Vorspeisen genannt werden, zelebriert Assi auf hohem Niveau.
2., Ausstellungsstraße 51, Tel. 0676/563 85 02, www.restaurant-lecedre.at, Öffnungszeiten: täglich 11–23 Uhr

Sushi/Japanisch

Mochi
Ein kleines Lokal mit großem, wunderschönem Schanigarten auf der Praterstraße. Das Essen orientiert sich an japanischer Küche auf kalifornische Art. Auf einem Feuergrill werden Spießchen und Steaks gegrillt. Das Sushi und Gemüsetempura, My-Best-Friends-Rolls, Suppen und überhaupt alles ist zum Niederknien gut. Reservierung unbedingt empfohlen.
2., Praterstraße 15, Tel. 01/925 13 80, www.mochi.at, Öffnungszeiten: Mo–Sa 11.30–23 Uhr

Dots Restaurant & Club
Sushi in weißer Designer-Atmosphäre inklusive Cocktailbar. Wer Sushi-Experimente und Schickimicki liebt, ist hier richtig.
6., Mariahilfer Straße 103, Tel. 01/920 99 80, info@dots-lounge.com, www.dots-lounge.com, Öffnungszeiten: Mo–Sa 11–24 Uhr, So 17–24 Uhr

Sosaku
Das Sosaku entpuppte sich als geniale Sushi- und Japan-Küche. Umwerfend schmecken die Soft Shell Crabs in Tempura-Teig und die ganz normalen Tuna-Sushi. Ebenfalls großartig sind die Rock-Star-Rolls: Garnelen-Tempura mit Wasabi-Mayonnaise und Gurke. Ein echter Geheimtipp.
7., Neustiftgasse 24, Tel. 01/944 16 39, eat@sosaku.at, www.sosaku.at, Öffnungszeiten: Mo–Fr 11–15 Uhr u. 18–23 Uhr, Sa 17–23 Uhr

Lunch

Meierei im Stadtpark
Gleich unterhalb des Hauben- und Luxusrestaurants Steirereck liegt die dazugehörige Meierei. Man kann dort ein Glas Milch und ein Butterbrot mit Schnittlauch genießen oder sich an rund 140 Käsesorten erfreuen oder eines der herrlichen Mittagsmenüs essen. Auch am Wochenende ein heißer Tipp für ein ausgedehntes Frühstück (bis 12 Uhr) oder spätes Mittagessen. Reservierung empfohlen.
3., Am Heumarkt 2a, Tel. 01/713 31 68, www.steirereck.at, Öffnungszeiten: Mo–Fr 8–23 Uhr, Sa u. So 9–19 Uhr

BEAULIEU

Do & Co Albertina
Klassiker der Wiener Küche und andere Köstlichkeiten. Serviert wird im Restaurant, an der Essbar und auf der Terrasse. Auch für ein spätes Frühstück sehr zu empfehlen.
1., Albertinaplatz 1, Tel. 01/532 96 69, albertina@doco.com, www.doco.com, Öffnungszeiten: 9–24 Uhr

Beaulieu
Das kleine Bistro ist gleichzeitig ein Delikatessenladen mit einer guten Auswahl an Käse, Quiches, Wein und Tartes. Am besten zum Lunch auf ein belegtes Baguette, einen Coq au vin oder ein Chèvre chaud vorbeischauen – als wäre Wien Paris. Hübscher Garten und ein noch hübscheres Kochbuch zum Mit-nach-Hause-Nehmen.
Ferstl-Passage, 1., Herrengasse 14, Tel. 01/532 11 03, office@beaulieu-wien.at, www.beaulieu-wien.at, Öffnungszeiten: täglich 10–23 Uhr, Sonntagsbrunch von 10–18Uhr

Labstelle
Regional: ein hübsches Restaurant zwischen Lugeck und Wollzeile, das die heimische Küche auf zeitgemäße Weise interpretiert. Brot wird in acht Variationen selbst gebacken (auch mit Sauerteig!), Sauergemüse selbst eingelegt oder fermentiert.
1., Lugeck 6, 1010 Wien, Tel. 01/236 21 22, www.labstelle.at, Öffnungszeiten: Di–Sa 18–23.30 Uhr, Sa 10–14 Uhr Frühstück

Joma
Brasserie am Hohen Markt, wo Flammkuchen, Pasta, Fleisch und Fisch vom Grill, guter Kaffee, frische Säfte und auch ein abwechslungsreiches Frühstück serviert werden.
1., Hoher Markt 10–11, Tel. 01/532 10 32, www.joma-wien.at, Öffnungszeiten: So–Do 8–24 Uhr, Fr u. Sa 8–1 Uhr

WEITER AUF SEITE 84 →

MOCHI

LABSTELLE

Birgit Aichinger

—

Marketingleiterin

—

Wien hat sich sehr verändert – neue Restaurants, Locations und Grätzel. Welche Schauplätze finden Sie momentan am spannendsten und dynamischsten?

Im Gegensatz zu anderen Großstädten entstehen in Wien Trendviertel nicht von heute auf morgen. Trotzdem ist in den letzten Jahren viel passiert. Interessant finde ich, dass ehemalige „Un-Gegenden" attraktiv werden und unsichtbare Grenzen verschwinden. So erstreckt sich auf einmal eine muntere Lokalszene vom Schwedenplatz über den Donaukanal hin zur Praterstraße. Spannend ist auch die Entwicklung im 7. und 6. Bezirk.

Sie sind Vegetarierin, verraten Sie uns Ihre Highlights für fleischlose Kost?

Die Auswahl an rein vegetarischen Lokalen ist nicht sehr groß, besonders wenn man weder Alternatives noch Esoterisches sucht. Ausnahmen sind hier das *Tian* (Luxus) oder *Yamm* (easy & take away). Trotzdem gibt es immer mehr Lokale, wo man als Vegetarier glücklich wird und auch die anderen am Tisch, die gerne Fleisch und Fisch essen. Am besten immer nachfragen, viele können mehr, als auf der Karte steht, z. B. das *Motto am Fluss*, *Mochi* (Japanisch) und *Ansari* (Georgisch), *Mercado* (Latin), die *Disco Volante* (Pizza) und die *Labstelle*.

Ein gemütlicher Sonntag mit Freunden und Kindern. Was sind Ihre Lieblingsplätze und Empfehlungen dafür?

Bei großen Kindern kann ich noch nicht mitreden, aber die kleinen sind auf den Wiesen und Spielplätzen im *Prater* und *Augarten* glücklich. Falls es im Sommer ein Ausflug sein soll, dann ist das *Thermalbad* in Bad Vöslau ein Muss. Jahrhundertwende-Sommerfrische-Flair: sehr charmant.

Ein perfekter Tag in Wien. Wie sieht der aus?

In jedem Fall kommt darin ein Kaffeehaus vor.

Tian – 1.,Himmelpfortgasse 23 / *Yamm* – 1., Universitätsring 10 / *Motto am Fluss* – 1., Schwedenplatz 2 / *Mochi* – 2., Praterstraße 15 / *Ansari* – 2., Praterstraße 15 / *Mercado* – 1., Stubenring 18 / *Disco Volante* – 6., Gumpendorferstraße 98 / *Labstelle* – 1., Lugeck 6 / *Thermalbad Vöslau* – 2548 Bad Vöslau, Maital 2

Karmelitermarkt
Tandelmarktgasse
Taborstrasse
Karmelitergasse
Hollandstrasse
Lilienbrunngasse
Atelier SCHELLA KANN
Song
Untere Donaustrasse
STILWERK
WUBET
Schwedenplatz

DIE PRATERSTRASSE WIRD ZUM HEISSEN PFLASTER

Es muss vor etwa zehn Jahren gewesen sein, als die Wiener Leopoldstadt zum allerersten Mal mit dem Attribut „hip" versehen wurde. Inzwischen hat sich der Wandel des zweiten Bezirks zum „Soho von Wien" rasant entwickelt und zieht immer mehr Shops, Cafés, Restaurants, Kunsträume und Kreative an. Vor allem der obere Teil der Praterstraße hat mit seinem von Platanen gesäumten Pflaster Bohemien-Flair - ein Stück modernes Wien mit weltgewandter Atmosphäre. Der Concept-Store *Song* hat als erstes Geschäft am Platz Pionierarbeit geleistet und ist inzwischen mit dem *Atelier Schella Kann*, *Wubet*, dem *Café Ansari* und dem Restaurant *Mochi* in bester modischer und kulinarischer Gesellschaft.

Ein Stück stadtauswärts auf der Praterstraße hat sich der fabelhafte Laden *Supersense* niedergelassen: Eine Mischung aus Bar, Delikatessengeschäft, Polaroid-Fotolabor, Papeterie und Druckerei – jedenfalls sehr sehenswert. Der Praterstern wird mit dem *Fluc* von einem inzwischen zur Institution gewordenen Provisorium markiert. Der Projektraum für Musik und Kunst bietet eines der spannendsten Line-Ups in Wien.

Um die Ecke, auf dem *Karmelitermarkt*, trifft man samstags die junge Bio-Bohème, die sich mit allerlei regionalen Slow-Food-Köstlichkeiten versorgt und sich zwischendurch in einem der netten Marktlokale vom vorangegangenen Abend erholt.

Vegetarisch/Vegan

Tian

Hier wird vegetarische und vegane Küche auf höchstem Niveau geboten. Vereint werden dabei gleich vier verschiedene Konzepte unter einem Dach: eine Greißlerei als eine Art Take-away-Market, ein urbanes Café-Restaurant für den Mittagsbetrieb, eine Bar-Lounge sowie ein Salon mit „Private Room" für Haute Cuisine am Abend.

1., Seilerstätte 16, Tel. 01/890 46 65, reservierung@tian-vienna.com, www.tian-vienna.com Öffnungszeiten: Di–Sa 12–24 Uhr

Yamm!

Das Yamm bietet ein ausgiebiges veganes und vegetarisches Frühstücks-, Mittags- und Abendbuffet. Der Teller wird nach dem Gang zum Buffet einfach abgewogen. Vom Omelett über Rote-Rüben-Humus, Buttermilch-Hafer-Salat, Quinoa-Salat bis zu frischen Croissants, Joghurt und diversen Kuchen – alles frisch zubereitet.

1., Universitätsring 10, Tel. 01/532 05 44, office@yamm.at, www.yamm.at, Öffnungszeiten: Mo–Do 8–24 Uhr, Fr 8–1 Uhr, Sa 9–1 Uhr, So 9–22 Uhr

Harvest

Alles ist hier vegan: Tagesgerichte, Standards und Salate. Rohkost mit Dressings aus Kräuterölen, Blütenessenzen und Chlorophyll-Extraktionen. Die süße Vitrine ist voller Kuchen und Desserts.

2., Karmeliterplatz 1, Tel. 0676/492 77 90, www.harvest-bistrot.at, Öffnungszeiten: Mo–Sa 10–23 Uhr, So u. Fei 10–18 Uhr (Brunch 10–16 Uhr)

Bizzo

Ein extra entspanntes Bio-Pasta-Lokal. Die Bizzo Crew serviert Pasta mit garantiert biologischen Zutaten: Warmes und Kaltes, Süßes und Saures, Säfte und Bier und einen herrlichen Espresso. Hier stimmen Qualität und Preis.

7., Zollergasse 4, www.bizzo.at, Öffnungszeiten: Mo–Sa 9–21 Uhr

Naturkost St. Josef

Biovegetarier, kein Menü gleicht dem anderen, herrliche Salate und Kuchen und ein Laden mit Kosmetik und Bioobst und -gemüse.

7., Zollergasse 26/Mondscheingasse 10, Tel. 01/526 68 18, Öffnungszeiten: Mo–Mi u. Fr 8–18.30 Uhr, Do 8–22 Uhr, Sa 8–16 Uhr

Deli Bluem – Slow Food

Das Deli Bluem ist ein Ort, an dem frisches, lokal-saisonales pflanzliches Slow Food in moderner Atmosphäre von holistischen Querdenkern zubereitet wird. Statt Cola gibt es Raunenlimonade, die Kraftsuppe ist auch ohne Suppenwürfel ein Genuss und gefüllte Fladenbrote ersetzen den Burger. Ein frisches und extrem hübsches Vegan-Projekt einer ehemaligen Bankerin. Man holt sich vom Buffet, alles ist biologisch und die Sachen schmecken.

8., Hamerlingplatz 2, www.delibluem.com, Öffnungszeiten: Mo–Fr 7.30–19 Uhr, Sa–So Brunch 9.30–16 Uhr

Home made Grocery & Cafe

Mit Liebe gemacht: Vom veganen Cheesecake bis zu glutenfreien Köstlichkeiten und einer Bio-Greißlerei mit Sinn für Nachhaltigkeit und Qualität – hier bleibt kein Wunsch unerfüllt.

6., Mollardgasse 2,
Tel. 0699/19 27 87 80,
www.home-made.at, Öffnungszeiten:
Mo–Fr 11–19 Uhr, Sa 9–15 Uhr

Nat'naa
Vegetarisch-karibisch: Zu Mittag gibt es Eintöpfe oder Gemüsecurrys mit Salat oder Ingwerkarottensuppe und Teigtaschen mit Linsen gefüllt.
6., Esterhazygasse 31,
Tel. 0676/944 87 77, www.natnaa.at,
Öffnungszeiten: Mo–Fr 11–18 Uhr

Veganista Ice Cream
Die beiden Schwestern, die den Eissalon betreiben, leben seit mehr als zwanzig Jahren vegan. Ihr delikates Eis ist ohne künstliche Aromen, Farbstoffe oder Pulver. Besonders gut: Orange-Olivenöl-Safran und Basilikum.
7., Neustiftgasse 23, www.veganista.at,
Öffnungszeiten: 12–21 Uhr

Simply Raw Bakery
Jeden Freitag und Samstag am Bio-Bauernmarkt anzutreffen. Süße Gaumenfreuden, roh und vegan zubereitet, auf rein pflanzlicher Basis, gluten-, laktose- und sojafrei. Veranstalten auch Rohkostworkshops.
1., Marktplatz Freyung 7,
www.simplyrawbakery.com,
Öffnungszeiten: Fr u. Sa 9–18 Uhr

I love Veggie Burger
Wiens erstes vollveganes Fastfood-Restaurant „I love Veggie Burger" teilt sich die Location mit Flying Dinner. Die Veganen Burger, Wraps und Hotdogs werden in offenen Küchen zubereitet und die Gäste gelangen über separate Eingänge in das gewünschte Lokal. Die Zutaten der zu hundert Prozent pflanzlichen Speisen stammen von Peter Hiel. Er liefert neben Grünkern-Patties für Burger auch Reis-Kräuter-Würstchen für Hotdogs – allesamt natürlich biologisch erzeugt. Schön ist es hier nicht, aber die Öffnungszeiten und der Zustelldienst sind verlockend. Dieser liefert in die Bezirke 4 bis 7, 12 und 13.
5., Margaretenstraße 76, Bestellungen unter: Tel. 01/512 25 09,
www.veggie-burger.at, Öffnungszeiten:
Mo-Do 11-23 Uhr, Fr-Sa 12-23 Uhr
u. So 12-22 Uhr

Biowerkstatt
Der Name ist Programm – man kann hier neben vegetarischen Produkten auch Fleisch auf Bestellung einkaufen. In der angeschlossenen Küche aber wird rein pflanzlich gekocht. Es gibt Mittagsgerichte und Salate.
1., Biberstraße 22, Tel. 01/512 66 95,
Öffnungszeiten: Mo–Fr 9–18 Uhr

Cuchina
In der Cuchina Lebensküche im zweiten Bezirk wird überwiegend vegan gekocht. Es gibt mehrere Frühstücksoptionen sowie eine vegane Suppe und Hauptspeise zu Mittag. Wer sich das Tagesangebot ansehen möchte, kann das auf der Homepage tun. Hier kann man außerdem auch kochen lernen: nebst Restaurant ist die Cuchina auch eine Greißlerei und Ernährungsberatung.
2., Lilienbrunngasse 3,
Tel. 0664/88 59 44 23,
restaurant@cuchina.at, www.cuchina.at,
Öffnungszeiten: Mo–Fr 9–15 Uhr,
im Juli u. August erst ab 10 Uhr

WEITER AUF SEITE 88 →

Monika Adam – 9., Porzellangasse 50 / *Holzofenbäckerei Gragger & Cie* – 1., Spiegelgasse 23 / *Bäckerei und Konditorei Kasses* – www.kasses.at und in diversen Märkten und Restaurants / *Crupi* – 4., Margaretenstraße 3 / *Porcella* – www.porcella.at / *Babette's* – 4., Schleifmühlgasse 17/Mühlgasse 9 sowie 1., Am Hof 13 / *Kunsthistorisches Museum* – 1., Maria-Theresien-Platz / *Polyklamott* – 6., Hofmühlgasse 6 / *Tennisplatz P48* – 9., Porzellangasse 48 / *Mikro* – 7., Zieglergasse 68 / *Bar Bonbonnière* – 1., Spiegelgasse 15

Miriam Strobach

Designerin und Mitbegründerin von Le Foodink

Bei Ihnen dreht sich vieles um nachhaltiges Essen. Welche Läden und Märkte empfehlen Sie, um gute Produkte einzukaufen?
Am liebsten sind mir kleine Produzenten und Händler, bei denen man Produkte bekommt, die gut schmecken und einen transparenten Weg machen. Bei *Monika Adam* zum Beispiel kaufe ich gerne Gemüse und Milchprodukte. Brot beziehe ich häufig von *Gragger* oder *Kasses*, beste Orangen Wiens von einem versteckten Sizilianer namens *Crupi* und Fleisch von *Porcella*.

Sie sind auch Art-Direktorin – wo finden Sie die schönsten Bücher? Wo sehen Sie sich um, wenn Sie Inspiration brauchen?
Lieblingsinspirationsquelle sind Kochbücher. Der Kochbuchshop *Babettes* hat immer wieder wunderschöne Fundstücke. Aber um Kochbücher zu gestalten, tauche ich natürlich auch in viele unterschiedliche Bereiche wie Fashion oder Kunst ein. Das kann sehr konträr sein. Mich inspiriert mal das *Kunsthistorische Museum*, mal ein Sammler-Second-Hand-Shop wie das *Polyklamott*.

Ein Mädelstag mit Freundinnen. Was unternehmen Sie?
Es ist Sommer. Wir packen uns selbst gebackenen Kuchen ein und schnappen uns ein knallrotes *Elektroboot* auf der *alten Donau*. Das ist Wien mal anders.

Drei persönliche Wien-Tipps …
1. *P48*: Ein versteckter Tennisplatz in einem wunderschönen Innenhof mit Otto-Wagner-Charme und jüdischem Friedhof – mitten im 9.
2. Das *Mikro*: eine temporäre Bar, die sich mal in Kaffeeworkshop, Flohmarkt oder italienische Patisserie verwandelt (geöffnet nach Lust und Laune)
3. *Bar Bonbonnière*

Bio-Einkauf

Porcella – Fleischraritäten aus Biolandwirtschaft

Seit bereits sieben Generationen werden im Familienbetrieb Schober Fleisch- und Wurstwaren in höchster Qualität hergestellt. Die Waldviertler Bio-Wurstmanufaktur Schober ist eine der ganz wenigen 100%igen Bio-Fleischhauereien in Österreich. Durch natürliche Tierhaltung, stressfreie Schlachtung und handwerkliches Können entstehen hier hochwertige Lebensmittel, die im Einklang mit der Natur erzeugt werden und besonders gut schmecken. Die stressfreie Schlachtung wirkt sich besonders auf die Qualität des Fleisches aus. Sie ermöglicht die Anwendung der sogenannten Warmbrätverarbeitung – ein traditionelles Verfahren, das einen klaren Vorteil im Geschmack ergibt und Zusatzstoffe spart. Verwendet werden ausschließlich natürliche Zutaten wie Wasser, Salz, Gewürze und Kräuter – selbstverständlich zu 100 % bio.

Le Foodink GesmbH, 7., Lindengasse 56/18–19, www.porcella.at

Lunzers Maß-Greißlerei

Bei Lunzers Maß-Greißlerei bekommt man Reis und Pasta, Süßes, Hülsenfrüchte, Nüsse und Saaten, Gewürze, Tees, Essig und Öl, Brot und Gebäck, Milchprodukte, Marmeladen und Honig, alkoholfreie Getränke, Wein, Bier, Käse, Obst und Gemüse und sogar Reinigungsmittel von Uni-Sapon. Eben fast alles, was es im normalen Supermarkt auch gibt – unverpackt und nach eigenem Maß, ohne überflüssigen Verpackungsmüll.

Lunzers Maß-Greißlerei, 2., Heinestraße 35, www.mass-greisslerei.at

Gangl-Saft

Grüne Bio-Smoothies und Bio-Detox-Rohsäfte: Alle Zutaten der Smoothies und Säfte sind aus kontrolliert biologischem Anbau und werden mit Spezialgeräten nährstoffschonend zubereitet, damit Vitamine, Enzyme und Mineralstoffe erhalten bleiben. Auf der Homepage werden Detox-Kuren zum Komplettpreis inkl. Zustellung angeboten.

9., Liechtensteinstraße 121, Tel. 0664/158 17 04, josef@gangl-saft.at, www.gangl-saft.at

Märkte

Biobauernmarkt Freyung

Mitten im Zentrum Wiens bieten jeweils freitags und samstags Bioproduzenten aus der Umgebung und Niederösterreich, der Steiermark oder dem Burgenland ihre Produkte an. Das Sortiment reicht von Käse, Wein, Brot, Backwaren, Honig und Säften über Kräuter und Blumen bis hin zu Kosmetik oder Naturkörben, um die Einkäufe stilgerecht nach Hause zu tragen.

1., Freyung, Fr–Sa 9–18 Uhr, www.biobauernmarkt-freyung.at

Karmelitermarkt

Hektisches Markttreiben sucht man hier unter der Woche vergeblich. Doch Samstagvormittag verwandelt sich der Karmelitermarkt zum Umschlagplatz für die „heißeste" Bioware und in einen „place to be" mit feinen Ständen, dem immer größer werdenden Slow-Food-Markt mit Brot-, Käse-, Spezialitäten- und Gemüseständen. Besonders zu empfehlen sind der Bio-Feinkostladen Kaas, das Zimmer 37 und der Alpenlachsstand mitten auf dem Marktplatz.

2., Krummbaumgasse, Leopoldsgasse, Haidgasse, Öffnungszeiten: Mo–Fr 6–19.30 Uhr, Sa 6–17 Uhr

Naschmarkt

Der Naschmarkt ist immer noch ein Erlebnis, auch wenn er sich immer mehr zur Gastro-Meile entwickelt. Es herrscht multi-

kulturelles Flair: Obst- und Gemüsestände, Imbissbuden und Szene-Lokale, von Türkisch bis Indisch und Thai, aber auch Bio- und Fischspezialitäten – hier ist alles zu finden. Am Ende des Marktes (beim Marktamt gegenüber der U-Bahn-Station Kettenbrückengasse) hat sich ein Bio-Eck gebildet.
4., Linke und Rechte Wienzeile bis zur Kettenbrückengasse, Öffnungszeiten: Mo–Fr 6–18.30 Uhr, Sa 6–17 Uhr

Flohmarkt am Naschmarkt

Hier gibt es Kitsch, Second-Hand-Klamotten, Antiquitäten und Sammlerobjekte – alles, was das Sammlerherz begehrt. Um gute Beute zu machen, ist allerdings frühes Aufstehen angeraten.
Öffnungszeiten: jeden Samstag 6.30–18 Uhr

Meidlinger Markt

In letzter Zeit erfährt der Meidlinger Markt neuen Schwung durch die Ansiedlung von Lederhaas Seifen, des kleinen Marktlokals Milchbart von Koch, Fotograf und Grafiker Christian Chvostas oder des Stands des Vereins Purple Sheep, wo Asylwerber Gerichte aus ihrer Heimat zubereiten. Der Meidlinger Markt ist außerdem für sein ausgezeichnetes Angebot an Frischgemüse, Obst und Fleisch bekannt und bringt über Generationen betriebene Bauernstände mit orientalischem Flair zusammen.
12., zwischen Niederhofstraße und Reschgasse, Öffnungszeiten: Mo Fr 6–19.30 Uhr, Sa 6–17 Uhr

Brunnenmarkt

Hier herrscht noch richtig Balkanatmosphäre – der türkisch geprägte Brunnenmarkt beherbergt nicht nur unendlich viele Obst- und Gemüsestände sowie Brot- und Baklava-Läden, wo man richtig günstig einkaufen kann, sondern auch eine wachsende Zahl an Szenelokalen unterschiedlichster Ausrichtung. Wer's türkisch mag, sollte im Kent vorbeischauen. Samstags gibt es einen Bauernmarkt mit Köstlichkeiten wie Bergkäse, Bauernbrot und naturtrüben Säften, Speck und Wurst.
16., Yppenplatz, Öffnungszeiten: Mo–Fr 6–19.30 Uhr, Sa 6–17 Uhr

KARMELITERMARKT

Kutschkermarkt

Mit dem Brunnenmarkt ist der seit 1885 abgehaltene Kutschkermarkt einer der beiden letzten Straßenmärkte der Stadt. Hier ist man genau richtig, wenn man sich entweder vom verlockend frischen Angebot der Standln verführen lassen möchte, Spaß am Beobachten des kunterbunten Marktpublikums hat, eine gemütliche Mittagspause mit hochwertigem Slowfood einlegen oder noch einen entspannten Vorabend-Drink zu sich nehmen will. Also eigentlich immer. Extratipp: Beim in regelmäßigen Abständen stattfindenden Genusspfad bieten die Händler für je einen Euro zahlreiche Schmankerl zum Durchprobieren an. Besonders nett ist das Frühstücken im Himmelblau. Hier kann man sich hausgemachte Patisserie, Zitronen-Ingwer-Torte, Muffins und Gugelhupf, aber auch ein Mittagessen schmecken lassen.

18., Kutschkergasse, Öffnungszeiten: Mo–Fr 6–19.30 Uhr, Sa 6–17 Uhr, Bauernmarkt: Fr 7–14 Uhr

Kaffeehäuser

Café Korb

Das Café Korb, im Herzstück der Tuchlauben gelegen, blickt auf eine 100-jährige Vergangenheit zurück. Die größte Spezialität hier ist nicht etwa der Kaffee oder der köstliche Apfelstrudel, sondern die Besitzerin Susanne Widl selbst. Viele Stammgäste kommen extra, um mit dieser exotischen „Femme fatale", wie sie Elfriede Jelinek bewundernd nennt, einen Tratsch zu halten. Zusammen mit renommierten Künstlern transformierte sie den Keller des Cafés zu einer Bühne für moderne Kunst. Vor den digitalen Fototapeten der Expo 2000, den Installationen des Medienphilosophen Peter Weibel sowie der „Plafond-Poesie" des Wiener Aktionismuskünstlers Günter Brus lesen Literaturgrößen. Einmal im Monat treffen sich Intellektuelle, die das Café Korb zum „1. Wiener Philosophencafé" ernannten. Rauchen ist hier übrigens erlaubt.

1., Brandstätte 9, Tel. 01/533 72 15, www.cafekorb.at, Öffnungszeiten: Mo–Sa 8–24 Uhr, So u. Fei 10–23 Uhr

Café Prückel

Der kleine Braune zählt zu den besten der Stadt, und nach dem Club-Toast ist frau sehr satt. Das Prückel öffnete erstmals 1903 seine Türen. Später wurde es vom Architekten Oswald Haerdtl im typischen Wiener 50er-Jahre-Stil umgebaut, der in den Haupträumen bis heute erhalten geblieben ist. Das Prückel wird gerne von Studenten der Universität für angewandte Kunst frequentiert, die nur wenige Schritte entfernt ist. Und geraucht darf hier auch werden.

1., Stubenring 24/Luegerplatz, Tel. 01/512 61 15, cafe@prueckel.at, www.prueckel.at, Öffnungszeiten: täglich 8.30–22 Uhr

Café Markusplatz

Ein Innenstadtkaffeehaus, das besonders am Vormittag eine verschworene Stammkundschaft aus der Umgebung mit Kaffee und Frühstück verwöhnt (frisches Obst, Müslis, selbst gemachter Orangen- und Karottensaft). Mittags werden kleine Gerichte und ein Menü serviert. Guglhupf und Mohnrolle sind selbst gebacken. Der Kaffee

kommt von einer kleinen Rösterei am Gardasee. Es gibt alle österreichischen und internationalen Tageszeitungen sowie WLAN (gratis). Und der Besitzer Markus Muliar ist definitiv der bestaussehende Cafetier der Stadt.
1., Tuchlauben 16, Tel. 01/533 41 36, cafe@markusplatz.at, www.markusplatz.at, Öffnungszeiten: Mo–Sa 7.30–24 Uhr, So u. Fei 9.30–22 Uhr

Kleines Café

Das Kleine Café wurde 1970 vom Architekten Hermann Czech gebaut. Es ist ein Urgesteinlokal am Franziskanerplatz mit Postern von Iggy Pop und Valie Export aus den 1970er-Jahren. Alles hat hier Patina – die Musik ist rockig, und die Zeit scheint stehen geblieben zu sein. Es wird geraucht und zu später Stunde auch viel getrunken. Die belegten Brote sind legendär. Im Sommer sitzt man auf etwas ungemütlichen Heurigenstühlen am schönen Franziskanerplatz.
1., Franziskanerplatz 3, Öffnungszeiten: Mo–Sa 10–2 Uhr, So 13–2 Uhr

Café Bräunerhof

Literaturinteressierte wissen, dass im Eck immer der Bernhard gesessen ist. Am Bräunerhof ziehen zwar die Touristenströme vorbei, doch das Traditionscafé kriegt davon nicht viel mit. So ist es unverändert ein guter Ort, um in Zeitungen zu schmökern, zu frühstücken oder nachmittags eine hausgemachte Mehlspeise zur Melange zu verspeisen.
1., Stallburggasse 2, Tel. 01/512 38 93, www.braeunerhof.at, Öffnungszeiten: Mo–Fr 8–21 Uhr, Sa 8–19 Uhr, So u. Fei 10–19 Uhr

Café Sperl

Das Café Sperl wurde 1880 nach Entwürfen der Ringstraßenarchitekten Anton Groß und Wilhelm Jelinek gebaut. Schon Sigmund Freud verweilte gern in den komfortablen Logen. Auch heute ist das Sperl ein beliebter Ort und gemütlicher Treffpunkt zum Zeitunglesen, Plaudern und für andere wichtige Tätigkeiten. Auch der Autor und Essayist Robert Menasse schaut dort gern auf einen Kaffee vorbei.
6., Gumpendorfer Straße 11, Tel. 01/586 41 58, melange@cafesperl.at, www.cafesperl.at, Öffnungszeiten: Mo–Sa 7–23 Uhr, So 11–20 Uhr (Juli u. August: So geschlossen)

Café Drechsler

Das Café Drechsler liegt direkt an der Linken Wienzeile neben dem Naschmarkt. Das legendäre Kaffeehaus wurde vom britischen Stardesigner Sir Terence Conran neu gestaltet. Es gibt hier durchgehend warme Küche und eine DJ-Line am Sonntagvormittag. Ein beliebter Ort, um nach der After Hour auf ein Frühstück einzukehren, denn Freitag und Samstag ist das Café ab 3 Uhr morgens offen.
6., Linke Wienzeile 22/Girardigasse 1, Tel. 01/581 20 44, office@cafedrechsler.at, www.cafedrechsler.at, Öffnungszeiten: Mo–Mi 8–24 Uhr, Do 8–2 Uhr, Fr u. Sa 3–2 Uhr, So 3–24 Uhr

CAFÉ SPERL

Café Jelinek

Das Café Jelinek in einer Seitengasse der hektischen Mariahilfer Straße ist ein authentisches Stück angestaubtes und verschrobenes Wien. Alles, wie es immer war, denn der Wiener mag Veränderung nicht. Vergilbte Wände, ein Holzofen neben der Bar und der Rest der Inneneinrichtung bilden ein einzigartiges Ensemble und bestimmen die Atmosphäre. Ein perfekter Ort, um internationale Tageszeitungen zu lesen, Bücher zu schreiben oder zu büffeln. Das Publikum ist jung und bunt gemischt. Der Gugelhupf ist legendär, und die Kaffeehausstandards Gulasch, Toast und Würstel gehören hier zum guten Ton.

6., Otto-Bauer-Gasse 5, Tel. 01/597 41 13, Öffnungszeiten: täglich 9–21 Uhr

Frühstück

Haas und Haas

Dieses Kleinod für Teetrinkerinnen und anspruchsvolle Frühstückerinnen ist etwas Besonderes. Was die Auswahl an Frühstücksvariationen anbelangt, sind den Wünschen hier kaum kulinarische Grenzen gesetzt. Dabei ist das japanische Frühstück, das sich aus Miso-Suppe, Lachs, japanischem Omelett, Reis und einer Kanne japanischem Grüntee zusammensetzt, nur einer der Exoten auf der Karte. Zur Auswahl stehen auch das American Breakfast, das Wiener Kaffeefrühstück oder das Fit & Fun Frühstück. Apropos: Der Afternoon-Tee wird hier mit Tea-Sandwiches und Muffins mit Erdbeerkonfitüre zum Tee serviert.

1., Stephansplatz 4, Tel. 01/512 26 66, teehaus@haas-haas.at, www.haas-haas.at, Öffnungszeiten: Mo–Sa 8–20 Uhr, So u. Fei 9–18 Uhr

Do&Co Albertina

Seit Kurzem mit neuem Interior. Das Frühstück kann sich hier sehen lassen – fantastische Auswahl. Wenn man die Karte aufschlägt, wird man mit einem „Guten Morgen, Wien" begrüßt. Das Angebot startet mit dem „Albertina Frühstück": Prosciutto di Parma, Farmerschinken, Gouda, Brie, Cream Cheese, weiches Ei, Joghurt mit frischen Früchten, Fruchtaufstrich, Blütenhonig, Butter, Gebäck, Croissant, frisch gepresster Orangensaft. Sonst noch Wünsche? Wer auf der prächtigen Terrasse Platz nehmen will, sollte reservieren. By the way: Frühstück wird von 9–14 Uhr serviert.

1., Albertinaplatz 1, Tel. 01/532 96 69, albertina@doco.com, www.doco.com, Öffnungszeiten: 9–24 Uhr

Lilette's

„Coffee & Juicebar" – in dem kleinen Lokal in der Tuchlauben werden neben frisch gebrautem Kaffee köstliche Smoothies angeboten – von Vitamin-Bomben über Green-Smoothies bis zu Superfood-Getränken. Gibt's alles auch zum Mitnehmen.

1., Tuchlauben 19, www.lilettes.com, Öffnungszeiten: Mo–Fr 8–19 Uhr, Sa 10–19 Uhr

Super Mari

Frühstücken wie in Neapel: Bei der Super-

Mari-Bar und dem Spezialitäten-Shop ist alles aus Italien. Fantastischer Espresso und dazu ein Sfogiatelle – eine kegelförmige Blätterteigtasche, gefüllt mit süßem Ricotta, kandierten Zitronen, Orangen, Zimt und Orangenblütenwasser.
2., Leopoldgasse 22, Tel. 0676/697 02 94, office@supermari.at, www.supermari.at, Öffnungszeiten: Di–Fr 8.30–15 Uhr u. Sa 10–19 Uhr

Meierei im Stadtpark

Fine Dining Frühstück: Wer das Wochenende mit einem luxuriösen Frühstück starten möchte, ist hier richtig. Ein Hauch Käsegeruch weht durch die Luft, es gibt mehr als 100 verschiedene Käsesorten und eine herrliche Auswahl an Frühstücksköstlichkeiten, auf kleinen Tellern serviert. Einen besseren Start in den Tag kann man sich nicht wünschen. Auch für ein Business-Frühstück während der Woche höchst geeignet.
3., Am Heumarkt 2a, Tel. 01/713 31 68 oder 01/713 31 68-2, wien@steirereck.at, www.steirereck.at, Öffnungszeiten: Mo–Fr 8–23 Uhr, Sa u. So 9–19 Uhr

Supersense

Hier kann man in einem venezianischen Dogenpalast aus dem 18. Jahrhundert in den Tag starten. Leberpastete aus Tulln, Bergkäse von der Sennerei Reiter aus Tirol, und der Kaffee „San Giusto" stammt aus einer handgemachten Kaffeemaschine aus Seattle. Es gibt Croissants, Gebäck und selbst gemachten Kuchen, und das in einer der schönsten neuen Locations der Stadt! Der hintere Teil des Lokals beherbergt ein kleines Tonstudio, ein Druck- und Handschriftenservice (Sebastian Sailer erstellt dort wunderschöne Einladungen) und ein Porträtservice mit Sofortbild (20 x 40). Was es sonst noch zu kaufen gibt: Kupferlampen, schicke Notizbücher und analoge Impossible-Filme.

SUPER MARI

2., Praterstraße 70, Tel. 01/969 08 32, www.supersense.com, Öffnungszeiten: Mo–Fr 12–19 Uhr, Sa 12–17 Uhr

Café Nelke

Perfekter Platz für ein Katerfrühstück. Köstliches Shabby-Chic-Marktcafé mit Ost-Frühstück, Süßem Frühstück, Pikantem Frühstück , Vital-Frühstück, guten Salaten und gefüllten Pita.
2., Volkertmarkt Stand 38–39, Tel. 01/996 20 67, www.nelke.at, Öffnungszeiten: Mo–Sa 10–22 Uhr

Joseph Brot

Bäckerei, Patisserie und Bistro – Frühstücken kann man hier wochentags bis 11 Uhr und an Wochenenden und Feiertagen sogar bis 15 Uhr. Es stehen jede Menge Köstlichkeiten auf dem Programm. Die ganze Auswahl hier wiederzugeben, würde den Rahmen sprengen, aber eines ist sicher: Die Backwaren, Törtchen und Birchermüslis sind einmalig. Das Lokal ist stylish und könnte auch in New York oder sonst wo ein Renner sein. Sonntags ideal zum Brot- und Gebäckholen, aber Achtung, hier herrscht Boboalarm, wen wundert's?
3., Landstraßer Hauptstraße 4, office@joseph.co.at, www.joseph.co.at, Öffnungszeiten Bäckerei: Mo–Sa 6.30–21 Uhr, So u. Fei 7.30–21 Uhr Öffnungszeiten Bistro: Mo–Sa 7–21 Uhr, So u. Fei 7.30–21 Uhr

Café Menta

Frühstücksempfehlung: Die Karte ist eher klein, bietet aber eine Mischung aus kleinen Speisen, mit denen man sich ein individuelles Wunschfrühstück zusammenstellen kann, z. B. Mohn-Aufstrich, Rohkostmix, Walnuss-Aufstrich, Feta/Bergkäse, Minz-Aufstrich sowie Tortillas. Zu jedem Frühstück kostet der erste Kaffee € 2,–, danach werden die regulären Preise verrechnet.

3., Radetzkypkatz, Tel. 01/966 84 23, menta@cafementa.at, www.cafementa.at, Öffnungszeiten: Mo–So 8.30–24 Uhr

phil

Es ist egal, zu welcher Uhrzeit man ins phil geht, man kann Kaffee trinken und gut frühstücken, einen Imbiss zu sich nehmen oder nur in den Bücherregalen schmökern. Der Bobo-Burger lässt keinen Zweifel daran, für wen dieses Lokal gemacht ist.
6., Gumpendorfer Straße 10–12, Tel. 01/581 04 89, info@phil.info, www.phil.info, Öffnungszeiten: Mo 17–1 Uhr, Di–So 9–1 Uhr

Marks

Frühstücken kann man im Marks, solange der Vorrat reicht. Die Karte ist nicht sehr üppig, hält aber, was sie verspricht: Angefangen beim „Hangover Frühstück" zum „Deli Frühstück" bis zum „Fit Frühstück".
7., Neustiftgasse 82, Tel. 01/15 22 32 90, office@restaurant.marks.at, www.restaurant-marks.at, Öffnungszeiten: Di–Sa 10–24 Uhr, So 9.30–23 Uhr

Café Français
Hier genießen frankophile Frühstückerinnen ihr Baguette, ihr Croissant, ihren Café Crème. Das Bistro ist eine Huldigung an die französische Lebensart. Musik von Gainsbourg bis Guetta und Zaz sind momentan sehr en vogue.
9., Währinger Straße 6-8, Tel. 01/319 09 03, www.cafefrancais.at, Öffnungszeiten: Mo–Sa 9–23 Uhr

Milchbart
Charmantes Marktbeisl am Meidlinger Markt. Hier wird jeden Tag gekocht, die Ingredienzien kommen frisch vom Markt. Das Menü besteht aus zwei bis drei Gängen und schmeckt fantastisch. Der Espresso ist der beste in ganz Meidling. Frühstück wird ab 10 Uhr serviert – jeden Samstag wird ein feines Frühstücksbuffet aufgebaut.
12., Meidlinger Mark, Stand 6–8, Tel. 0681/20 46 10 44, Öffnungszeiten: Di–Sa 10–21 Uhr

Sweets, Chocolate & Eissalons

Demel
Der Demel, eine der bekanntesten Wiener Konditoreien, war einst k. u. k. Hofzuckerbäcker und führt diesen Titel noch heute. Im Demel herrschen die Frauen. Es gibt keinen Ober, sondern Oberinnen, die Demelinerinnen genannt werden. Beim Servieren sagen sie den berühmter Demel-Satz: „Haben schon gewählt?" Im Erdgeschoß findet sich neben Torten, Strudeln und Guglhupf hübsch verpackten Katzenzungen und Konfekt, im hinteren Teil eine Schaubackstube, wo man den Patissiers bei der Arbeit zusehen kann. Wienerisch elegant und chic ist es, sich auf Kaffee, Sandwich und Törtchen zu treffen, am schönsten im unteren Teil gegenüber der Schauküche. Reservieren, denn um diese Plätze wird gekämpft!
1., Kohlmarkt 14, Tel. 01/535 17 17-0, wien@demel.com, www.demel.at, Öffnungszeiten: täglich 9–19 Uhr

Patisserie zum Schwarzen Kameel
Kleines Geschäft im Wiener Jugendstil. Die Patisserie führt Törtchen und Torten (in drei Größen) sowie süße und salzige Kekse. Unvergleichlich die Zimtstangen – eine Sünde wert.
1., Bognergasse 7, www.kameel.at/patisserie, Öffnungszeiten: Mo–Sa 9.30–19 Uhr

Altmann & Kühne
Klitzekleine Liliput-Schokodrops, wunderhübsch verpackt. Als Mitbringsel ein Hit. Die verschiedenen Boxen in Schwarz, Lila oder Rot sind kleine Kostbarkeiten und Kult.
1., Graben 30, Tel. 01/533 09 27, info@confiserie-altmann-kuehne.at, www.altmann-kuehne.at, Öffnungszeiten: Mo–Fr 9–18.30 Uhr, Sa 10–17 Uhr

WEITER AUF SEITE 98 →

DEMEL

Susanne Wuest

—

Schauspielerin

—

Sie leben zurzeit in Berlin und sind viel unterwegs. Worauf freuen Sie sich, wenn Sie für einige Tage nach Wien kommen?

Auf das Essen! Das vermisse ich, sobald ich länger als eine Woche von Wien weg bin! Was diesen Punkt betrifft, habe ich Dauerheimweh.

Wien im Film: Gibt es Filme, die Sie uns empfehlen würden?

Da denke ich natürlich gleich an den *Dritten Mann*, dann an *Die Klavierspielerin* (Michael Haneke) und – ganz großartig – *Radetzkymarsch* von Axel Corti.

Einen Abend/eine Nacht in Wien – wie sollte man die verbringen?

Ein Abendessen, ein Spaziergang durch die Stadt, ein Glas Wein in einer der zahlreichen Bars in der Innenstadt. Oder man verbringt den Abend im *Filmmuseum*!

Ihre persönlichen Lieblingsplätze und Geheimtipps – verraten Sie uns drei davon?

Marillenknödel im *Gmoakeller*, Topfenstrudel im *Café Eiles*, Frühstück in der *Meierei im Stadtpark*. Alles Essen, ich weiß, aber in der Reihenfolge stimmt das tatsächlich.

Filmmuseum – 1., Augustinerstraße 1 / *Gmoakeller* – 3., Am Heumarkt 25 / *Café Eiles* – 8., Josefstädter Straße 2 / *Meierei im Stadtpark* – 3., Am Heumarkt 2a

AT-ST8027

Xocolat

Truffes, Pralinés und andere süchtig machende Köstlichkeiten.
Ferstl-Passage, 1., Freyung 2, Tel. 01/535 43 63, xocolat@xocolat.at, www.xocolat.at, Öffnungszeiten: Mo–Fr 10–18.30 Uhr, Sa 10–18 Uhr, So u. Fei 12–17 Uhr

Eissalon Tuchlauben

Zählt zu den besten Eissalons der Stadt.
1., Tuchlauben 15, Tel. 01/533 25 53, tuchlaubeneis@chello.at, www.eissalon-tuchlauben.at, Öffnungszeiten: März: Mo–Sa 10–20 Uhr, So 11– 20 Uhr, April–September: Mo–Sa 10–23.30 Uhr, So 11–23.30 Uhr, Oktober: Mo–Sa 10–20 Uhr, So 11–20 Uhr

Ferrari Natural Gelato

Ein Eis, wie es vor fünfzig Jahren in Italien üblich war. Samuel Ferrari und Pietro Vicovich machen Eis, das seinesgleichen sucht. Die Produktion erfolgt direkt im Lokal, damit man sieht, was alles rein kommt. Piemontische Haselnüsse, karamellisierte Pinienkerne, frische Früchte, Ricotta und, und, und.
1., Krugerstraße 9, Tel. 01/512 24 45, info@ferrari-gelato.at, www.ferrari-gelato.at, Öffnungszeiten: 10–22 Uhr

Foxy

Bio Frozen Yoghurt mit frischen Früchten und allerlei anderen himmlischen Zutaten. Die Wanddeko stammt vom Künstler Erwin Wurm.
4., Faulmanngasse 1, foxyfrozenyoghurt@gmail.com, www.foxyfrozenyoghurt.at, Öffnungszeiten: Mo–Sa 11–20 Uhr

Fruth

Eclairs, Schokospitze, Punschkrapfen, Trüffel und Köstlichkeiten, die so klingende Namen haben wie „Ivoire" – eine Torte aus weißem Biskuit mit Schokoladecreme

ALTMANN & KÜHNE

und passierten Himbeeren, umhüllt mit türkisfarbenem Marzipan. Oder „Etienne" – das Mousse-au-Chocolat-Törtchen. Alles handgemacht und feilgeboten in einer kleinen Patisserie, die direkt aus Paris stammen könnte.
4., Kettenbrückengasse 20, Tel. 0664/143 22 43, www.fruth.at, Öffnungszeiten: Di–Fr 11–19 Uhr, Sa 9–17 Uhr

Tart'a tata Patisserie

Bonjour Paris: Eclair au chocolat, Douceur framboise, Le Rêve, Tarte Citron, Quiche und Viennoiserie und die wirklich allerbesten Croissants, die in Wien zu finden sind.
7., Ecke Lindengasse/Zollergasse, Tel. 01/890 73 77, www.tartatata.at, Öffnungszeiten: Di–Sa 9–19 Uhr, So 9–14 Uhr

Blühendes Konfekt

Blüten zum Vernaschen: Veilchen, Rosen oder Himmelschlüssel, die mit Schokolade, Früchten und Marzipan veredelt zu kleinen Geschmacksexplosionen werden und weltweit einzigartig sind.
Werkstatt & Shop, 6., Schmalzhofgasse 19, Tel. 0660/341 19 85, aroma@bluehendes-konfekt.com, Öffnungszeiten: Mi–Fr 10–18.30 Uhr

Sartori Torten
Torten-Couture: spektakuläre Tortenskulpturen der Luxusklasse, als süßer Aufputz für große Feste und glamouröse Partys. Designerin Petra Bacher, die auch als Textil- und Interiordesigner arbeitet, fertigt ihre Kunstwerke alleine an, allerdings nur auf Vorbestellung. Als Vorbereitungszeit müssen mindestens sechs Wochen einkalkuliert werden.
7., Burggasse 117, www.sartori-torten.at

Essen und Kunst

Do&Co Albertina
Das neue, schicke Interior steht dem Lokal gut. Das Frühstück ist köstlich, die Mittags- und Abendkarte ebenfalls. Besonders empfehlenswert ist die Terrasse: dem Burggarten zugewandt – eine Oase der Ruhe mitten in der Stadt.
1., Albertinaplatz 1, albertina@doco.com, www.doco.com, Tel. 01/532 96 69, Öffnungszeiten: 9–24 Uhr

UNGER & KLEIN IM HOCHHAUS

Die Au
Hübsches Lokal im Augarten, gleich nebenan die Kunsträume von Francesca Habsburgs TBA 21. Ein sehr charmanter Ort mit großartiger Terrasse, herrlichem Bier und auch sonst sehr passablen Gerichten. Ein Supper-Club, von TBA-21-Künstlern inszeniert, findet hier an zwölf Abenden im Jahr statt: zwei Kuratoren, ein Chefkoch und mehrere speziell zu diesem Event eingeladene Künstler verbinden Essen, Performance und Kunst.
2., Scherzergasse 1a, Tel. 01/342 655, www.dieau.info, Öffnungszeiten: Mi–Do 10–24 Uhr, Fr–So 10–24 Uhr

Dots twentyone
Kunst macht hungrig. Martin Hos Dots twentyone schafft Abhilfe. In dem weitläufigen Lokal – abends mit Clubatmosphäre, DJ-Line und riesiger Terrasse – wird nicht nur Sushi & Co., sondern auch Frühstück und sonntäglicher Brunch von 10–16 Uhr aufgetischt.
3., Arsenalstraße 1, Tel. 01/796 21 06, reservierung@dots-21.com, www.dots21.at, Öffnungszeiten: Mi–Fr 11–22 Uhr, Sa 10–22 Uhr, So 10–18 Uhr, Fei 11–18 Uhr

Weinzirl im Konzerthaus
Spricht etwas dagegen, dass einem prächtigen Konzertabend kulinarische Freuden folgen? Bei Weinzirl, direkt im Konzerthaus, werden pikante und süße Schmankerl in kleinen Portionen zum Durchkosten gereicht. Der Tapas-Brunch findet jeweils einmal im Monat am Sonntag statt (Info auf der Website).
3., Am Heumarkt 6, Tel. 01/512 55 50 28, reservierung@weinzirl.at, www.weinzirl.at, Öffnungszeiten: an Programmtagen tägl. ab 17.30 Uhr, bei Matineen auch mittags; sonntags von 12–15 Uhr

Essen im Hotel

Salon Hollmann

Die Karte ist klein, aber fein. Köstlichkeiten aus regionalen biologischen Produkten. Es gibt die Salonklassiker, z. B. das Salonbrettl, oder ein monatlich wechselndes 4-Gang-Menü. Wunderschön gelegen im Heiligenkreuzerhof mit Gastgarten und riesigen rustikalen Holztischen im Lokal.
1., Grashofgasse 3, Tel. 01/961 19 60 40, office@hollmann-salon.at, www.hollmann-salon.at, Öffnungszeiten: Mo–Fr 8–14 Uhr u. 18–21 Uhr, Sa 9–14 Uhr u. 18–21 Uhr

The Bank im Hotel Park Hyatt

Man sitzt feudal im imposanten Speisesaal, einer sieben Meter hohen Halle mit dicken Teppichen und spektakulärer Showküche mit spacigen Abzugshauben, die nur durch ein paar Stufen vom Gastraum getrennt ist. Ideal für einen kleine Luxus-Lunch. Köstliche Patisserie, z. B. Sauerrahmschmarren mit Heumilcheis und Kompott. Jeden Nachmittag wird ein Kaffee- und Kuchen-Buffet aufgebaut. Gute Idee: ofenfrische Buchteln, die „wie bei Muttern zu Hause schmecken".
1., Am Hof 2, Tel. 01/227 40 12 34, www.vienna.park.hyatt.com, Frühstück: Mo–Fr 6.30–10.30 Uhr, Sa u. So 6.30–11 Uhr; Mittagessen: Mo–Sa 12–15 Uhr, So 12–15 Uhr Wiener „Gabelfrühstück"; Abendessen: 18–23 Uhr

Hotel Lamée (Frühstück)

Das Frühstück wird bis 11 Uhr serviert und mit besonderer Hingabe zubereitet. Kleine, delikate Gerichte, herrliches Brot, gute Käse aus der Vitrine und vieles mehr. Die Dachterrasse bietet übrigens einen der schönsten Blicke über die Stadt.
1., Rotenturmstraße 15, Tel. 01/532 22 40, Öffnungszeiten: 12–15 Uhr u. 18–23 Uhr, www.cafebarbloom.com, Öffnungszeiten: 8.30–24 Uhr, Frühstück täglich bis 11 Uhr

Bakery im Hotel Daniel

Angenehm leger geht es hier zu, man trifft Hotelgäste und Menschen aus der Nachbarschaft. Kinder springen durch die Gegend und wer Glück hat, bekommt den begehrten Platz mit der Sofa-Schaukel. Zum Frühstück trifft man sich gerne im Hotel, denn das Buffet der Bakery bietet zu moderaten Preisen alles, was das Herz begehrt, sowohl für süße Backwarenfreunde als auch für Liebhaber des Herzhaften.
3., Landstraßer Gürtel 5, Tel. 01/901 31-0, hellovienna@hoteldaniel.com, www.hoteldaniel.com, Öffnungszeiten Frühstücksbuffet: Mo–Fr 6.30–10 Uhr, Sa u. So 6.30–12 Uhr

Ritz-Carlton (Afternoon Tea)

Lust auf einen Nachmittagstee? Traditioneller High Tea mit einem Glas Champagner, dazu werden, wie es sich gehört, Gurke-, Lachs- und Roastbeef-Sandwiches, eine Auswahl an Petit Fours sowie Scones mit Clotted Cream gereicht.
1., Schubertring 5–7, Tel. 01/311 88, Reservierungen: vienna.restaurant@ritzcarlton.com, www.ritzcarlton.com, täglich von 15–18 Uhr

Kaffee (nerd) – Lokale

Unger & Klein im Hochhaus

Klein ist im ersten Hochhaus Wiens, das in den 1930er-Jahren von den Architekten Siegfried Theiss und Hans Jaksch entworfen wurde, Programm. Das Lokal: Eine runde Sache mit knapp fünf Metern Durchmesser, ein Glaszylinder, zugelassen für 21 Personen, 15 davon können auf cognacfarbenem Leder sitzen oder „sitzstehen". Eine zentrale Theke und elegante Materialien wie Leder, Edelstahl, Glas und geschliffener Terrazzo. Der Kaffe kommt aus der Berliner Kaffeemanufaktur Andraschko – eine Wiener Kaffeehausmischung aus sechs Arabica-Sorten. Wein, Fruchtsäfte, Gin (Hendricks!) und Sprudelndes. Panini mit Schin-

ken oder Käse für die Hungrigen, familiär auf der Theke in Körben zum Selbstnehmen arrangiert, morgens Croissants, abends warme Kleinigkeiten, alles konzipiert von Ella de Silva aus dem Finstren Stern. Besser geht's nicht.
1., Herrengasse 6–8, wie@ungerundklein.at, www.imhochhaus.at, Öffnungszeiten: Mo–Fr 8–22 Uhr, Sa 10–22 Uhr

Balthasar

In der netten Café-Bar auf der Praterstraße wird dem Edelespresso und kultigen Filter-Kaffee gehuldigt. Außerdem eine guter Ort, um in Ruhe Zeitung zu lesen oder das Laptop auszupacken und zu arbeiten.
2., Praterstraße 38, Tel. 0664/381 68 55, www.balthasar.at, Öffnungszeiten: Mo–Sa 7.30–19 Uhr

Naber Kaffee

Seit 1922 zählt die Familie Naber zu den Kaffeeproduzenten dieser Stadt. Wer das Stehcafé in der Wiedner Hauptstraße betritt, unternimmt gleichzeitig eine Reise in die 1950er-Jahre, denn das Lokal hat sich seit der Eröffnung 1955 kaum verändert. Dem Kaffee wird seit 1967 im firmeneigenen Röstwerk sein spezielles Aroma verpasst. Novität sind die biologisch angebauten Produkte.
4., Wiedner Hauptstraße 40, www.naber-kaffee.com, Öffnungszeiten: Mo–Fr 8–18 Uhr

Caffé a casa

Außen Sixties-Style, innen Zeitgeist und purer Kaffeegenuss. Drei Tische vor der Türe bieten im Sommer ein schattiges Plätzchen, um Espresso, Caffè Latte oder Eiskaffee und süße Dinge aus der Patisserie Fruth zu genießen. Neun verschiedene Topkaffees werden aus Brasilien und Burundi über Costa Rica bis hin zu Kolumbien und der Dominikanischen Republik angeboten. Ein weiterer Bonus: das Café hat auch sonntags offen.
9., Servitengasse 4a, Tel.01/319 02 66, www.caffeacasa.net, Öffnungszeiten: Mo–Fr 8–18 Uhr, Sa u. So 9–17 Uhr

Kaffeemodul

Angefangen bei Kaffee-Klassikern, starkem Espresso, Ristretto, Cappuccino, doppeltem Espresso mit Milch, Milchkaffee, heiß oder geeist, Tee und Trinkschokolade – hier dreht sich alles um den Kaffeegenuss. Unbedingt kosten: den kalt zubereiteten Kaffee – geschmacklich irgendwo zwischen Schwarztee und Eiskaffee angesiedelt. Die Zubereitungsarten variieren zwischen der klassischen Espressomaschine, einer Aeropress, French Press, Chemex, Siphon-

BALTHASAR

Kaffeemaschine oder Filterkaffee. Alles natürlich auch to go.
8., Josefstädter Straße 35, Tel. 0680/222 80 39, info@kaffeemodul.at, www.kaffeemodul.at, Öffnungszeiten: Mo–Fr 7.30–17.30 Uhr

Wiener Rösthaus

Liebevoll gestaltetes Lokal mit Röstofen, Schaukästen und Kaffeeutensilien. Mehr als acht Kaffeesorten werden momentan feilgeboten. Besonders stolz sind die Betreiber auf die Sorte Äthiopien Bench Maji, einen wilden Kaffee, der unter Bäumen wächst. Das Rösthaus will kein Kaffeehaus sein, ein paar Tische stehen aber doch zur Verfügung, um eine Tasse zu trinken.
8., Tigergasse 33, Tel. 01/402 28 86, www.wienerroesthaus.at, Öffnungszeiten: Di–Fr 10–18 Uhr, Sa 9–13 Uhr

Bäckereien

Joseph Brot vom Pheinsten

Josef Weghaupt hat gemeinsam mit Helmut Gragger die Brotkultur zurückgebracht. In seinem Brotladen stehen die Menschen Schlange. Die handgemachten Sauerteig- und Vollkornbrote werden täglich aus der Bäckerei in Vitis (Waldviertel) angeliefert, Viennoiseries, Kleingebäck und Sandwiches werden vor Ort frisch gemacht. Neben Brot, Gebäck und köstlichen Kuchen (Maroni-Gugelhupf!) gibt es die Sirupe von Raidl, viel gute Marmelade und wunderbar geschmackssatte Milch von einem Waldviertler Bauernhof sowie ganz fantastische frisch gemachte Sandwiches.
1., Naglergasse 9, Tel. 0699/17 12 66 56, office@joseph.co.at, www.joseph.co.at, Öffnungszeiten: Mo–Fr 7–19 Uhr, Sa 8–18 Uhr

Joseph Genuss

Hier gibt es Josephs Brot in gewohnter Qualität – und noch viel mehr. Die Bäckerei wurde um eine Patisserie, eine Greißlerei und ein Bistro, das vom Frühstück übers Mittag- bis hin zum Abendessen offen hat, erweitert. Das Beste: Am Sonntag frisches Gebäck holen oder in der Greißlerei zuschlagen.
3., Landstraßer Hauptstraße 4, Tel. 0664/88 29 84 70, www.joseph.co.at, Öffnungszeiten:
Bäckerei u. Patisserie: Mo–Sa 6.30–21 Uhr, So u. Fei 7.30–21 Uhr;
Bistro: Mo–Sa 7–21 Uhr, So u. Fei 7.30–21 Uhr

Gragger & Cie Holzofenbäckerei

Das Sortiment ist zu 100 Prozent bio. Modische Kreationen wird man bei Gragger nicht finden, dafür aber knusprige, aromatische, saftige, rustikale 2-Kilo-Laibe, Handsemmeln, Salzstangerl oder ofenwarme Baguettes. Helmut Gragger hat übrigens gemeinsam mit Sarah Wiener auch eine Holzofenbäckerei namens „Wiener Brot" in Berlin eröffnet.
1., Spiegelgasse 23, Tel. 01/513 05 55, Öffnungszeiten: Mo–Fr 7–19 Uhr, Sa 7–18 Uhr,
7., Siebensterngasse 25, Tel. 01/522 08 05, Öffnungszeiten: Mo–Fr 7–19 Uhr, Sa 7–18 Uhr, www.gragger-cie.at

simply raw bakery

Es mag etwas verwundern, dass eine Bäckerei nicht bäckt und außerdem ohne Mehl und Zucker arbeitet. Die von einem Mutter-Tochter-Gespann geführte und ganz auf rohe Produkte spezialisierte simply raw bakery begeistert sowohl mit ihrem Sortiment an süßen als auch an pikanten Snacks. Alles aus Bio-Zutaten und zudem soja-, laktose- und glutenfrei.
1., Drahtgasse 2/Am Hof, www.simplyrawbakery.at, Öffnungszeiten: Di–Sa 10–18 Uhr

WEITER AUF SEITE 106 →

DAS BESTE AUS BROT & WEIN

Seit Februar 2014 ist der dritte Bezirk um einen kulinarischen Hot Spot reicher: Das neue Abendlokal, *Ströck-Feierabend*, bietet Mo–Fr ab 16 Uhr und Sa–So ab 7 Uhr auf der belebten Landstraßer Hauptstraße 82 nicht nur die gewohnte Ströck-Qualität, sondern auch moderne und vegane Küche rund um das Brot.

DIE REGION AM TISCH Für den *Ströck-Feierabend* gilt das, was schon immer für die Bäckerei Ströck galt: Qualität ohne Wenn und Aber. *Ströck-Feierabend* bringt regionale Bio-Qualität, besten Geschmack und einen fairen Preis perfekt in Einklang. Nachhaltigkeit, Regionalität und Ressourcenschonung stehen nicht nur auf die sprichwörtliche Fahne geschrieben, sondern auf dem Tisch. Der Beweis: Ein großer Teil des Gemüses für die Speisen im *Ströck-Feierabend* kommt aus dem eigenen Garten in Wien 22. Der *Ströck-Feierabend* macht Ihr Wochenende zum Genuss: Zum einen, weil die Gäste neben Pierre Rebouls Patisserie auch jeden Sa & So mit wechselnden süßen Kreationen aus regionalen Zutaten überrascht werden. Zum anderen, weil das Feierabend-Frühstück Sa & So ab 7.00 Uhr wirklich keine Wünsche offen lässt. Dazu Bio & Fairtrade Kaffee der kleinen ALT WIEN Kaffeerösterei – Herz, was willst du mehr?

STRÖCK-FEIERABEND 3., Landstraßer Hauptstraße 82, Tel. 01/20 43 99 99 30 57, Mo–Fr 16–24 Uhr, Sa 7–24 Uhr und So 7–18 Uhr geöffnet. Öffentlich erreichbar mit der U3, Station Rochusgasse, Ausgang Hainburger Straße. *www.stroeck-feierabend.at und www.facebook.com/StroeckFeierabend*

Advertorial

Stephanie Tscheppe – Eselböck

Weinbäuerin und Heurigenwirtin

Was würden Sie Freunden oder Gästen empfehlen, wenn diese ein romantisches Wochenende in der näheren Umgebung verbringen wollen?
Das Burgenland eignet sich hervorragend für romantische Ausflüge, natürlich empfehle ich ein Zimmer im Taubenkobel, ein romantisches Abendessen für zwei ebendort, einen Spaziergang auf den Goldberg, herrlicher Blick über den Neusiedler See inklusive, ein Glaserl bei uns im Gut Oggau und einen Sprung in den See.

Verraten Sie uns ein paar Geheimtipps und Spezialitäten aus Ihrer Region …?
Die Schönheit des Burgenlands liegt oft im Verborgenen, es zahlt sich also aus, hinter die Fassaden zu blicken. Rust als Stadt muss man gesehen haben, da kann man auch gleich bei uns in der Pension Drahteselböck übernachten, sich ein Rad ausborgen und auf Erkundungsfahrt gehen. Denn aus der Perspektive des Drahtesels kann man die burgenländische Landschaft am schönsten genießen und entdecken.

Wo ist der Neusiedler See am schönsten?
Im Haus im See in Fertörakos, wo man in einem Holzhaus mitten im Wasser sitzt, ein Platz, der einen rundherum alles vergessen lässt und auch für nur wenige Stunden komplettes Urlaubsgefühl vermittelt.

Ein Ausflug nach Wien. Wohin gehen Sie privat gerne essen?
Leider kommen wir nicht so oft nach Wien, wie wir wollten, gerne sind wir aber im *Mochi* in der Praterstraße, weil dort herzliche Gastgeber ihre Leidenschaft leben und immer wieder Großartiges unkompliziert auf den Teller bringen.

Taubenkobel – Hauptstraße 27, 7081 Schützen am Gebirge / *Gut Oggau* – Hauptstraße 31, 7063 Oggau / *Pension Drahteselböck* – Dorfmeistergasse 21, 7071 Rust / *Mochi* – 2., Praterstraße 15

JAUSENSTATION QUERFELD IN SCHÖNBRUNN

Im Grünen

Schweizerhaus
Ein Klassiker mit der besten Stelze Wiens, herrlichem Radi, Kartoffelpuffern und Budvar Bier. Riesiger Gastgarten – hier geht es sehr wienerisch und zünftig zu.
2., Prater 116, Tel. 01/728 01 52-13, www.schweizerhaus.at, Öffnungszeiten: von 15. März–31. Okt 11–23 Uhr

Lusthaus
Das Lusthaus war früher Treffpunkt und Bühne des eleganten Lebens und wurde auch vom Kaiser gerne besucht. Ein poetischer Fleck im Wiener Prater, um nach einem ausgedehnten Praterspaziergang auf Kaffee und Kuchen vorbeischauen, ein Frühstück zu sich zu nehmen oder auch zum Mittagessen.
2., Freudenau 254 (Ende Prater Hauptallee), Tel. 01/728 95 65, office@lusthaus-wien.at, www.lusthaus-wien.at, Öffnungszeiten: Okt–Apr 12–18 Uhr (Mi Ruhetag), Mai–Sept Mo–Fr 12–23 Uhr, Sa, So u. Fei 12–18 Uhr (Mi Ruhetag)

Jausenstation Querfeld in Schönbrunn
Ein historischer Pavillon mit bunten Stühlen und karierten Tischtüchern – die perfekte Sommer-Location. Betrieben wird das Lokal von der Familie Querfeld, die auch das Café Landtmann seit Jahren bespielt. Sie setzt auf bodenständige, regional geprägte Kost vom Frühstück bis zum abendlichen Grill.
12., Schlosspark Schönbrunn, gleich nach dem Meidlinger Tor, Tel. 01/241 00-380, www.landtmann-jausenstation.at, Öffnungszeiten: 1. Apr–3. Nov 9 Uhr–Parksperre

Manameierei
Ein Bistro am Rande des Schwarzenbergparks, am Fuße des Wienerwalds. Einfache, gute Gerichte aus hochwertigen Produkten aus der Umgebung. Ausgiebiges Frühstück, selbst gebackenes Brot und allerhand selbst gemachte Köstlichkeiten. Auch einen prall gefüllten Picknickkorb kann man bestellen und sich damit in die Wiese setzen.
17., Exelbergstraße 32, Tel. 01/480 51 72, www.manameierei.com, Öffnungszeiten: Mi 12–18 Uhr, Do–So 9–18 Uhr, Fei 9–18 Uhr

Klee am Hanslteich
Classic-with-a-Twist, essen direkt am Teich im Stil junger Kosmopoliten und Hugo-Trinker. Hier geht es darum, zu sehen und gesehen zu werden. Das Essen schmeckt, besonders gut sind die Desserts.
17., Amundsenstraße 10, Tel. 01/480 51 50, www.kleeamhanslteich.at, Öffnungszeiten: Mi–So 11.30–22 Uhr

DIE REISE ZUM WEIN
Kommen Sie dort an, wo unser Wein zu Hause ist. Das neue Online-Portal der Weinwelt mit allen Weinbaugebieten und Weingütern, den besten Weinen und Vinotheken, den gemütlichsten Unterkünften und wirklich guten Heurigen. Die besten Tipps für Ihre Reise zum Wein!
www.österreichwein.at
ÖSTERREICH WEIN

Nachtleben & Musik

---

*WER DURCHHALTE-
VERMÖGEN HAT, KANN DIE
NACHT ZUM TAG WERDEN LASSEN –
WIEN IST EINE PARTYSTADT.*

DIE NACHT zum Tag werden lassen: Konzertnächte zwischen Jazz, Funk und Hip Hop oder lieber Party machen mit House- und Techno-DJs: Hier sind die heißesten Anlaufstellen.

Die Zeiten, in denen Wien als Musikstadt hauptsächlich für Mozart und Johann Strauß bekannt war, sind lange vorbei. In diversen Lebensqualität-Rankings, in denen die Stadt regelmäßig auf den vorderen Plätzen landet, findet das Nachtleben in letzter Zeit ausnahmslos immer Erwähnung; das renommierte deutsche Techno-Magazin *De:Bug* prophezeite Wien vor Kurzem gar vorsichtig eine Karriere als „das neue Berlin", also als Partyhauptstadt Europas.

Vielleicht kann man als Besonderheit des Wiener Nachtlebens vor allem die Kombination aus Underground und „Mainstream" nennen. Immer wieder kann es in dieser Stadt passieren, dass Horrorfilmpremieren, etwa die des */slash*-Filmfestivals (http://slashfilmfestival.com/), zu ausgelassenen Partys im Kinofoyer werden, dass Vernissagen in kleinen Galerien, wie bei der Eröffnung des mittlerweile leider wieder geschlossenen Fox House, unter DJ-Beschallung zu einem Verkehrsauflauf auf der Straße führen, weil die Straßenbahn vor lauter Menschen nicht mehr durchkommt, oder dass sich vor der Releaseparty eines Indie-Magazins, etwa bei den beliebten monatlichen *The Gap*-Festen im *Brut*, eine meterlange Menschenschlange bildet, um Einlass zu finden. Man besucht einen Jazz-Abend, zum Beispiel im *Porgy & Bess*, und macht danach trotzdem die Nacht in einem Technoclub zum Tag, man geht schön Abendessen und landet dann auf einem Punk-Konzert, etwa im *Chelsea* oder *Venster*. Natürlich kann man sich in der Stadt auch ausschließlich innerhalb einer Szene bewegen, die Abwechslung und der Überraschungseffekt der Wiener Nächte sind aber etwas ganz Normales und machen wirklich Spaß.

Da man also nie genau weiß, was der Abend noch bringen wird, sorgt man am besten für eine gute Unterlage. Während die zahlreichen Restaurants der Stadt ausführlich im Kapitel „Essen & Trinken" aufgelistet sind, werden einige im Besonderen mit der Musik- und Clubkultur assoziiert. Eine der heißesten Anlaufstellen hierfür ist das *Zweitbester*. Die Tische gruppieren sich rund um eine riesige Betonbar mit offener Küche, an den Wänden hängen wechselnde Bilder junger Künstler, die Gerichte variieren zwischen lokaler und internationaler Küche und werden an manchen Abenden von DJs oder Musikern selbst konzipiert und zubereitet. Das Beste am Lokal aber, neben dem Essen, sind die WCs. In ihrem Vorraum finden manchmal Nachtflohmärkte statt, und es steht dort eine elektrische Orgel, die, wenn sie nicht gerade bei den „Klo-Sessions" von professionellen Musikern bespielt wird, alle Besucher zum Herumklimpern einlädt.

Gute Musik hören oder Wiener Szenemenschen und Veranstalter treffen, die mit ihren internationalen DJ-Gästen essen gehen, kann man außerdem etwa in der *Schönen Perle*, im *Ludwig und Adele* im Künstlerhaus, im *Liebling* oder in der *China Bar*. Das erst im Frühling 2014 eröffnete *Heuer am Karlsplatz* serviert ausgeklügelte Gerichte und lässt Musiker, anstatt mit ihren eigenen Platten aufzulegen, aus der hauseigenen Vinylsammlung des Lokals Musik auswählen.

Als Digestif holt man sich später einen selbstgebrauten Gin im Marmeladeglas in der zum *Ludwig und Adele* gehörenden Vorarlberger Bar *Tonstube* beim Naschmarkt, die dank ihrer Größe und der gewinnenden Belegschaft auch für Privatfeiern bestens geeignet ist, oder zieht in die nach ihrer Adresse benannte *Schadekgasse 12* weiter, den Bar-Ableger des *Liebling*, wo man auf unterschiedlichen Vintage-Stühlen Rosenspritzer mit feiner Limonade und Rosenblättern trinkt. Beliebt ist nach wie vor auch die Bar im obersten Stock des *25hours Hotel* mit ihren zusammengewürfelten Designmöbeln mit Patina-Chic und tollem Blick über die Stadt oder die gleich nebenan gelegene *Rote Bar* im Volkstheater, wo man seinen Wein unter riesigen Lustern und zwischen rotsamtenen Wänden trinkt.

Die Nacht bietet noch so viele Möglichkeiten. Freundinnen von Gitarrenmusik können nun etwa an den Gürtel fahren und in einem der Gürtelbogen-Klassiker wie *B72* oder *Chelsea* eine aufstrebende Indie-Band auf der Bühne erleben. Liebhaberinnen elektronischer Musik gehen nebenan ins *rhiz* und lauschen avantgardistischer Klangkunst oder schauen zu einem der täglichen DJ-Abende ins ehemalige Hinterhof-Geschäft *Elektro Gönner*. Wen es auf die großen Elektronik-Tanzflächen der Stadt zieht, für den sind natürlich die Großen Vier der Wiener Clubkultur – *Flex, Grelle Forelle, Pratersauna* und *Fluc Wanne* – Pflicht.

In den Sommermonaten erwacht auch die Promenade des Donaukanals zum Leben. Zu den beliebtesten Chillplätzen, an denen zwischen Liegestühlen und Sonnenschirmen Strandgefühle aufkommen, gehören der *Tel Aviv Beach* (ein Ableger des israelischen Restau-

IMPULSTANZ

rants *Neni*) und die *Adria Wien*. Die Füße vergräbt man während des Cocktailtrinkens im weichen Sand, und jeden Abend spielen dort DJs. Spezialtipp zum Vorher-Checken: Alle zwei Jahre werden am *Tel Aviv Beach* und im *Adria Wien* die Fußball-Meisterschaften übertragen. Auf den unterschiedlichen Decks des *Badeschiffs* lässt sich nach einer ausgiebigen Runde Schwimmen auch hervorragend essen und trinken; im Keller unter Deck gibt es regelmäßig Clubs und DJ-Abende. Das architektonisch einem Schiffskörper nachempfundene *Motto am Fluss* nebenan ist ebenfalls eine gute Anlauf- und Anlegestelle am Kanal.

Wer große Menschenmassen nicht scheut, sollte an warmen Abenden zwischen April und Oktober unbedingt im *Volksgarten Pavillon* vorbeischauen. Vor allem der Dienstags-Club „Techno Cafe" erfreut sich dort seit vielen Jahren ungebrochener Beliebtheit und zieht von der Afterwork-Cocktailtruppe bis zu szenebekannten Medienvertretern wöchentlich Hunderte Leute an. Auch mit einem nächtlichen Besuch im *MuseumsQuartier* ist man natürlich gut beraten. Der große Vorteil am *MQ* ist, dass man hier so vieles an einem Ort findet: Häppchen und richtige Speisen im *Daily*, im *Glacis*, der *Kantine*, der *Halle* oder der Bar des *Dschungel Wien*, Party und Tanzen im *Cafe Leopold*. Hier findet man Konzertnächte zwischen Jazz, Funk und Hip Hop ebenso wie House- und Techno-DJs, das Publikum ist oftmals dementsprechend gemischt. Im Sommer gibt es hier bei den MQ Weekend Sounds zwischen Donnerstag und Sonntag DJ-Beschallung.

— KATHARINA SEIDLER

Brut – 1., Karlsplatz 5 / *Porgy & Bess* – 1., Riemergasse 11 / *Chelsea* – 8., Gürtelbogen 29–32 / *Venster* – 9., Gürtelbogen 99 / *Zweitbester* – 4., Heumühlgasse 2 / *Schönen Perle* – 2, Große Pfarrgasse 2 / *Ludwig und Adele* – Künstlerhaus, 1., Karlsplatz 6 / *Liebling* – 7., Zollergasse 6 / *China Bar* – 7., Burggasse 76 / *Heuer am Karlsplatz* – 4., Treitlstraße 2 / *Tonstube* – 6., Laimgrubengasse 5 / *Schadekgasse 12* – 6. / *25hours Hotel* – 7., Lerchenfelder Straße 1–3 / *Rote Bar im Volkstheater* – 1., Philharmonikerstraße 4 / *B72* – 8., Bogen 72–73 / *Chelsea* – 8., Bogen 29–32 / *rhiz* – 8., Bogen 37–38 / *Elektro Gönner* – 6., Mariahilfer Straße 101/1 (Schulhofpassage) / *Tel Aviv Beach* – 2., Obere Donaustraße 65 / *Adria Wien* – 2., Obere Donaustraße 97–99 / *Badeschiff* – 1., Donaukanallände / *Motto am Fluss* – 1., Franz-Josefs-Kai 2 / *MuseumsQuartier* – 7. Museumsplatz 1

CLUBS & BARS

Clubs

1. BEZIRK

Albertinapassage

Nur wenige Schritte von der Staatsoper entfernt gibt es den heißesten Dinner & Dance-Club der Stadt. Über 800 m² erstreckt sich das Clubrestaurant inklusive Bühne, auf der live Jazzkonzerte stattfinden. Die Speisekarte offeriert Wiener Klassiker, modern interpretiert, und perfekte Steaks, und auch die Cocktailbar braucht den internationalen Vergleich nicht zu scheuen.

1., Opernring/Operngasse, Tel. 01/512 08 13, reservierung@albertinapassage.at, www.albertinapassage.at, Öffnungszeiten: Di–Sa 17–4 Uhr

Volksgarten

Der Volksgarten blickt auf knapp 180 Jahre Geschichte zurück, zählt mit seiner einzigartigen Architektur zu einem der schönsten Clubs von Wien und konnte sich ungeachtet der schnelllebigen Clubkultur über Jahrzehnte als Hotspot der Wiener Party-Crowd halten. Der Wintergarten besticht mit Originalmöbeln des Architekten Oswald Haerdtl aus den 1950er-Jahren. Teile des Clubs wurden kürzlich von den BEHF-Architekten neu gestaltet. Die Besucher: eine bunte Mixtur aus Saturday Night Fever, Partyvolk und Wiener Hautevolee. Im Sommer gibt es einen riesigen Garten und einen Pool. Jedes Jahr findet hier die Aftershow-Party des Life Ball statt. Je nach Veranstaltung ist Hip-Hop, House oder Elektro zu hören.

1., Burgring 1, Tel. 01/532 42 41, service@volksgarten.at, Öffnungszeiten: siehe www.volksgarten.at

Volksgarten Pavillon

Architektonisch in den 1950er-Jahren anzusiedeln, ist der Volksgarten Pavillon ein famoser Ort, um an Sommertagen abzuhängen, Limo zu schlürfen, sich im Schatten der Veranda abzukühlen und Musik zu hören. Am Abend wird die Location zum Club. Am Dienstag gibt es das legendäre Technocafé. Musikalisch ist alles drin: von House und Techno über Funk und Soul bis Hip-Hop – immer abhängig von der Veranstaltung.

1., Volksgarten Pavillon, Tel. 01/532 09 07, www.volksgarten-pavillon.at, eigentlich www.dastechnocafe.at – die Seite funktioniert allerdings nur während der Öffnungszeiten (also Frühjahr und Sommer) Öffnungszeiten: Mo–Fr 11–2 Uhr, Sa u. So 10–2 Uhr (nur von April bis Mitte September)

Passage

Die ehemalige Fußgängerunterführung mit futuristischem Interieur ist riesig. Donnerstag, Freitag und Samstag wird sie meist von Teenies auf zu hohen Heels überflutet. Sounds: Clubsound, Dance und House. Am besten erst einmal auf der Homepage checken!

1., Burgring/Ecke Babenbergerstraße, Tel. 01/961 88 00, www.sunshine.at, Öffnungszeiten: Di–Sa 22–4 Uhr

Sass

Ein kleiner Club, dessen Wände mit Blattgold überzogen sind. Das Publikum ist wild gemischt – von schick bis alternativ. Getanzt wird bis ins Morgengrauen. Zur After Hour geht es hier rund. Sound: Minimal und Elektro. Wird auch gerne für private Partys genützt.

1., Karlsplatz 1, Tel. 0676/411 61 16, www.sassvienna.com, Öffnungszeiten: Do–So 22–4 Uhr, siehe Veranstaltungskalender auf der Homepage!

Flex

Alt, aber gut: Legendärer Club in den Stadtbahnbögen am Donaukanal. Laut der jährli-

chen Wertung des deutschen Musikmagazins Spex zählt das Flex seit Jahren konstant zu den besten Clubs Europas. Das Publikum ist gemischt, im Sommer wird auch gerne im Flex-Café und vor dem eigentlichen Club abgehangen. Neben dem Fixprogramm finden an den restlichen Tagen meist Konzerte der verschiedensten Musikrichtungen statt. Aufgespielt haben dort bereits Stereo MCs, Juliette and the Licks, Pete Doherty, DJ Jeff Mills, Ellen Allien, Sven Väth u.v.a. Musik: Mo: Elektro, Trap, Di: House, Techno, Mi: Indie, Do: Drum N' Bass, Fr: Indie, Rock, Sa: Techno, Jungle
1., Am Donaukanal, Abgang Augartenbrücke, Tel. 01/533 75 25, www.flex.at, Öffnungszeiten: täglich 21–4 Uhr

Porgy & Bess
Jazz- und Musikclub mit Live-Konzerten von nationalen und internationalen Acts aus den Genres Funk, Jazz und Soul.
1., Riemergasse 11, Tel. 01/503 70 09, porgy@porgy.at, www.porgy.at

Badeschiff
An Deck gibt es gutes Essen und Spritzer (und, klar: man kann auch schwimmen), unten im Laderaum („Wiens einziger Unterwasserclub") immer wieder Clubs mit allerlei elektronischer Musik, Queer Clubs und in letzter Zeit auch wieder mehr Konzerte.
1., Donaukanallände, Tel. 0699/15 13 07 50, www.badeschiff.at, Öffnungszeiten: täglich 9–1 Uhr

Brut
Die Bar des Brut Theaters im Künstlerhaus war früher lediglich für das Bier nach der Show gedacht; schnell aber wurden die dort damals noch vereinzelt stattfindenden Partys an den Wochenenden zum Kult, etwa die Release-Feiern des Magazins The Gap oder die Queer-Extravaganza Malefiz. Mittlerweile werden die Brut Bar und manchmal auch der große Theaterraum im Erdgeschoß jedes Wochenende von DJs und Live-Acts aller Herren Länder bespielt; die Schlange an hineindrängenden Besuchern reicht nicht selten bis auf den Vorplatz hinaus.

VOLKSGARTEN

1., Karlsplatz 5, Tel. 01/587 87 74, www.brut-wien.at, Öffnungszeiten: je nach Veranstaltung

2. BEZIRK

Pratersauna

Ehemalige Sauna mit mehreren Dancefloors und DJs. Während des Sommers lädt die Pratersauna jeden Mittwoch zum Nachtschwimmen im eigenen Outdoor-Pool ein. Außerdem gibt es einen Ausstellungsraum, wo Kunstaktionen stattfinden. In der wöchentlichen House- und Elektro-Veranstaltungsreihe treten nationale und internationale DJs auf und machen den Club zum Zentrum der jungen Wiener (Deep-)House- und Techno-Szene. Die Leser des Musikmagazins „De:Bug" wählten die Pratersauna 2010 zum zweitbesten Club. Die Redaktion meinte dazu: „Mit dem Überflieger Pratersauna würden wir sogar die These wagen, dass Wien im nächsten Jahrtausend das neue Berlin wird." Musik: Minimal Techno und Elektro.

HEUER AM KARLSPLATZ

2., Waldsteingartenstraße 135, Tel. 01/729 19 27, info@pratersauna.tv, www.pratersauna.tv, Öffnungszeiten: Do–Sa 23–6 Uhr (September–April), Mi–So 21–6 Uhr (Mai–September)

Fluc und Fluc Wanne

Für angenehme Eintrittspreise erhält man in der Fluc Wanne laute Konzerte und spannende DJ-Live-Acts. In der darüber gelegenen Fluc Bar erlebt man ebenfalls Konzerte und DJ-Sets bei immer freiem Eintritt; außerdem gibt es drei Terrassen mit Blick aufs Riesenrad, wo im Sommer auch gegrillt wird. Breit gefächertes, legeres Publikum. Musik: Alternative Rock, Drum 'n' Bass, Dubsteb, experimentelle Musik

2., Praterstern 5, www.fluc.at, Öffnungszeiten: Fr u. Sa nach Bedarf geöffnet, DJs ab 21 Uhr, Konzerte ab 22 Uhr, Infos zu Veranstaltungen auf der Homepage

4. BEZIRK

Roxy

Wird fälschlicherweise und wohl wegen der roten Samtwände und Sitzbanknischen oft als ehemaliges Puff bezeichnet, diente als Jazzclub und Konzertlocation aber schon Größen des Austropops als Bühne. Heute finden im Roxy, das in den letzten zwanzig Jahren mehrmals den Betreiber gewechselt hat, vor allem Funk-, Hip-Hop- und Soul-Abende mit oder ohne Live-Konzerte statt.

4., Faulmanngasse 2/Operngasse, Tel. 0681/20 30 70 88, www.roxyclub.org, Öffnungszeiten: Fr, Sa und an Feiertagen ab 23 Uhr

Heuer am Karlsplatz

Der Glaskubus im Resselpark, der früher der Kunsthalle als Project Space und Café diente, wurde im Frühjahr 2014 neu übernommen und bietet nun im Restaurant eine fantastische Küche, deren selbst gebraute

und eingelegte Zutaten und Essenzen in hübschen Einmachgläsern an der Wand auf ihre Zubereitung warten, während der Raum rechts vom Eingang um eine Bar erweitert wurde und nun für Partys zur Verfügung steht. An den „Heuer Vinyl"-Abenden bringen DJs nicht ihre eigenen Platten von zu Hause mit, sondern wählen aus der umfangreichen hauseigenen Vinylsammlung des Lokals zwischen Worldmusik, Funk, Italo Disco, Evergreens und Raritäten aus.
4., Treitlstraße 2, Tel. 01/890 05 90, www.heuer-amkarlsplatz.com, Öffnungszeiten: täglich 10–2 Uhr

5. BEZIRK

Transporter Bar

Sieht zwar vom Interieur her etwas unfertig aus, ist aber eine gemütliche Bar mit Charakter und einem Pingpong-Tisch (Mittwoch ist Pingpong-Abend). Es gibt Singer/Songwriter-Abende, das Popquiz Quiz 3000 (Anmeldung über Facebook) und auch Konzerte. Musik: von allem etwas
5., Kettenbrückengasse 1/Ecke Margaretenstraße 54, transporterbar@gmx.at, www.transporterbar.at, Öffnungszeiten: Mo–Sa ab 19 Uhr, August geschlossen

Celeste

Seit der Neuübernahme gehört das Celeste zu den angesagtesten Clubs der Stadt. Hier kann es auch an einem Mittwoch passieren, dass man erst bei Tageslicht auf die Straße tritt. Im Jazzkeller kann es, beispielsweise bei den montäglichen Impro-Sessions, recht wild und virtuos zur Sache gehen, im oberen Club trifft sich eine junge, hippe Crowd. Veranstalter reißen sich um die Location; auch Privatfeiern sind möglich.
5., Hamburgerstraße 18, 1050 Wien, Tel. 01/586 53 14, www.celeste.co.at, Öffnungszeiten: Jazzkeller: Mo–Do 20–2 Uhr, Garten u. Weinbar: Mo–Sa 16–23 Uhr, Club: Di–Sa 21–4/6 Uhr

6. BEZIRK

Tanzcafé Jenseits

Rotes, plüschiges Interieur. In der Mitte gibt es eine kleine Tanzfläche und wechselndes DJ-Line-up. Ab 2 Uhr Früh ein guter Ort, um sich zu amüsieren. Das Publikum ist gemischt – die Stimmung ist schmusig und anschmiegsam wie das Etablissement, und zu fortgeschrittener Stunde recht alkoholisiert. Einmal im Jenseits angekommen, kommt man so schnell nicht mehr weg.
Musik: Soul, Funk, Jazz
6., Nelkengasse 3, Tel. 01/587 12 33, office@tanzcafe-jenseits.com, www.tanzcafe-jenseits.com, Öffnungszeiten: Di–Sa 21–4 Uhr

Elektro Gönner

Ehemaliges Elektrogeschäft, das nicht nur als Club gedacht ist, sondern auch als Plattform zum Austausch von Künstlern und Künstlerinnen. Gute DJ-Line und Live-Acts abseits des Mainstreams.
Musik: Minimal, Elektro
6., Mariahilfer Straße 101, Tel. 01/208 66 79, www.elektro-g.at, Öffnungszeiten: So–Do 19–2 Uhr, Fr u. Sa 19–4 Uhr

7. BEZIRK

Rote Bar

Das Interieur der Bar im Volkstheater ist eine Mischung aus rotem Samt, Marmor und Kristalllustern. Sehr zu empfehlen: Wort & Spiele am Mittwoch mit Kabinettstücken sowie literarisches Varieté und Performances, Burlesque-Abende von Cirque Rouge oder der RadioWien Literatursalon: Programmchefin Jasmin Dolati im Gespräch mit Autorinnen und Autoren.

WEITER AUF SEITE 120 →

Valerie Sajdik

Sängerin, Moderatorin

Warum kommen Sie immer wieder gerne nach Wien?
Zuallererst wegen meiner Freunde und Familie und weil hier trotz Globalisierung die Zeit irgendwie stehen geblieben ist. Ich glaube, Gerhard Bronner hat einmal gesagt, wenn man in Wien falle, falle man nicht auf Beton, sondern auf Schaumgummi – weich, aber es fällt einem schwer, wieder aufzustehen. Wien schätzt man umso mehr, je mehr man fort ist, und es ist die Stadt, in die man am liebsten zurückkehrt.

Ein perfekter Tag in Wien, wie sieht der für Sie aus?
Ein Friseurbesuch in der Salztorgasse bei *Shampoo*, Mittagessen am Rochusmarkt bei *Alfredo* mit einer Freundin, kreativer Tratsch mit Christiane Bertolini im *Winzerhäuschen* in Sievering, Schaukeln mit meiner Tochter auf einem der zahlreichen Spielplätze in Sankt Marx.

Wiener Musikszene, gibt es einen Wiener Sound?
Ja, ich höre ihn gerade eben: 5/8erl in Ehr'n, Gebrüder Marx, Martin Spengler und die Foischn Wiener und viele mehr. Und außerdem empfehle ich wärmstens, die Ringstraße mit Johann Strauß im Ohr abzufahren.

Musikhören oder zu einem guten Sound tanzen – wohin würden Sie gehen?
Heurigenbuffet *Zum Gschupftn Ferdl* – Weltklasse!

Shampoo – 1., Salztorgasse 3a / *Alfredo* – 3., Rochusmarkt Stand 3 / *Zum Gschupftn Ferdl* – 6., Windmühlgasse 20 / *Winzerhäuschen* – 19., Sieveringerstraße 170

Samstag: Salon Rouge Clubbing (www.salon-rouge.at).
7., Neustiftgasse 1, Tel. 0699/15 01 50 13, administration@rotebar.at, www.volkstheater.at, Öffnungszeiten: täglich 18.30–1 Uhr

WAVES VIENNA

Dachboden 25hours Hotel
Altes Studentenheim (jetzt Hotel) mit Bar im obersten Stock und fantastischem Blick über Wien. Das gesamte Hotel hat sich dem Thema „Zirkus" verschrieben, das sieht man auch an der Inneneinrichtung. Gemütliche bis stylish-bunte Vintage Bar mit DJ-Acts an ausgewählten Tagen. Musik: jeden Mittwoch ab 19 Uhr Salon Hermes. Conferencier, Radiomacher, Moderator und DJ Herr Hermes verfügt über ein großartiges und offenkundig grenzenloses Musikarchiv und legt Perlen von Swing-Pop bis Cha-Cha-Cha und Jazz auf.
7., Lerchenfelder Straße 1–3, Tel. 01/521 51-0, wien@25hours-hotels.com, www.25hours-hotels.com, Öffnungszeiten: Di–Fr 14–1 Uhr, Sa 12–1 Uhr, So 12–22 Uhr

Cafe Leopold
Tagsüber erholen sich hier MuseumsQuartier-Besucher, an den Wochenenden verwandelt sich das hippe Café abends in eine angesagte Partylocation mit internationaler DJ-Line. Musik: von Hip-Hop, Funk und RnB bis Elektro
7., Museumsplatz 1, Tel. 01/523 67 32, office@cafe-leopold.at, www.cafe-leopold.at, Öffnungszeiten: So–Mi 10–2 Uhr, Do–Sa 10–4 Uhr

Cafe Espresso
Klein, aber fein in der Burggasse, mit heiß begehrten Plätzen auf der Terrasse. Abends laden DJs und Musikjournalisten gerne auch mal zum Raritäten-Hören zwischen Blues, Funk und Rock'n'Roll; auch für Privatfeiern ist das Lokal sehr beliebt. Einmal im Monat gibt es sonntags beim Club twee Indie-Breakfast, also tolles Frühstück zu handverlesener Indie-Musik.
7., Burggasse 57, Tel. 0676/596 16 45, www.espresso-wien.at, Öffnungszeiten: Mo–Fr 7.30–1 Uhr, Sa u. So 10–1 Uhr

Chaya Fuera
Das Chaya Fuera bietet eine Offenheit für sämtliche Stilrichtungen, die man nicht oft findet. Von Elektronik geht's über Soul und Jazz bis hin zu rockigerem Sound oder auch mal dem Wienerlied. Ein abwechslungsreiches internationales Liveprogramm und der Anspruch der Betreiber, kulturelles Wohnzimmer zu sein, tragen zum Konzept Culture Clash auf hohem Niveau bei.
7., Kandlgasse 19–21, Tischreservierungen unter 0664/88 79 55 61 oder reservierungen@chayafuera.com, www.chayafuera.com, Öffnungszeiten: Fr u. Sa und vor Feiertagen ab 23 Uhr

8. BEZIRK

Rhiz
Eine der Keimzellen der Wiener Elektronik.

Hier ist eher die experimentelle Ecke angesiedelt, an den Wochenenden gibt es Tanzbares. International gefeierte Artists wie Fennesz, Radian und Pita Rehberg wuchsen künstlerisch im Rhiz auf. Konzerte zwischen avancierter Elektronik und experimentellem Rock. DJs bespielen die Bar mit einer eklektischen, streckenweise auch schwierigen, leidenschaftlichen Musikauswahl. An den Wochenenden wird hier zu Beats und Bässen auf den Tischen getanzt. Musik: Elektro bis Indie/Folk
8., Stadtbahnbogen 37–38, Lerchenfelder Gürtel, Tel. 01/409 25 05, www.rhiz.org, Öffnungszeiten: Mo–Sa 18–4 Uhr, So 18–2 Uhr

9. BEZIRK

Queen Club

Eigentlich ein Puff – und das sieht man dem Lokal auch an. Es finden dort immer wieder coole DJ-Sessions statt. Wird auch gern für private Feste gemietet.
9., Hernalser Gürtel 34, Tel. 01/408 32 80, www.queenclub-vienna.at

Grelle Forelle

Neben arty Innenarchitektur, fairen Preisen und einem eigens für den Club angefertigten High-End-Soundsystem wird hier der Techno-Gemeinde ein feines Booking geboten. Mit zwei Floors und einem Chill-out-Bereich kommt der Club locker auf Flex-Größe. Musik: Techno, House und alles drum herum. Wer mit dem Auto anreist und nach einer durchfeierten Nacht nicht mehr imstande ist, damit nach Hause zu fahren, kann es im angeschlossenen Parkhaus für drei Euro 24 Stunden lang stehen lassen. Sogar eine eigene Küche mit mehr als nur Käsetoast und Würstel gibt es. Einige Regeln gelten allerdings: Kein Einlass unter 21. Keine Vorverkaufstickets. Keine Gästeliste. Es sind keine Tischreservierungen möglich – first come, first serve. Es dürfen keine Fotos geschossen werden. Kontakt kann per E-Mail über die Internetseite aufgenommen werden.
9., Spittelauer Lände 12, www.grelleforelle.com, Öffnungszeiten: Fr u. Sa 23–6 Uhr (und ein paar Special Dates)

WUK

Alternatives Kulturzentrum in einer alten Lokomotivfabrik. Heute gibt es hier Probenräume für Bands, drei Kindergruppen, verschiedene Schulen, Galerien, Workshop-Räume, ein Restaurant-Café (das Wuk Beisl) und den großen Konzert- und Theaterraum inklusive Foyer. Im grün belaubten Innenhof kann man auf Heurigenbänken Bier trinken, sein Fahrrad unter Anleitung reparieren und im Sommer den Shows der einmonatigen Gratis-Konzertschiene Platzkonzerte beiwohnen.
9., Währinger Straße 59, Tel. 01/40 12 10, www.wuk.at, Öffnungszeiten: je nach Veranstaltung

16. BEZIRK

The Loft

Bar, Café und Club in einem. Im Café finden Ausstellungen und kleinere Konzerte statt. Im Keller tanzt man ausgelassen zu lauter Musik. Die Menschen sind wie der Club – easy und leger. Musik: Elektro und House
16., Lerchenfelder Gürtel 37, office@theloft.at, www.theloft.at, Öffnungszeiten: Di–Do 18–2 Uhr, Fr u. Sa 20–4 Uhr

Bars – Klassiker

Loos American Bar

Klein, fein, legendär und sicher die schönste Bar der Stadt. Manche sagen, in Wien gibt es nicht eine Bar – es gibt nur eine einzige Bar. Wer einmal da war, kann sich dem Charme der Loosbar nur schwer entziehen. Marianne Kohn, die wunderbar kratzbürstige Betreiberin, ist eine Legende und kennt

nicht nur Modegrößen wie Helmut Lang, Bruce Weber und Franca Sozzani, sondern auch alle Nachtgeschöpfe und Trunkenbolde dieser Stadt.
1., Kärntner Durchgang 10,
Tel. 01/512 32 83, office@loosbar.at,
Öffnungszeiten: Do–Sa 12–5 Uhr,
So–Mi 12–4 Uhr, www.loosbar.at

Bonbonniere Bar
Herrlich plüschig und intim mit Pianospieler und besonders freundlicher Barfrau.
1., Spiegelgasse 15, Tel. 01/512 68 86,
Öffnungszeiten: Mo–Sa 17–2 Uhr

Onyx Bar
Bar gleich unter dem Restaurant Do & Co und in unmittelbarer Nähe zum Stephansdom, mit einem herrlichen Blick auf ebendiesen. Ein guter Platz für einen Nachmittags- oder „Early Evening"-Drink. Zu späterer Stunde gibt es DJs und lauten Sound, der jegliche Unterhaltung unmöglich macht. Ist auch nicht notwendig, denn nun wird nur noch angebaggert. Klassefrauen ergreifen spätestens jetzt die Flucht.
Do & Co Hotel Vienna, 1., Stephansplatz 12, Tel. 01/535 39 59, hotel@doco.com,
www.docohotel.com/de/onyxbar,
Öffnungszeiten: bis 2 Uhr

Blaue Bar
Eine kleine, elegante und ganz in dunkelblauem Samt gehaltene Bar im Hotel Sacher. Drinks, kleine Speisen und die legendären Sacherwürstel werden serviert. Eine intime, gediegene Oase für Businessdates oder nach einem Opernbesuch und ähnlich respektablen Dingen.
Hotel Sacher, 1., Philharmonikerstraße 4,
Tel. 01/514 56-842, www.sacher.com,
Öffnungszeiten: täglich 10–2 Uhr

Eden Bar
Die Eden ist eine Legende. Heute ist zwar nicht mehr viel dran am sprichwörtlichen „Reden in der Eden", wo sich bereits Louis Armstrong, Romy Schneider, Percy Sledge, Hans Albers und Ella Fitzgerald die Nächte um die Ohren geschlagen haben. Doch bei gepflegter Live-Musik (von Italo-Schlagern bis Rock 'n' Roll) und in intimen Logen lassen sich auch heute noch gut Champagner und Gin Tonic trinken. Zu späterer Stunde und bei entsprechendem Alkoholspiegel kann es schon einmal passieren, dass man hier hemmungslos das Tanzbein schwingt.
1., Liliengasse 2, Tel. 01/512 74 50,
office@edenbar.at, www.edenbar.at,
Öffnungszeiten: Mo–Sa 22–4 Uhr,
So Ruhetag, ab Ostern So u. Mo Ruhetag,
Achtung: Sommerpause!

Fabios Bar Lounge
Die Fabios Lounge ist ab Mittag aktiv wie ein Bienenstock – People-Watching, Business-Talk oder fröhliches Schnattern mit aufgetunten Freundinnen. Für viele andere Suchende ein place to be, um nächtens noch schnell ein, zwei Gläschen zu kippen und anzubandeln.

1., Tuchlauben 4–6, Tel. 01/532 22 22, fabios@fabios.at, www.fabios.at, Öffnungszeiten: Mo–Sa 10–1 Uhr

Intercontinental Bar
Ein wunderbarer Ort für ein Tête-à-tête oder um einfach nur in Ruhe einen Whisky Sour zu trinken und ein Clubsandwich zu genießen. Das 1970er-Jahre-Design und ein riesiger Lobmeyr-Kristallluster krönen das Ambiente.
Hotel InterContinental Wien, 1., Johannesgasse 28, Tel. 01/711 22-0, vienna@ihg.com, www.vienna.intercontinental.com/intermezzo-bar, Öffnungszeiten: täglich 18–2 Uhr

Bars – Szene

Roberto American Bar
Unter einem riesigen Perlenluster bereitet Roberto Pavlovic, ehemals Barchef der Loosbar, in seinem eigenen Etablissement unprätentiös ausgezeichnete Drinks zu und macht damit seinen ehemaligen Arbeitgebern ernst zu nehmende Konkurrenz. Wer einen Platz an der Theke ergattert, kann sich glücklich schätzen. An manchen Abenden ist die kleine, schicke Bar so voll, dass man beim besten Willen nicht mal mehr bei der Tür reinkommt. Dann muss man doch wieder in die Loos ausweichen …
1., Bauernmarkt 11–13, Tel. 0676/942 90 01, mail@robertosbar.com, www.robertosbar.com, Öffnungszeiten: täglich 16–4 Uhr

New Bar
Als kleinen Bruder des Futuregarden im 6. Bezirk bezeichnet sich die ebenfalls von Galerist Amer Abbas betriebene New Bar. Außen gelbe Gründerzeitarchitektur, innen minimalistisch-rohe Coolness, lässt es sich

WEITER AUF SEITE 128 →

ROBERTO AMERICAN BAR

VOM ANBANDLN BIS ZUM L'AMOURHATSCHER – EIN LOKALFÜHRER FÜR KONTAKTFREUDIGE

Ja klar, Kaffeehaus-Kultur. Blickkontakt über dem kleinen Braunen, erstes Tätscheln beim Topfenstrudel. Schmecks: In 90 von 100 Wiener Kaffeehäusern treffen Sie auf Männer, die sich in der Nähe eines Defibrillators wohler fühlen als an Ihrer Brust. Aber: Ausnahmen bestätigen die Regel. Das *Café Korb* etwa rühmt sich mit den Worten „Wer das Korb nicht kennt, kennt Wien nicht" und hat sogar recht damit. Unter den schweren Lidern von Wirtin Susanne Widl tummeln sich Künstler und Lebemänner, Tagediebe und Träumer, Kreative und Gauner. Im *Korb* kommt man leicht ins Reden und ins Flirten, ebenso wie in der nahe liegenden *Loosbar*. Die Bar ist ein Augenschmaus und bekannt für Cocktails, die maßgeblich zur seelischen Gesundung beitragen, misst allerdings lediglich 4,40 × 6,00 × 4,10 Meter. Soll heißen: Körperkontakt satt. Mit wem? Das Gäste-Schema der *Loosbar* ist ähnlich dem des *Korb*, nur sind alle wesentlich betrunkener. Auch hier hat eine Frau das Zepter in der Hand: Die kluge, kratzbürstige Marianne Kohn hat schon unzählige Magic Moments in ihrer nicht weniger magischen Bar beobachten dürfen.

Die schreibende Zunft – und in Wien schreibt quasi jeder – trifft sich im *Café Anzengruber* im Naschmarktviertel. Das unaufgeregte Gasthaus mit der ausgezeichneten Küche beherbergt eine nicht mehr ganz taufrische, wilde Clique von Autoren, Dichtern und Journalisten, die aufgrund ihres unsteten Lebenswandels immer wieder single und auf der Suche sind. Wer es etwas jünger mag und ein Faible für Shorts und Hornbrillen mit Fensterglas hat, muss den Dunstkreis des Naschmarkts allerdings verlassen – und in sein Zentrum eintauchen. Werbefuzzis, Grafiker, Web-Designer, Globe-Trotter, Veganer, Yoginis und Gutmenschen trifft man im *Deli* oder im *On Market* und den umliegenden Hipster-Spots. Die Preise sind geschmalzen, die Kellner überfordert – und trotzdem will jeder hin. Ähnlich verhält es sich am *Brunnenmarkt* oder am *Karmelitermarkt*, wenn auch eine Spur weniger hysterisch. Was Letzteren betrifft: Er ist ein guter Ausgangspunkt, um die hippe Leopoldstadt zu erkunden. Die etwas gemächlicheren Hipster der Bundeshauptstadt haben den zweiten Gemeindebezirk, einen der ursprünglichsten Plätze des alten Wien, für sich entdeckt. Jüdischer Chic trifft auf verfallenes Rotlicht. Man trifft sich im *Mochi* auf Japanisches oder im *Ansari* auf Georgisches und tut so, als wäre das ganz selbstverständlich. Weltmännisch eben. Die Männer, die man hier trifft, wünschten allerdings insgeheim, sie wären Berliner.

Der Wiener liebt aber nicht nur Märkte. Er liebt auch Museen. Deswegen lohnt sich auch ein Besuch im *MuseumQuartier*, nahe der neu geborenen Flaniermeile Mariahilfer Straße. Ob in den vielen Lokalen oder auf den knallbunten Sofas, die den Innenhof schmücken: Wer nicht alleine sein will, ist es hier auch nicht lange. Die echte Kunstcommunity allerdings, also jene Menschen, die wirklich eine Schraube locker haben und nicht bloß so tun, als ob, trifft sich in der art-affinen Schleifmühlgasse und Eschenbachgasse zum gemeinsamen Rundgang (Eröffnungen: alle zwei Monate dienstags ab 19 Uhr). In den beiden Gassen befinden sich das Galeriencluster für internationale Gegenwartskunst in unmittelbarer Nachbarschaft zur Schleifmühlgasse, das bereits erwähnte Kult-Lokal *Anzengruber* oder das *Kiosk*.

A little less conversation, al little more action please? Wien hat mittlerweile eine kleine, gepflegte Club-Szene für eine kleine, gepflegte Schickimicki-Klientel, abgeschleppt wird aber vor allem in der *Clubdiscothek Volksgarten*, wenn einmal im Monat das Motto „Thirty Dancing“ lautet. In anderen Städten wäre so ein Single-Clubbing eine undenkbare Peinlichkeit, hier funktioniert es, weil die Location ansprechend ist, die Drinks kühl und die Musik wie jene klingt, die man gerne unter der Dusche pfeift. Amüsant ist auch das bunt durchmischte Publikum. Jedes Tierchen findet sein Plaisierchen. Gegroovt – und zwar mit Sommer-/Sonne-/Strandfeeling – wird sommers auch am *Tel Aviv Beach*, dem Hotspot am Donaukanal. Geführt wird der Partystrand von den Gebrüdern Molcho, die Wiens Szene mittlerweile fest im Griff haben, ähnlich wie der umtriebige Martin Ho, der nicht nur einige exzellente Sushi-Lokale *(Dots)* sein Eigen nennt, sondern auch den *Salon X*. Der Gastronom und Kunstsammler lässt nur Ausgewählte mit eigenem Schlüssel in sein Club-Restaurant, aber wer weiß, vielleicht werden Sie ja mitgenommen?

Die prächtigsten Männer Wiens trifft man in den Wasserlöchern des Szenegastronoms Bernd Schlacher. Sein *Motto* und *Motto am Fluss* beherbergen Schön und Reich, öfter aber noch Schön, Reich und Schwul. Etwas heterosexueller geht es in den vielen Hotelbars zur Sache. Weltmänner schätzen den beliebigen, kühlen Charme der *Onxy Bar*, der Bar im *Fabios*, der *1010 Bar* oder der *Silver Bar*.

Warum? Fragen Sie sie doch am besten selbst. Wiener essen gerne, Wiener trinken gerne: Am liebsten reden sie. — JANINA LEBISZCZAK

Café Korb – 1., Brandstätte 9 / *Loosbar* – 1., Kärntner Durchgang 10 / *Café Anzengruber* – 4., Schleifmühlgasse 19 / *Deli* – 4., Stand 421, Naschmarkt / *On Market* – 6., Linke Wienzeile 36 / *Mochi* – 2., Praterstraße 15 / *Cafe Ansari* – 2., Praterstraße 15 / *MuseumQuartier* – 7., Museumsplatz 1 / *Kiosk* – 4., Schleifmühlgasse 7 / *Clubdiscothek Volksgarten* – 1., Burgring 1 / *Tel Aviv Beach* – 2., Obere Donaustraße 65 / *Salon X* – 1., Wollzeile 17 / *Motto* – 5., Schönbrunner Straße 20 / *Motto am Fluss* –1., Franz-Josefs-Kai 2 / *Onxy Bar* – Hotel Do&Co, 1., Stephansplatz 12 / *Fabios* – 1., Tuchlauben 6 / *1010 Bar* – 1., Seilergasse 21 / *Silver Bar* – Das Triest, 4., Wiedner Hauptstraße 12

Eva Fischer

Gründerin des sound:frame-Festivals und der sound:frame-Agentur für audiovisuelle und interdisziplinäre Kunst und Kultur

Was ist der Ort mit der besten Kombination aus Essen, Trinken und gute Musik hören?

Das *Zweitbester* in Naschmarktnähe. Die Küche ist fantastisch, der Wein sehr gut und die Dichte an tollen Wiener Musikerinnen und Musikern, die nicht nur selbst Stammgäste sind, sondern dort immer wieder auch mal auflegen oder Musik spielen, ist unübertrefflich. Es gibt einige Locations in Wien, die diese Kombination perfekt beherrschen – die *Labstelle* im Ersten Bezirk fällt unter anderem durch ihre gute Musikauswahl auf, im *Leopold* lässt sich sehr gut essen, bevor man hinunter auf die Tanzfläche geht, und auch eine durchtanzte Nacht in der *Grellen Forelle* hat sich schon einmal mit einem köstlichen Burger auf der Terrasse verbinden lassen.

Wer sind zur Zeit die spannendsten heimischen Musikerinnen und Musiker?

Der Sound, der aus der Affine Records Richtung kommt, ist einzigartig. Mit Einflüssen aus dem Jazz, der elektronischen Musik oder dem Hip Hop haben Acts wie Dorian Concept oder Sixtus Preiss eine wundervolle musikalische Strömung eingeleitet, die sich seit ihren Anfängen immerzu weiterentwickelt. Eine junge und tolle Band, die ebenfalls Jazz und Hip-Hop Beats mit Singer-Songwriter-Einflüssen und Pop vereint und bei sound:frame 2014 ihre Premiere gefeiert hat, ist ROBB! Eine Musikerin und Sängerin, die mich vor Kurzem beeindruckt hat, ist Mira Lu Kovacs mit ihrer Band Schmieds Puls – wunderschön und sehr elaboriert! Und wenn es ums Tanzen geht, dann ist Anna Leiser (bebop rodeo) seit einigen Jahren eine meiner Lieblings DJs in Wien.

Freitagnacht, drei Uhr früh in Wien?

In der *brut* Bar! Sie ist klein, aber fein! Stickig und heiß, mit einem wundervollen Ausblick auf die gegenüberliegende Karlskirche beim

Luftholen am Balkon. Die Bar ist ein großartiger Ort zum Genießen, Tratschen und ausgelassenen Tanzen. Wahrscheinlich liegt das an der Größe und an dem tollen Holzboden, der den Raum einfach gemütlich und den Sound angenehm macht.

sound:frame Festival & Agentur – www.soundframe.at / *Zweitbester* – 4., Heumühlgasse 2 / *Labstelle* – 1., Lugeck 6 / *Cafe Leopold* – 7., Museumsplatz 1 / *Grelle Forelle* – 9., Spittelauer Lände 12 / *brut* – 1., Karlsplatz 5

auch in der Dependance hervorragend zum Feierabendbier treffen, die letzte Vernissage analysieren oder sonntags beim Brunch durchs internationale Buffet futtern.
2., Zirkusgasse 38, futuregarden.newbar@gmx.at, Öffnungszeiten: Mo–Do 18–2 Uhr, Fr–Sa 18–4 Uhr, So 1–0 Uhr

bar shabu
Gemütliches Bar-Beisl mit Holztheke und zusammengewürfeltem Interieur – Wirtshaus meets Seventies. Es wird gequalmt, getrunken und fanatisch Fußball geschaut. Die Weinauswahl ist beachtlich, und gute Schnäpse gibt es in Hülle und Fülle.
2., Rotensterngasse 8/Ecke Glockengasse, Tel. 0650/544 59 39, a.bar.shabu@aon.at, Öffnungszeiten: Mo–So 17–24 Uhr, Sa 19–24 Uhr

Schikaneder
Eigentlich eines der ältesten noch bestehenden Wiener Kinos, ist das Schikaneder ganz nebenbei auch noch kultiger Fixpunkt bei allen Nachtschwärmern. Äußerst sympathisch kommt es daher mit seinem bunt gemischten Publikum, den moderaten Preisen und seiner etwas runtergerockten Spelunkenatmosphäre, die täglich ab 22 Uhr von wechselnden DJs beschallt wird. Hier trifft man sich nicht nur vor und nach dem Filmgenuss, auch Special Events wie der in unregelmäßigen Abständen abgehaltene Schik Flohmarkt oder die sonntäglichen Tatort-Abende machen das Schikaneder zu einem Wiener Lieblingsort.
4., Margaretenstraße 24, Tel. 01/585 28 67, www.schikaneder.at, Öffnungszeiten: täglich 18–4 Uhr

Kiosk
Der Kiosk ist szeniger Indoor-Würstelstand mit genreübergreifendem Angebot in Richtung Humusteller, gemütliche Feierabendbier-Quelle und lässige Tanzadresse zugleich. Hier treffen sich kunstaffine Hipster vor und nach Vernissagen, Nachbarn zum entspannten Tagesausklang und alle, die es gegen Wochenende in den Beinen juckt. Wechselnde DJs kramen dann in ihren Plattenkisten und spielen zum vergnügten Kiosktänzchen auf.
4., Schleifmühlgasse 7, Tel. 0664/307 36 22, www.facebook.com/KioskVienna, Öffnungszeiten: Di–Do 18–2 Uhr, Fr–Sa 18–4 Uhr

Futuregarden
Bar und Artclub in einem. Alles wirkt ein bisschen improvisiert, beiläufig und sehr cool – aber das tut der Sache keinen Abbruch, im Gegenteil. Mit „Berlin Mitte-Gefühl mitten in Wien" umschreibt es Wiens Stadtzeitung „Der Falter" – und trifft damit den Nagel auf den Kopf.
6., Schadekgasse 6, Tel. 01/585 26 13, futuregarden.newbar@gmx.at, www.facebook.com/futuregarden, Öffnungszeiten: Mo–Do 18–2 Uhr, Fr–Sa 18–4 Uhr, So 19–2 Uhr

Puff, die Bar
Aus seiner Vergangenheit als Rotlichtlokal hat die Puff Bar nicht nur den Namen, sondern auch die mit schwarzen Lederbänken ausgestatteten Nischen übernommen. Alles andere wurde vom Wiener Design-Duo Walking Chair umgestaltet – an der Decke hängen leuchtende Barhocker, an den Wänden Lichtblumen aus Plastikflaschen. Hier geht's manchmal rund. Gute Stimmung, amüsantes, sehr gemischtes Publikum – es wird geraucht, getrunken und gefeiert. Man muss nur das Glück haben, den richtigen Abend zu erwischen.
6., Girardigasse 10, Tel. 01/581 09 31, office@puff-bar.at, www.puff-bar.at, Öffnungszeiten: Di–Do 19–2 Uhr, Fr–Sa 19–4 Uhr

If Dogs Run Free

Ein Bob-Dylan-Song als Name ist schon mal kein schlechter Anfang. Doch wie im Lied heißt es auch hier: The best is yet to come. Betritt man die vom Architekten-Duo Tzou Lubroth und Mitstreitern betriebene Bar, empfängt sie einen mit angenehm zurückhaltendem Design und anthrazitgrau gespachtelten Wänden. Für offensichtlicheres Kunsterleben muss man schon den Kopf Richtung Decke heben, um eine Installation in Form eines umgedrehten Gebirges zu entdecken, oder sich in Richtung Toilette bewegen, wo Begegnungen am skulpturalkommunikativen Waschtisch gefördert werden. Eine coole Neighbourhood-Bar, die ohne Klischees auskommt und gute Cocktails zu moderaten Preisen bietet. Was will man mehr?

6., Gumpendorfer Straße 10,
Tel. 01/913 21 32, info@ifdogsrunfree.com,
www.ifdogsrunfree.com, Öffnungszeiten:
Mo–Do 18–2 Uhr, Fr–Sa 18–4 Uhr

FUTUREGARDEN

Violetta Parisini

Singer/Songwriterin, DJane,
Kuratorin des Wiener Popfest 2014

Der beste Ort, um einen schönen Abend mit Freundinnen zu verbringen?

Der Anfang der Praterstraße im 2. Bezirk: im *Mochi* großartig gut Abendessen und im *Ansari* noch etwas trinken. Oder umgekehrt. Und wenn Sommer ist, einen Spaziergang zum *Eis-Greissler* wagen und sich mit einem Eis in der Hand durch die Stadt treiben lassen, bis eine kleine, dunkle Bar einen einsaugt, klassischerweise die *Loosbar*. Oder einfach immer weiter bis in den 6. Bezirk spazieren, in den Eissalon *Joanelli*, das *Tanzcafé Jenseits* oder den *Future Garden*.

Ein Ort (Lokal, Bar, Club usw.), der zu Recht berühmt und beliebt ist?

Das *Tanzcafé Jenseits*. Ein Ort für lange Nächte.

Ein Ort, der zu Unrecht noch nicht so bekannt ist?

Das *Fett + Zucker*. Für lange Nachmittage. Sowohl Bananenbrot als auch Cheesecake unbedingt probieren!

Katerfrühstück direkt nach dem Weggehen oder nach dem Aufstehen? Und: wo?

Nach dem Aufstehen! Am liebsten am Karmelitermarkt, im *Zimmer 37*, in der Sonne. Von Dienstag bis Samstag. Danach ein Spaziergang in den *Augarten*, wo man im Gras weiterdösen kann.

Mochi – 2., Praterstraße 15/1/44 / *Café Ansari* – 2., Praterstraße 15 / *Eis-Greissler* – 1., Rotenturmstraße 14 u. 6., Mariahilfer Straße 33 / *Loosbar* – 1., Kärntner Durchgang 10 / *Eissalon Joanelli* – 6., Gumpendorfer Straße 47 / *Tanzcafé Jenseits* – 6., Nelkengasse 3 / *Future Garden* – 6., Schadekgasse 6 / *Fett + Zucker* – 2., Hollandstraße 16 / *Zimmer 37* – 2., Am Karmelitermarkt 37–39

© Vienna Fair

Kunst, Kultur & Festivals

*KUNST UND BETRIEB –
ZWISCHEN KLASSISCHEM MUSEUM
IN EHRWÜRDIGEN HALLEN UND
DER AVANTGARDE IN DEN RÄUMEN
AUFGELASSENER LAGER UND
WERKSTÄTTEN.*

SCHNELLKURS IM KUNSTBETRIEB Nicht nur das etwas überdimensionierte Format der Einladung war einprägsam. Das Dokument ahmt das Cover eines Lifestyle-Magazins nach und verspricht hochinteressante Themen wie „Kunsttrends – darf ich bleiben, wie ich bin?". Am auffälligsten jedoch ist das Titelmodel: laszive Pose, rot-weiß-karierte Bluse mit entsprechend tiefem Dekolleté und auffälliger Brustbehaarung. „Return to Gender" steht unter der dunkelhaarigen Dame zu lesen. Hochaktuell, mag man sich heute denken – allein, das Dokument ist aus dem Jahre 1995 und markierte den Beginn von „Bricks & Kicks", eines Alternative Space, den das Künstlerduo Muntean/Rosenblum in seinem Atelier in der Apostelgasse initiiert hatte. Adi Rosenblum selbst war es auch, die für das Foto posiert hatte. In Wien war damals nicht so viel los in Sachen junger Kunst, Peter Pakesch hatte seine Galerie schon länger dicht gemacht, Georg Kargl und Christian Meyer zeigten nach der gerade erfolgten Schließung der Galerie Metropol noch keinerlei Ambitionen, getrennt weiterzumachen, und Muntean/Rosenblum hatten sich während eines London-Stipendiums Anregungen in der Szene der Hoxton Square geholt. Rasch habe man die Erfahrung gemacht, worum es geht, erzählt Adi Rosenblum heute, „es war ein Schnellkurs in Sachen Kunstbetrieb", und als man sich nach drei Jahren wieder ausschließlich um die eigene künstlerische Arbeit kümmerte, wurde das den beiden sogar etwas übel genommen.

Freilich gab es in Wien bereits davor Initiativen von jungen Künstlern, sich eine Öffentlichkeit zu schaffen, wo es keine gab. Anfang der 1960er-Jahre nutzte eine Szene, deren Protagonisten beispielsweise als Wiener Aktionisten Kunstgeschichte geschrieben haben, ein Vereinslokal für junge Gewerkschafter als „Galerie junge Generation", in den 70ern begann Christa Hauer Fruhmann mit der legendären Galerie im Griechenbeisel, bald darauf gründete, finanziert durch Kurt Kalb, eine Handvoll – später zu internationaler Reputation gekommene – Künstler die Galerie Grünangergasse (samt einer eigens komponierten Hymne), und auch die Jahrzehnte darauf schufen Künstler im Kollektiv mit Produzentengalerien wie REM oder CULT sowie als Einzelinitiative wie Barbara Höllers „sehsaal" experimentelle Gegenprogramme zu kommerziellen Galerien.

In den vergangenen Jahren erlebt die junge Szene mit Kunsträumen, Offspaces und anderen Einrichtungen, die sich neben einem oft

FLUC

Arbeit von Lukas Troberg

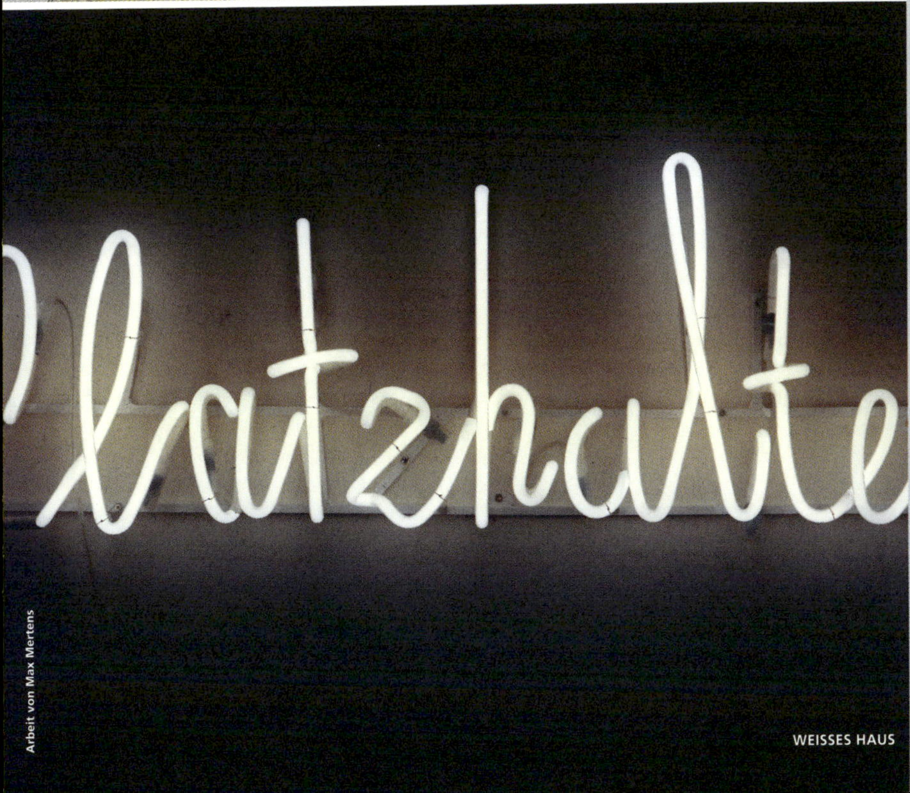

Arbeit von Max Mertens

WEISSES HAUS

originellen Namen mit dem Zusatz „Verein zur …" oder „Plattform für …" gerne inhaltlich erklären, einen Boom, der sich wellenförmig in den verschiedenen Bezirken ausbreitet und wieder verebbt. Längst sind es nicht mehr ausschließlich Künstler, die mit den Räumen Handlungsfelder erproben, auch der kuratorische Nachwuchs hat hier ein Experimentierfeld gefunden.

Die Räume sind oftmals aufgelassene Ladengeschäfte, Lager oder Werkstätten oder Liegenschaften, die vor einer Generalsanierung zu günstigen Konditionen für einen kurzen Zeitraum überlassen werden. Das Kalkül einer Gentrifizierung ist hier nicht zwingend im Spiel, oft sind es Sammler, die dies als Förderung verstehen. Das „Weisse Haus" ist beispielsweise dergestalt entstanden, dass der Besitzer der Liegenschaft die beiden Gründungsleiterinnen Alexandra Grausam und Elsy Lahner zusammengebracht hat. Dass der Kunstverein irgendwann weiterziehen würde, war von Anfang an eine Überlegung. „Wir wollten einen Ort schaffen, an dem Künstler entdeckt werden können", erzählt Elsy Lahner heute über die Konzeption und die intensive Arbeit an der Vermittlung der gezeigten Positionen und deren Zusammenstellung. Es wurden Portfolios ausgelegt, Videos gedreht, jedem Besucher die Bereitschaft signalisiert, Rede und Antwort auf etwaige Fragen zu stehen. Mittlerweile ist das Weisse Haus weithin bekannt, Elsy Lahner indes ist als Quereinsteigerin heute Kuratorin für zeitgenössische Kunst in der Albertina.

Die äußeren Umstände von solcherlei Unternehmungen erfordern, dass aus Künstlern, Kunsthistorikern oder ähnlich ausgebildeten Spezialisten Generalisten werden. Man konzipiert und kuratiert, kalkuliert und finanziert, organisiert und renoviert, zum Schluss putzt man und besorgt das Bier: So beschreibt Flora Neuwirth allfällige Tätigkeiten auf der Basis von Selbstausbeutung, die sie nicht ohne Ironie unter der Bezeichnung „sozialer Aktivismus" zusammenfasst. 2007 hat sie in einem ehemaligen Blumenladen mit dem „Clubblumen" einen nicht marktkonformen Freiraum geschaffen, in dem man „Dinge machen kann, die in keinem musealen Zusammenhang stehen", und sich dabei an Gordon Matta-Clarks „Food Project", einem von Künstlern geführten Lokal im New York der 1970er-Jahre, angelehnt. Als sie nach fünfeinhalb Jahren den Raum schließt, bleibt „Clubblumen" dennoch Teil ihrer Arbeit. Die Einheit von Kunst und Leben ist im Werk von Neuwirth immer schon ein wichtiger Aspekt gewesen, „Clubblumen" stand somit durchaus in Kontinuität mit ihrem künstlerischen Dasein, und nun schöpft sie aus dem „Blumenmaterial". Es gibt einen „Clubblumen Hocker" oder, im niederösterreichischen Loosdorf gleichsam als Expositur im öffentlichen Raum, die „Clubblumen Lodge". Und demnächst soll „Das kleine Clubblumen Kochbuch" erscheinen.

Für Ursula Maria Probst ist die Arbeit für und in Kunsträumen keine temporäre Station in ihrem Berufsleben, sie hat daraus eine Haltung gemacht. Die Kunsthistorikerin bewegt sich nun seit gut zwei Jahrzehnten in der Szene, als Kuratorin, Künstlerin, D-Jane und für internationale Medien schreibende Kunstkritikerin. Bisweilen versucht Probst, etwas Ordnung in die allzu wilden Strukturen so mancher Konstellationen zu bringen, doch ist ihr das Chaos als „Quelle der Kreativität" ebenso angenehm: Man müsse Dinge einfach zulassen können. Die Finanzierung von derlei Projekten erweist sich meist als schwierig, zumindest die Produktionskosten müssen hereinkommen, doch, wie Probst meint, „zum Glück trinken die Leute wenigstens". Dass die öffentliche Hand sich meist eher zurückhaltend zeigt, ist nur schwer nachvollziehbar, zumal solche Initiativen, wie die Erfahrung beweist, auch den Bezirken nützen. Am Anfang so mancher boomenden Viertel steht ein Grüppchen junger Künstler, die nicht tatenlos darauf warten wollen, entdeckt zu werden. — DANIELA GREGORI

Die Autorin dankt Adi Rosenblum, Elsy Lahner, Flora Neuwirth und Ursula Maria Probst für die aufschlussreichen Einblicke in ihre Arbeit in Offspaces.
Flora Neuwirth: www.floraneuwirth.at, www.clubblumen.at
Ursula Maria Probst ist Co-Herausgeberin des Buches FLUC – Tanz die Utopie! Urbaner Aktivismus als gelebtes Experiment in der Wiener Kunst-, Musik- und Klubszene, Wien 2014

Kunsträume

Franz-Josefs-Kai 3

Nach Beendigung der Ausstellungstätigkeit von BAWAG Contemporary haben die Eigentümer des Hauses, das Sammlerehepaar Franziska und Christian Hausmaniger, beschlossen, die Räumlichkeiten für eine weitere kulturelle Nutzung zu besonderen Mietkonditionen zu überlassen. Die Projekte sind in den Bereichen zeitgenössische Kunst, Architektur, Urbanismus, Design und in interdisziplinären Formaten angesiedelt.
1., Franz-Josefs-Kai 3, office@franzjosefskai3.com, www.franzjosefskai3.com

Kunstsalon im Fluc

Aus einem als fluctuated rooms geplanten temporären Kunstprojekt im Jahr 2001 ist ein etablierter, aber dennoch fluktuierender Club entstanden: das Fluc am Praterstern. Angesiedelt an einem der stärksten Verkehrsknotenpunkte Wiens und immer wieder von städtebaulichen Umbauarbeiten bedroht, hat man aus der Container-Unterbringung eine Philosophie gemacht, einen Hybrid aus öffentlichem und sozialem Raum. Nach wie vor unter der Leitung einer Künstlergruppe, betreibt man neben dem Musikclub einen „In der Kubatur des Kabinetts" genannten Kunstsalon.
2, Praterstern 5, www.fluc.at, Öffnungszeiten: von Ausstellung zu Ausstellung verschieden (siehe Homepage)

WUK

Kunsträume Bernsteiner

Zahlreichen Projekten und Kunsträumen, wie Bricks&Kicks in den 1990ern oder Ve.Sch., hat der Sammler Alois Bernsteiner in den letzten Jahren durch sein finanzielles Engagement weitergeholfen. Im 2010 eröffneten Hinterhofgebäude im 2. Bezirk wurden ideale Voraussetzungen für Ausstellungen geschaffen.
2., Schiffamtsgasse 11, Tel. 0664/307 70 97, mail@friendsandart.at, www.friendsandart.at

Ve.Sch – Verein für Raum und Form in der bildenden Kunst

Das Ausstellungsprogramm „in den aufgelassenen Lagerräumlichkeiten" basiert auf dem Prinzip der Carte blanche, unkuratiert und ohne Vorgaben, und wird zumeist in der Bar festgelegt, die den Charme des Ortes ausmacht.
4., Schikanedergasse 11, Tel. 0676/674 87 96, www.vesch.org, Öffnungszeiten: Di u. Do 19–24 Uhr

Futuregarden

Obwohl bereits eine Institution in der Wiener Kunstszene, wirkt hier alles ein bisschen improvisiert. Gerade deswegen fühlt man sich aber so wohl in dieser kargen, dunklen Bar, die der Galerist Amer Abbas neben seiner eingesessenen Galerie, dem Kunstbüro, betreibt. Ein klassischer Ort zum Abhängen für alle Künstler und Kunstaffinen.
6., Schadekgasse 6, Tel. 01/585 26 13, www.kunstbuero.at/futuregarden.html, Öffnungszeiten: Mo–Do 18–2 Uhr, Fr u. Sa 18–4 Uhr, So 20–2 Uhr

Wiener Art Foundation

Der Kunstverein Wiener Art Foundation sind zwei Ausstellungsorte aus dem Umfeld von Amer Abbas (Kunstbuero, Futuregarden) und agiert neben der Vermittlung von aktueller Kunst und Kunstdiskursen auch als Drehscheibe für Künstler und Künstlerinnen. Der

Name Büro Weltausstellung bezieht sich auf die Räumlichkeiten, in denen einst die Weltausstellung von 1873 geplant wurde.
Büro: 6., Schadekgasse 6/9, Amer Abbas, Tel. 0699/15 23 13 49, office@ artfoundation.at, www.artfoundation.at
Büro Weltausstellung:
2., Praterstraße 42, Stiege 1/Mezzanin, Leitung: Stefan Bidner, Tel. 0676/430 21 91
Kunstraum am Schauplatz:
2., Praterstraße 42, Hof 2/rechts, Leitung: Lukas Willman, Tel. 0681/81 70 68 80

Das Weisse Haus

2007 von Elsy Lahner und Alexandra Grausam gegründeter, mittlerweile etablierter Kunstverein. Nach Lahners Wechsel als Kuratorin in die Albertina führt Grausam mit einem Team den Raum weiter. Flexibilität ist Programm. So steht der Name, der anfangs einfach für das Gebäude der ersten Adresse stand, für die vielfältigen Möglichkeiten in der Ausstellungspraxis.
5., Kriehubergasse 24–26, 4. Stock, Tel. 01/236 37 75, buero@dasweissehaus.at, www.dasweissehaus.at, Öffnungszeiten: Di–Fr 13–19 Uhr, Sa 12–17 Uhr

Hinterland

Der Verein zur Vernetzung internationaler und nationaler Aktiver in der Kunstwelt ist zum einen ein gewitztes Modelabel aus dem Umfeld von Design, Architektur und Kunst, zum anderen ein Kunstraum nicht nur für Gespräche zu politischen, kulturellen und sozialen Fragestellungen. Im Sommer wird der Außenraum mit Paletten als „Krongarten" mit vielfältigsten Sorten von Minze begrünt.
5., Krongasse 20, Tel. 01/581 23 59, art@hinterland.ag, http://art.hinterland.ag, Öffnungszeiten: Do, Fr 15–19 Uhr, Sa 11–14 Uhr

WUK

1981 bezog – vorerst interimistisch – der 1978 gegründete Verein zur Schaffung offener Kultur- und Werkstättenhäuser das Gelände einer ehemaligen Lokomotivfabrik und gilt somit als Dinosaurier unter den selbstverwalteten Kultureinrichtungen. Im Gebäudekomplex befindet sich neben der Kunsthalle Exnergasse und der Fotogalerie Wien auch die Kunstzelle, wohl Wiens kleinster Kunstraum in einer ausrangierten Telefonzelle.
WUK Werkstätten- und Kulturhaus, 9., Währinger Straße 59, Informationsbüro: Mo–Fr 9–20 Uhr, Sa, So, Fei 15–20 Uhr, Tel. 01/401 21-0, info@wuk.at
Kunsthalle Exnergasse: kunsthalleexnergasse.wuk.at,
Fotogalerie Wien: www.fotogalerie-wien.at

mo.ë

mo.ë (gegründet 2001) in den ehemaligen Räumlichkeiten der k. u. k. Orden- und Medaillenmanufaktur Mandelbaum am Brunnenmarkt ist ein Veranstaltungsraum, Atelierhaus sowie Artist-In-Residence-Programm, das seinen Fokus auf die Produktion und Sichtbarmachung von Kunst und Kultur (Bildende Kunst, Improvisationsmusik, Theater, experimenteller Film, Lesungen etc.) legt.
17., Thelemangasse 4/1, www.moe-vienna.org

Gesso

Im Szene-Niemandsland von Floridsdorf, von den Wienern liebevoll Transdanubien genannt, führt Andreas Reiter Raabe seit 2012 in einem ehemaligen Gassenlokal eines Genossenschaftswohnbaus den Kunstraum Gesso. Die Reise lohnt. Liest man die Listen der an den Ausstellungen beteiligten Künstler, würde man eher an eine geistreiche museale Präsentation denken als an einen off-space.
21., Donaufelderstraße 73, 5.04 A–B, Tel. 0680/4425665, Öffnungszeiten: Mo 18.30–20.30 Uhr, gesso7379@gemail.com

WEITER AUF SEITE 142 →

Elfie Semotan

Fotografin

Sie pendeln zwischen Wien, New York und dem Südburgenland – warum kommen Sie immer wieder gerne nach Wien zurück?
Dafür gibt es viele Gründe. Ich bin eher rastlos und denke, dass ich einen Ort verlassen oder mich aus meiner bequemen Position entfernen muss, um das Leben aus einem anderen Winkel zu sehen und neue Impulse zu sammeln.

Was ist speziell an der Wiener Kunstszene?
Das ist sicher unsere Geschichte als Schmelztiegel verschiedenster Nationen. Wien hat viele großartige Künstler hervorgebracht und gerade jetzt scheint sich eine neue Generation auch weltweit durchzusetzen. Im Moment gibt es sehr viele junge, erfolgversprechende und teilweise auch schon erfolgreiche Künstler. Ein Grund dafür sind zweifellos die digitalen Medien, aber noch wichtiger erscheint mir die Bereitschaft dieser jungen Künstler, sich von Wien zu trennen. Wien ist ein relativ sicherer Hafen, den man ungern verlässt, und trotzdem muss jeder einmal weg und sich neuen Anforderungen stellen. Persönlichkeiten, die als Professoren an der Akademie unterrichten, haben sehr geholfen, diese neue Generation hervorzubringen. Auch mit der Mode war es so. Es hat gedauert, aber die in einen Dornröschenschlaf versunkene Mode wurde mit Helmut Lang und anderen großen Designern, die zum Unterrichten nach Wien kamen, zu neuem Leben erweckt.

Gibt es junge österreichische Künstler oder Designer, deren Karriere Sie mit besonderem Interesse verfolgen?
Natürlich gibt es die, ich interessiere mich sehr für junge Kunst, möchte hier aber keine Namen nennen. Kunst ist wie Essen und Trinken - unerlässlich.

Galerien

1. BEZIRK

Galerie nächst St. Stephan
1., Grünangergasse 1, Tel. 01/512 12 66, galerie@schwarzwaelder.at, www.schwarzwaelder.at, Öffnungszeiten: Di–Fr 11–18 Uhr, Sa 11–16 Uhr

Galerie Krinzinger
1., Seilerstätte 16, Tel. 01/513 30 06, galeriekrinzinger@chello.at, www.galerie-krinzinger.at, Öffnungszeiten: Di–Fr 12–18 Uhr, Sa 11–16 Uhr

Galerie Elisabeth & Klaus Thomann
1., Seilerstätte 7, Tel. 01/512 08 40, wien@galeriethomann.com, www.galeriethomann.com, Öffnungszeiten: Di–Fr 12–18 Uhr, Sa 11–16 Uhr

Galerie Mario Mauroner
1., Weihburggasse 26, Tel. 01/904 20 04, office@galerie-mam.com, www.galerie-mam.com, Öffnungszeiten: Di–Fr 11–19 Uhr, Sa 11–16 Uhr

Galerie Heike Curtze und Petra Seiser
1., Seilerstätte 15/16, Tel. 01/512 93 75, wien@heikecurtze.com, www.heikecurtze.com, Öffnungszeiten: Di–Fr 11–19 Uhr, Sa 12–16 Uhr

Galerie Lukas Feichtner
1., Seilerstätte 19, Tel. 01/512 09 10, info@feichtnergallery.com, www.feichtnergallery.com, Öffnungszeiten: Di–Fr 10–18 Uhr, Sa 10–16 Uhr

Galerie Emanuel Layr
1., An der Hülben 2, Tel. 01/524 54 90, gallery@emanuellayr.com, www.emanuellayr.com, Öffnungszeiten: Mi–Fr 12–18 Uhr, Sa 11–15 Uhr

Galerie Frey
1., Gluckgasse 3, art@galerie-frey.com, www.galerie-frey.com, Öffnungszeiten: Mo–Fr 11–18.30 Uhr, Sa 11–16 Uhr

Bechter Kastowsky
1., Gluckgasse 3, Mezzanin, Tel. 01/512 16 09, eva@bechterkastowsky.com, robert@bechterkastowsky.com, www.bechterkastrowsky.com, Öffnungszeiten: Do u. Fr 10–19 Uhr, Sa 10–15 Uhr

Galerie Ernst Hilger & hilger contemporary
1., Dorotheergasse 5, Tel. 01/512 53 15, office@hilger.at, www.hilger.at, Öffnungszeiten: Di–Fr 11–18 Uhr, Sa 11–16 Uhr

Charim Galerie
1., Dorotheergasse 12, Tel. 01/512 09 15, charim@charimgalerie.at, www.charimgalerie.at, Öffnungszeiten: Di–Fr 11–18 Uhr, Sa 11–14 Uhr

Galerie Konzett
1., Spiegelgasse 1, Tel. 01/513 01 03, gallery@artkonzett.com, www.artkonzett.com, Öffnungszeiten: Di–Fr 11–18 Uhr, Sa 11–17 Uhr

WEITER AUF SEITE 148 →

Kunsthistorisches Museum
Museumsplatz
Babenbergerstraße
ESCHENBACHGASSE
Opernring
1 Galerie Mezzanin
2 Galerie Martin Janda
3 Galerie Meyer Kainer
4 Galerie Krobath
5 Galerie Steineck
riahilfer Str.
Getreidemarkt
Gumpendorfer Str.
Karlsplatz
Lehargasse
Linke Wienzeile
Rechte Wienzeile
Operngasse
Naschmarkt
Paniglgasse
Wiedner Hauptstrasse
SCHLEIFMÜHLGASSE
1 Galerie Michaela Stock
2 Unttld contemporary
3 Galerie Georg Kargl
4 Kerstin Engholm Galerie
5 Galerie Senn
6 Christine König Galerie
7 Galerie Andreas Huber

EN PASSANT

Orte, die man in und um den 1. Bezirk im Vorbeigehen bemerkt. Manche sind mehr als einen Seitenblick wert.

1. Einst, während des Naziregimes, flüchtige Markierung, heute geschützt hinter Glas, prangt an einer der prominentesten Stelle das Landes, neben dem Haupteingang des Stephansdomes, das Graffito „05". Es ist dies keine Kunst, es handelt sich bei dem „Siegel der österreichischen Widerstandsbewegung" vielmehr um Spuren der Geschichte. „0" mitsamt dem fünften Buchstaben des Alphabets bedeutet die Parole „Österreich". *1., Westportal Stephansdom*

2. Ab 1971 nutzte Friedensreich Hundertwasser die Dachwohnung von Otto Wagners Ankerhaus als Atelier. Dem Fotografen Christian Skrein diente das gläserne Dach vielfach als Setting seiner legendären Porträts der Wiener Kunstszene. Heute befindet sich die luftige Liegenschaft in kunstaffinem Privatbesitz. *1., Graben 10*

3. Die Leuchtsignale vom Wiener Ringturm, dem 1955 eröffneten ersten Bürogebäude der Stadt (Architekt Erich Boltenstern), liefern die Wettervorhersage für den kommenden Tag. Grün steht für die Wetterlage, rot für die Temperatur, je nachdem geht es auf- oder abwärts. Rotes Blinken warnt vor Sturm oder Gewitter, dasselbe in Weiß vor Schnee. Einmal im Jahr wird das ganze Gebäude im Auftrag der Vienna Insurance Group mit einer 4000 m² großen, von wechselnden Künstlern gestalteten Plane verhüllt. *1., Schottenring 30*

4. Hans Hollein begann seine Karriere als Architekt mit der Gestaltung des Kerzengeschäfts Retti (fertiggestellt 1966) am Kohlmarkt 12. Im Laufe der Jahrzehnte sollten im 1. Bezirk weitere Aufträge für Ladenlokale folgen: *Boutique Christa Metek (1967), 1., Tegetthoffstraße 3; Juwelier Schullin I & II (1974 bzw. 1982), 1., Graben 26 und 1., Kohlmarkt 17; Tabak Trafik am Haashaus (1992), 1., Graben 31*

5. Wessen Blick bleibt nicht hängen an der Auslage der Confiserie Altmann & Kühne? Das Ladenlokal stammt von Josef Hoffmann und Oswald Haerdtl. Das Papier für den Überzug der putzigen Truhen, Kommoden und Hutschachteln, in denen das beliebte Liliputkonfekt verkauft wird, wurde von der Wiener Werkstätte in deren Spätzeit (1932) entworfen. *1., Graben 30*

6. Im Café Korb führt der Weg zu den von Manfred Wolff Plottegg gestalteten Toiletten an der von Künstlern 2003 installierten Artlounge vorbei. Die bibliophile Fototapete stammt von Peter Weibel, jene mit den bunten Röhren und Streifen entlang der ehemaligen Kegelbahn von Peter Kogler, die Gestaltung der Decke oblag Günter Brus. *1., Brandstätte 9*

7. 1988 initiierte die ehemalige Galerie Metropol vor dem Hintergrund der Sperrung der Dorotheergasse als Geschäftsstraße das temporäre Projekt „Freizone Dorotheergasse", in dem 19 Künstler Fassaden und Eingänge gestalteten. Als Relikte haben sich Hans Weigands Gitarrenhals an der Feuermauer des Musikhauses Doblinger (Nr. 10) und Hans Kupelwiesers Reifenspur am Eingang Dorotheergasse Nr. 12 gehalten.

8. James Wines/SITE rückt mit der architektonisch-künstlerischen Intervention „Tor zum Ring" (1992) einen Teil der Außenmauer (samt Heizkörper auf der Rückseite) des MAK in den urbanen Raum und schafft damit einen zusätzlichen Eingang zum Museum. Komplementär dazu hat Walter Pichler „Das Tor zum Garten" (1990) geschaffen, auf das man von der Terrasse des Lokals blicken kann. Ein Terrassenplateau von Peter Noever (1993) begrenzt das Areal zur Seite des Wienflusses. *Außenfassade und Garten des MAK, 1., Stubenring 5*

9. Wenn es dunkel wird, verwandelt sich der 2005 eröffnete Turm der uniqua Versicherung (Architekt Heinz Neumann) zur 7000 m² großen Medienfassade. Das Konzept hierfür stammt vom Planungsbüro Licht Kunst Licht (Bonn, Berlin) in Zusammenarbeit mit den Berliner Medienkünstlern Holger Mader, Heike Wiermann und Alexander Stublic. *2., Ecke Aspernbrückenstraße/Untere Donaustraße*

10. Mit ihren bunt strahlenden Lichtdecken auf verschiedenen Ebenen des Hotel Sofitel am Donaukanal sorgt die Schweizer Künstlerin Pipilotti Rist für einen weithin sichtbaren Akzent des von Jean Nouvel geplanten Design-Towers (2010). *2., Praterstraße 1* — DANIELA GREGORI

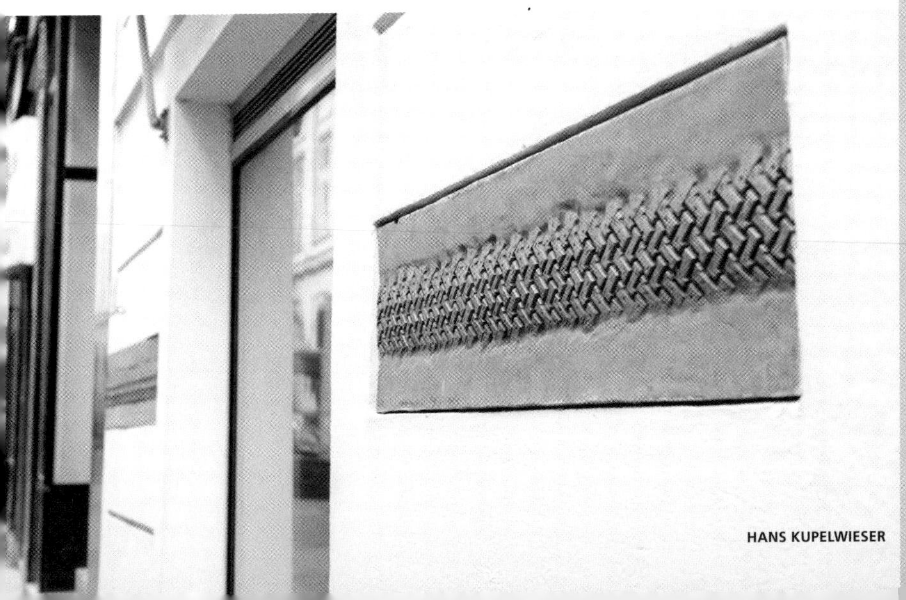

HANS KUPELWIESER

Karola Kraus

Direktorin des Museums Moderner Kunst

Was ist speziell an der Wiener Kunstszene?

Für mich zeigen sich innerhalb der Wiener Kunstszene immer wieder neue Dinge, die man entdecken kann, weil sie sich sehr schnell bewegt und in regem Kontakt über die Stadtgrenze hinaus auch international gut vernetzt ist. Momentan scheint der Trend wieder Richtung „Drinks mit Mehrwert" zu gehen. Vor allem von Künstlerinnen und Künstlern gestaltete Bars laden zum Verweilen und Austausch ein – vielleicht nicht zuletzt wegen der Tradition der legendären *Fledermaus Bar*. So gibt es schon etwas länger den von Lucie Stahl und Will Benedict initiierten Space *L'Ocean Licker*.

Tipps vom Outfit bis zum „Fluchtachterl" für einen Eröffnungsabend?*

In der Boutique *Park* findet man selektierte Modelabels, die es sonst in Wien nicht zu kaufen gibt. Im 1. Bezirk empfehle ich neben den großen Modelabes die Boutique *Chegini* oder das Modehaus *Liska*. Ein Muss für ein „Fluchtachterl"* ist neben den oben genannten Orten die traditionelle *Loosbar*.

Ein gelungener Tag in Wien …?

… beginnt für mich mit einem Rundgang durch die Galerien im 1. Bezirk, die Eschenbachgasse oder die Schleifmühlgasse. Auf dem Naschmarkt kaufe ich bei *Urbanek* den legendären Mangalitza Wollschweinschinken sowie ausgewählte Käsesorten und nebenan bei *Martina Himmelsbach* frisches Obst und Gemüse. Zum Mittagessen empfehle ich das *Mochi*, wo man sensationell japanisch essen kann. Nach einem Einkaufsbummel bei *Song* gehe ich entweder in ein Museum oder fahre in die Weinreben. Wer die Heurigenkultur abseits von urigen Klischees kennenlernen möchte, dem empfehle ich die *Buschenschank von Jutta Ambrositsch*.

**Fluchtachterl, wienerisch: das letzte Glas Wein, bevor man nach Hause geht*

Fledermaus Bar – 1., Spiegelgasse 2 / *L'Ocean Licker* – 2., Helenengasse, Ecke Praterstern / *Park* – 7., Mondscheingasse 20 / *Chegini* – 1., Plankengasse 4, Kohlmarkt 7 u. Kohlmarkt 4 (Outlet) / *Liska* – 1., Graben 12 / *Loosbar* – 1., Kärntner Durchgang 10 / *Urbanek* – 6., Naschmarkt, Stand 46 / *Martina Himmelsbach* – 6., Naschmarkt, Stand 40–45 / *Mochi* – 2., Praterstraße 15 / *Song* – 2., Praterstraße 11–13 / *Buschenschank von Jutta Ambrositsch im „Zum Guten Grinzing"* – 19., Himmelstraße 7

2. BEZIRK

Projektraum Viktor Bucher

2., Praterstraße 13/1/2, Tel. 01/212 69 30, projektraum@sil.at, www.projektraum.at, Öffnungszeiten: Di–Fr 14–19 Uhr

Lust Gallery

2., Hollandstraße 7/15, Tel. 0664/282 5170, LustGallery@gmail.com, www.thelustgallery.com, Öffnungszeiten: Mi–Fr 12–19 Uhr, Sa 13–16 Uhr

GALERIENVIERTEL ESCHENBACHGASSE

Galerie Steinek

1., Eschenbachgasse 4, Tel. 01/512 87 59, galerie@steinek.at, www.galerie.steinek.at, Öffnungszeiten: Di–Fr 13–18 Uhr, Sa 11–15 Uhr

Galerie Meyer Kainer

1., Eschenbachgasse 9, Tel. 01/585 72 77, info@meyerkainer.com, www.meyerkainer.at, Öffnungszeiten: Di–Fr 11–18 Uhr, Sa 11–15 Uhr

Galerie Krobath

1., Eschenbachgasse 9, Tel. 01/585 74 70, office@galeriekrobath.at, www.galeriekrobath.at, Öffnungszeiten: Di–Fr 11–18 Uhr, Sa 11–15 Uhr und nach telefonischer Vereinbarung

Galerie Martin Janda

1., Eschenbachgasse 9, Tel. 01/585 73 71, galerie@martinjanda.at, www.martinjanda.at, Öffnungszeiten: Di–Fr 11–18 Uhr, Sa 11–15 Uhr

Galerie Mezzanin

1., Getreidemarkt 14, Tel. 01/526 34 56, office@galeriemezzanin.com, www.galeriemezzanin.com, Öffnungszeiten: Di–Fr 11–18 Uhr, Sa 11–15 Uhr

4. BEZIRK GALERIENVIERTEL SCHLEIFMÜHLGASSE

Galerie Georg Kargl

4., Schleifmühlgasse 5, Tel. 01/585 41 99, office@georgkargl.com, www.georgkargl.com, Öffnungszeiten: Di, Mi u. Fr 11–19 Uhr, Do 11–20 Uhr, Sa 11–16 Uhr

Galerie Andreas Huber

4., Schleifmühlgasse 6–8, Tel. 01/586 02 37, art@galerieandreashuber.at, www.galerieandreashuber.at, Öffnungszeiten: Di–Fr 11–18 Uhr, Sa 11–15 Uhr

Galerie Christine König

4., Schleifmühlgasse 1a, Tel. 01/585 74 74, office@christinekoeniggalerie.at, www.christinekoeniggalerie.com, Öffnungszeiten: Di–Fr 11–19 Uhr, Sa 11–16 Uhr

Kerstin Engholm Galerie

4., Schleifmühlgasse 3, Tel. 01/585 73 37, office@kerstinengholm.com, www.kerstinengholm.com, Öffnungszeiten: Di–Fr 11–18 Uhr, Sa 12–16 Uhr

Galerie Gabriele Senn

4., Schleifmühlgasse 1a, Tel. 01/585 25 80, office@galeriesenn.at, www.galeriesenn.at, Öffnungszeiten: Di–Fr 11–18 Uhr, Sa 11–16 Uhr

Galerie Michaela Stock
4., Schleifmühlgasse 18, info@stock.net, www.galerie-stock.net, Öffnungszeiten: Di, Mi 16–19 Uhr, Do, Fr 11–19 Uhr, Sa 11–15 Uhr

unttld contemporary
4., Schleifmühlgasse 5, office@unttld-contemporary.com, www.unttld-contemporary.com, Öffnungszeiten: Di–Fr 11–19 Uhr, Sa 11–16 Uhr

6. BEZIRK

Kunstbuero Galerie Amer Abbas
6., Schadekgasse 6–8, Tel. 0699/15 23 13 49 u. 01/585 26 13, office@kunstbuero.at, www.kunstbuero.at, Öffnungszeiten: Mi–Fr 15.30–19.30 Uhr

Galerie Knoll
6., Gumpendorfer Straße 18, Tel. 01/587 50 52, knollgalerie@aon.at, www.kunstnet.at/knoll, Öffnungszeiten: Di–Fr 13–19 Uhr, Sa 13–17 Uhr

Galerie Reinthaler
6., Gumpendorferstraße 53, Tel. 0669/10 68 18 71, office@agnesreinthaler.com, www.agnesreinthaler.com, Öffnungszeiten: Mi–Fr 14–18 Uhr, Sa 10–13 Uhr

7. BEZIRK

Galerie Hubert Winter
7., Breite Gasse 17, Tel. 01/524 09 76, office@galeriewinter.at, www.galeriewinter.at, Öffnungszeiten: Di–Fr 11–18 Uhr, Sa 11–14 Uhr

Galerien für Fotografie

Galerie Johannes Faber
4., Brahmsplatz 7, Tel. 01/505 75 18, info@jmcfaber.at, www.jmcfaber.at, Öffnungszeiten: Di–Fr 14–18 Uhr, Sa 11–17 Uhr

Leica Galerie Wien
1., Walfischgasse 1, Tel. 01/236 74 87, galerie@leicastore-wien.at, www.leicastore-wien.at, Öffnungszeiten: Mo–Fr 10–19 Uhr, Sa 10–18 Uhr

WEITER AUF SEITE 154 →

© Daniel Richter für L'Officiel Hommes

Hanna Putz

Künstlerin

Sie pendeln zwischen London und Wien, warum kommen Sie immer wieder gerne nach Wien zurück?

Wien hat einfach eine unglaublich hohe Lebensqualität, abgesehen davon ist Wien irgendwie eigen und inspirierend. Meine engsten Freunde sind noch immer meine Wiener Freunde von vor 10 Jahren, und meine gesamte Familie wohnt hier.

Wo ist der spannendste Ort in Wien, um junge Kunst zu entdecken?

Im *Ve.Sch Verein für Raum und Form in der bildenden Kunst* in der Schikanedergasse.

Was ist für Sie typisch wienerisch bzw. gibt es einen Wiener Stil?

Ich würde den Wiener als im besten Fall sophisticated, eigen, sehr humorvoll, tiefgründig und echt bezeichnen, im schlechtesten Fall als gleichgültig, negativ, deprimierend und lebensverneinend.

Wo ist Wien am schönsten. Drei Tipps?

1. *Lainzer Tiergarten*, 2. *Café Korb*, *Café Prückel*, *Kleines Café*, 3. Einen Nachtspaziergang machend durch die alten Gassen der Wiener Innenstadt

Ve.sch – Verein für Raum und Form in der bildenden Kunst – 4., Schikanedergasse 11 / *Café Korb* – 1., Brandstätte 9 / *Café Prückel* – 1., Stubenring 24 / *Kleines Café* – 1., Franziskanerplatz 3

STREET ART WIEN

Der urbane Raum als Galerie ist mittlerweile zu einem globalen Phänomen geworden. Auf der ganzen Welt hinterlassen Akteurinnen und Akteure beim systematischen Metropolenhopping ihre Arbeiten und treten auf diese Weise unmittelbar mit Passanten in Kontakt.

Auch Wiens Straßen dienen vielen Künstlerinnen und Künstlern als Arbeitsgrundlage. Die unglaubliche Fülle an Werken und Akteuren ist manchmal unübersehbar oder oft nur für den wissenden Blick und nach gezielter Suche wahrnehmbar. Prädestiniert für die Street Art sind Seitenstraßen und Gassen, vor allem im 4., 6. und 7. Bezirk. An mehreren Hausecken um das MuseumsQuartier herum entdeckt man mit etwas Glück die berühmten Mosaiken von *Space Invader*.

Große, außergewöhnliche Exponate, die einem ins Auge fallen, findet man zum Beispiel entlang des Donaukanals. Dort befindet sich eine riesige Freiluftgalerie, die von der Urania bis nach Heiligenstadt reicht.

KÖR förderte in den vergangenen Jahren mehrere spannende Projekte: Die niederländischen Künstler *Collin van der Sluijs* und *Rutger Termohlen* gestalteten einen riesigen Eisbären auf der Fassade der Quellenstraße 156; *ROA* malte in der Schadekgasse, gegenüber der Nr. 18, eines seiner charakteristischen schwarz-weißen Tierbilder; angeregt durch das Konzept des Totems transformierte der französische Künstler *Honet* mit seinen minimalistischen Figuren die Säulen der U-Bahn-Trasse zwischen den Stationen Stadion und Krieau in „Kultobjekte", und daneben findet man eine Arbeit des brasilianischen Künstlers *SPETO*.

KUNST VON FRAU ISA

Zentrale Anlaufstelle für Urban Art ist die *Inoperable Gallery*, die seit vielen Jahren internationale Künstler für Ausstellungen nach Wien holt. Im Rahmen des von ihr initiierten Projekts *Shutterland* wurden die Rollläden, die das typische Bild des Naschmarkts nach Ladenschluss ausmachen, von mehreren Künstlern gestaltet. Jüngst engagierten sich vor allem zwei Akteurinnen für das Sichtbarmachen von Urban Art. Unter dem

Titel *Cash, Cans & Candy* organisierte die Kuratorin Katrin-Sophie Dworczak von der Galerie Ernst Hilger ein Ausstellungsprojekt mit Festivalcharakter. Dabei wurden die Wände des Silos am Gelände der Ankerbrotfabrik unter anderem von der südafrikanischen Künstlerin *Faith 47* gestaltet, und auch entlang der Theresianummauer auf der Favoritenstraße begegnet man echten kleinen Kunstwerken. Weiters organisiert Sarah Musser unter dem Titel *Escape the Golden Cage* jährlich Ausstellungen mit Urban Art Künstlern in wechselnden Locations.

Die Türen der Urban-Art-Welt öffnen sich in letzter Zeit zunehmend für Frauen, die diese noch immer männerlastige Szene durch ihre Beiträge verändern und einen besonders spannenden Blickwinkel zeigen. Wichtige in Wien lebende Akteurinnen sind zum Beispiel *Miz Justice*, die sich in ihren Bildbotschaften vor allem mit Gerechtigkeitsempfinden beschäftigt; *Frau Isa* mit ihrer märchenhaft-nostalgischen Welt oder *Lady Jaye* mit ihren kompromisslosen Botschaften und mutigen Frauenbildern.
— NATHALIE HALGAND, WWW.INOPERABLE.AT

ROA

PhotographersLimitedEditions
1., Bauernmarkt 14, Tel. 01/533 70 96, contact@photographerslimitededitions.com, www.photographerslimitededitions.com, Öffnungszeiten: Mo–Fr 10–18.30 Uhr, Sa 11–16 Uhr

WestLicht – Schauplatz für Fotografie
7., Westbahnstraße 40, Tel. 01/522 66 36-60, info@westlicht.com, www.westlicht.com, Öffnungszeiten: Di, Mi u. Fr 14–19 Uhr, Do 14–21 Uhr, Sa, So u. Fei 11–19 Uhr

Galerie Raum mit Licht
7., Kaiserstraße 32, Tel. 01/524 04 94, galerie@raum-mit-licht.at, www.raum-mit-licht.at, Öffnungszeiten: Di–Fr 14–18 Uhr, Sa 11–14 Uhr

OstLicht
10., Absberggasse 27, Tel. 01/996 20 66, info@ostlicht.at, www.ostlicht.at, Öffnungszeiten: Mi–So 12–18 Uhr, Fei 12–18 Uhr, Bibliothek: Mi–Fr 12–18 Uhr

Eigensinnig
Kombination aus Modeboutique und Fotogalerie mit Schwerpunkt auf Street- und Reportagefotografie.
7., St.-Ulrichs-Platz 4, Tel. 01/890 66 37, eigen@eigensinnig.at, www.eigensinnig.at, Öffnungszeiten: Di–Fr 12–19 Uhr, Sa 10–18 Uhr

TIPP HISTORISCHE FOTOGRAFIE

Photoinstitut Bonartes
Das Institut widmet sich der Erforschung, Bewahrung und Vermittlung historischer Fotografie aus dem Großraum Mitteleuropa, vornehmlich Österreich, von deren Anfängen bis in die 30er-Jahre des 20. Jahrhunderts. Der Besuch ist jederzeit gegen Voranmeldung möglich, es werden auch Führungen angeboten. Geleitet wird das Institut von Monika Faber, einer der profiliertesten Fotohistorikerinnen des Landes.
1., Seilerstätte 22, Tel. 01/236 02 93, info@bonartes.org, www.bonartes.org

Kunstnews & Kunsttermine

www.artmagazine.cc
www.esel.at
www.falter.at
www.art-guide.at (wieder ab Nov. 2014)

TIPP

KÖR, Kunst im öffentlichen Raum Wien, bietet auf www.koer.at eine Auflistung sämtlicher temporären und permanenten Projekte der Stadt. Gesucht werden kann im Index unter anderem nach Künstlern, Bezirken oder Entstehungsjahren.

Oder als Buch im historischen Überblick: Wem gehört die Stadt? Wien – Kunst im öffentlichen Raum seit 1968. Hrsg. Kunst im öffentlichen Raum GmbH, Kunsthalle Wien, Bettina Leidl, Gerald Matt. Wien, Nürnberg 2009

Museen & Ausstellungsinstitutionen

Kunsthistorisches Museum

Die Gemäldegalerie des KHM ging aus den Kunstsammlungen des Hauses Habsburg hervor und zählt weltweit zu den bedeutendsten ihrer Art. Schwerpunkte liegen auf der venezianischen Malerei des 16. Jahrhunderts (Tizian, Veronese, Tintoretto), der flämischen Malerei des 17. Jahrhunderts (Peter Paul Rubens, Anthonis van Dyck), auf altniederländischer Malerei (Jan van Eyck, Rogier van der Weyden) und altdeutscher Malerei (Albrecht Dürer, Lucas Cranach). Zu den Höhepunkten gehören Bilder von Pieter Bruegel dem Älteren sowie Meisterwerke von Vermeer, Rembrandt, Raffael, Caravaggio und Velázquez. Der Theseustempel im Volksgarten, einst für Antonio Canovas Theseusskulptur errichtet (heute Haupttreppe des KHM), wird von der zeitgenössischen Abteilung des Museums heute mit Rauminterventionen internationaler Künstler bespielt.
1., Burgring 5, Tel. 01/525 24-4025, www.khm.at, Öffnungszeiten: Di–So 10–18 Uhr, Do 10–21 Uhr (Münzkabinett schließt um 18 Uhr)

Albertina

Die Albertina ist im Besitz einer der größten grafischen Sammlungen der Welt mit berühmten Blättern wie Dürers „Feldhase", „Betende Hände" oder Rubens' Kinderstudien. Werke von Schiele, Cézanne, Klimt, Kokoschka, Picasso und Rauschenberg werden in Wechselausstellungen gezeigt. Die Dauerleihgaben aus der Sammlung Batliner spannen den Bogen vom französischen Impressionismus über den deutschen Expressionismus zur russischen Avantgarde bis in die Gegenwart. Seerosen von Monet, Tänzerinnen von Degas, Mädchenbildnisse von Renoir sind hier ebenso vertreten wie Gemälde von Beckmann, Macke, Chagall, Malewitsch, Rothko, Rainer und Katz.
1., Albertinaplatz 1, Tel. 01/534 83-0, www.albertina.at, Öffnungszeiten: täglich 10–18 Uhr, Mi 10–21 Uhr

Leopold Museum

Das Leopold Museum beherbergt nicht nur die umfangreichste Egon-Schiele-Sammlung der Welt, sondern auch Hauptwerke Gustav Klimts, etwa das Gemälde „Tod und Leben". In keinem anderen Museum Wiens kann

KUNSTHISTORISCHES MUSEUM

man das Fin de Siècle so hautnah miterleben und Zeuge der Geburt der Moderne werden. Ein weiterer Fokus liegt auf der österreichischen Zwischenkriegszeit, die Maler wie Albin Egger-Lienz, Anton Kolig und Herbert Boeckl hervorgebracht hat.
MuseumsQuartier, 7., Museumsplatz 1, Tel. 01/525 70-0, office@leopoldmuseum.org, www.leopoldmuseum.org, Öffnungszeiten: täglich (außer Di) 10–18 Uhr, Do 10–21 Uhr; Juni, Juli, August täglich geöffnet

21ER HAUS

Belvedere

Die Belvedere-Schlösser wurden als Sommerresidenz für Prinz Eugen von Savoyen (1663–1736) erbaut. Bestehend aus dem Oberen und dem Unteren Belvedere sowie dem weitläufigen Garten, zählt es zu den schönsten barocken Bauwerken Europas und beherbergt heute eine der bedeutendsten Sammlungen österreichischer Kunst vom Mittelalter bis zur Gegenwart. Die Gustav-Klimt-Gemäldesammlung bildet das Herzstück im Oberen Belvedere. Höhepunkte: Klimts goldene Bilder „Der Kuss" (1907/08) und „Judith" (1901) sowie Meisterwerke von Schiele und Kokoschka. Werke des französischen Impressionismus sowie die wichtigste Sammlung des Wiener Biedermeiers bilden weitere Schwerpunkte.
3., Prinz-Eugen-Straße 27, Tel. 01/795 57-0, info@belvedere.at, www.belvedere.at, Öffnungszeiten: täglich 10–18 Uhr

Wien Museum

Das Wien Museum ist eine Mischung aus Kunst- und historischer Sammlung, die Wiens Weg durch die Jahrhunderte zeigt. Exponate aus dem 19. Jahrhundert wie Möbelstücke, Kleider, Kunstgewerbliches, sogar die rekonstruierte Wohnung des Dichters Franz Grillparzer samt originaler Einrichtung und das Wohnzimmer von Adolf Loos befinden sich hier. Das Museum beherbergt außerdem eine hochkarätige Klimt-Sammlung, die im Rahmen des Jubiläumsjahres 2012 zum 150. Geburtstag des Künstlers erstmals zur Gänze präsentiert wurde. Auch die Modesammlung kann sich mit mehr als 22.000 Objekten sehen lassen. Themenausstellungen gibt es das ganze Jahr über.
4., Karlsplatz, Tel. 01/505 87 47-0, office@wienmuseum.at, www.wienmuseum.at, Öffnungszeiten: Di–So u. Fei 10–18 Uhr; geschlossen am: 1.1, 1.5 u. 25.12.

Kunstforum Wien

Neben Präsentationen der klassischen Moderne und den Avantgarden der Nachkriegszeit ist das Haus seit vielen Jahren mit Ausstellungen von Künstlerinnen erfolgreich. 1999 begann man mit dem „Jahrhundert der Frauen", Birgit Jürgenssen, Frieda Kahlo und Meret Oppenheim widmete man in den vergangenen Jahren Einzelausstellungen.
1., Freyung 8, Tel. 01/37 33 26, office@bankaustria-kunstforum.at, www.kunstforumwien.at, Öffnungszeiten: täglich 10–19 Uhr, Fr 10–21 Uhr

Sigmund Freud Museum

Das Sigmund Freud Museum zeigt in den

MUMOK

ehemaligen Wohn- und Praxisräumen Sigmund Freuds eine Dokumentation zum Leben und Werk des Begründers der Psychoanalyse. In einem Videoraum werden Aufnahmen aus seinem Privatleben gezeigt, kommentiert von seiner Tochter Anna Freud. Die berühmt-berüchtigte Couch gibt es leider nicht zu sehen (sie steht in London), dafür aber Freuds Antikensammlung und Original-Mobiliar.
9., Berggasse 19, Tel. 01/319 15 96, office@freud-museum.at, www.freud-museum.at, Öffnungszeiten: Mo–So 10–18 Uhr (auch feiertags)

Kunsthalle Wien
An zwei Standorten lokalisiert, ist die Kunsthalle das Ausstellungshaus der Stadt Wien für Gegenwartskunst und deren Diskurs. In den thematischen Gruppenausstellungen und Einzelpräsentationen wird das Augenmerk auf internationale wie lokale künstlerische Positionen gerichtet.
Standort MuseumsQuartier:
7., Museumsplatz 1
Standort Karlsplatz: 4., Teitelstraße 2

Tel. 01/52189-0, office@kunsthallewien.at, www.kunsthallewien.at, Öffnungszeiten beider Standorte: Mo–So 10–19 Uhr, Do 10–21 Uhr

Wiener Secession
Die Vereinigung bildender KünstlerInnen zeigt als unabhängiges Ausstellungshaus aktuelle Entwicklungen der österreichischen wie internationalen Kunst, die Auswahl hierfür wird von den Mitgliedern nach ausschließlich künstlerischen Gesichtspunkten getroffen. Der Beethovenfries von Gustav Klimt kann im Keller des Architekturjuwels von Josef Olbrich besichtigt werden.
1., Friedrichstraße 12, Tel. 01/587 53 07, office@secession.at, www.secession.at, Öffnungszeiten: Di–So 10–18 Uhr

Künstlerhaus
Eigentümer des von Anton Weber 1868 errichteten Ringstraßengebäudes ist bis heute die Gesellschaft bildender Künstler Österreichs. Die Ausstellungsprogrammatik verbindet Kunst mit Alltagskultur, Film, Musik, Design, Architekur und neuen Medien.
Künstlerhaus, 1., Karlsplatz 5, Tel. 01/587 96 63, office@k-haus.at, Öffnungszeiten: täglich außer Mo 10–18 Uhr, Do 10–21 Uhr

T-B A21

21er Haus

Der ursprünglich für die Brüsseler Weltausstellung 1958 von Karl Schwanzer konzipierte Stahlskelettbau gehört mittlerweile zum nahegelegenen Belvedere. Neben Ausstellungen zeitgenössischer Kunst beheimatet das 21er Haus das Blickle Kino, den Salon für Buchkunst, die artothek des Bundes und als Leihgabe Werke aus der Fritz Wotruba Privatstiftung

Schweizer Garten, 3., Arsenalstraße 1, Tel. 01/795 57-770, public@21erhaus.at, www.21erhaus.at, Öffnungszeiten: Mi, Do 11–21 Uhr, Fr–Sa 11–18 Uhr, Fei geöffnet

MQ – MuseumsQuartier (allg.)

Eines der größten Kunst- und Kulturareale der Welt, einer der urbansten Plätze der Stadt. Zwischen den barocken Hofstallungen (heute quartier21) und der Winterreithalle (heute Kunsthalle Wien) entstanden zwei Museumsneubauten, besiedelt wurde der Ort mit Kulturinstitutionen, Künstlerstudios, Shops und Cafés. Die Passagen zu den Höfen sind verschiedenen Themen gewidmet (Literatur, Streetart, Comic, Typographie etc.), in den Höfen selbst laden im Sommer „Enzi" und „Enzo" genannte Sitzgelegenheiten zum Verweilen ein.

7., Museumsplatz 1, Tel. 01/523 58 81, office@mqw.at, www.mqw.at

mumok Museum moderner Kunst Stiftung Ludwig Wien

Die Sammlung im dunkelgrauen Basaltquader des mumok beinhaltet zentrale Werke der klassischen Moderne, Pop Art, Fluxus, Film- und Medienkunst. Zudem versteht sich das mumok als Kompetenzzentrum des Wiener Aktionismus.

MuseumsQuartier, 7., Museumsplatz 1, Tel. 01/525 00-0, info@mumok.at, www.mumok.at, Öffnungszeiten: Mo 14–19 Uhr, Di–So 10–19 Uhr, Do 10–21 Uhr

TBA21 (Thyssen-Bornemisza Art Contemporary)

Mit Thyssen-Bornemisza Art Contemporary, 2002 von Francesca Habsburg gegründet, wird das weltweite Förderengagement der Familie Thyssen in vierter Generation fortgesetzt. Seit 2012 zeigt der Projektraum im Augarten, bislang unter der Verfügung des Belvederes, künstlerische Positionen aus der Sammlung, begleitet von einem lebhaften Programm.

Büro: 6., Köstlergasse, E-Mail Büro: office@tba21.org, Ausstellungen: Augarten Contemporary, 2., Scherzergasse 1a, Tel. 01/513 98 56-0, augarten@tba21.org, Infos zu Projekten und Ausstellungen unter www.tba21.org, Öffnungszeiten: Mi, Do 12–17 Uhr, Fr–So 12–19 Uhr

Kunstraum Niederösterreich

Ausstellungs- und Projektraum, nicht nur für Künstler aus Niederösterreich. Konzipiert werden die thematisch orientierten, gattungsübergreifenden Gruppenausstellungen von wechselnden, international tätigen Kuratoren.

1., Herrengasse 13, Tel. 01/904 21 11, office@kunstraum.net, www.kunstraum.net, Öffnungszeiten: Di–Fr 11–19 Uhr, Sa 11–15 Uhr

Sammlung Verbund

Seit dem Jahr 2004 baut das Stromunternehmen Verbund eine Sammlung zeitgenössischer Kunst seit 1970 auf. Der Fokus liegt auf ganzen Werkgruppen (z. B. das Frühwerk von Cindy Sherman) und Positionen der feministischen Avantgarde. Das Treppenhaus der Konzernzentrale wird als „Vertikale Galerie" für Ausstellungen genutzt.

1., Am Hof 6a, Tel. 050313/500 44, sammlung@verbund.com, www.verbund.com, Öffnungszeiten: Mi 18 Uhr, Fr 16 Uhr im Rahmen eines kostenlosen Kunstgespräches, um Voranmendung wird gebeten

Sammlung Friedrichshof Stadtraum

Die Sammlung Friedrichshof betreibt seit Anfang 2012 im Wiener Galerienviertel Schleifmühlgasse einen Stadtraum. Die dort gezeigten Kunstwerke verweisen auf die zweimal jährlich wechselnden Ausstellungen am Friedrichshof (dem Ort des ehemaligen kommunitären Lebensexperimentes um den Aktionisten Otto Mühl, ca. 60 km südöstlich von Wien).

4., Schleifmühlgasse 6, im Hof rechts, Tel. 02147/7000-190, goscinski@friedrichshof.at, www.sammlungfriedrichshof.at, Öffnungszeiten: Di–Fr 14–18 Uhr, feiertags geschlossen

Bälle

Life Ball

Der Life Ball ist die größte Benefizveranstaltung in Europa zugunsten HIV-positiver und AIDS-kranker Menschen. Die glamouröse Veranstaltung ist heute weit über die Grenzen Österreichs hinaus bekannt. Zur Eröffnung findet am Wiener Rathausplatz eine Modeschau mit hochkarätiger internationaler Model- und Celebrity-Besetzung statt.

Life Ball-Büro, Tel. 01/595 56 00, lifeball@lifeball.org, www.lifeball.org

Opernball

Einmal im Jahr wird die Wiener Staatsoper zum festlichsten Ballsaal. Der Ball der Bälle ist der Höhepunkt der Ballsaison – es kommen dafür Gäste aus der ganzen Welt angereist. Kleiderordnung: Damen großes Abendkleid und Herren im Frack. Der Opernball findet immer am Donnerstag vor dem Aschermittwoch (meistens Februar, manchmal Anfang März) statt.

Büro des Wiener Opernballs, Tel. 01/514 44-26 06, www.wiener-staatsoper.at

Philharmonikerball

Der Philharmonikerball findet in den Räumen des Wiener Musikvereins statt. Ein hoch eleganter Ball im Jänner – mit hochrangigen Besuchern aus Kultur, Politik und Wirtschaft.

Musikverein, 1., Bösendorferstraße 12 Wiener Philharmoniker, Karten- und Ballbüro: 1., Kärntner Ring 12, Tel. 01/505 65 25, www.wienerphilharmoniker.at

WEITER AUF SEITE 162 →

IMPULS TANZ

Lila Morgan-Schwarzenberg

—

Journalistin

—

Sie haben mit Ihrer Familie lange in London gelebt. Warum kehren Sie immer wieder gerne nach Wien zurück?
Freunde und Familie sind natürlich der Hauptgrund. Aber Wien ist eine sehr familienfreundliche Stadt und bei fünf Kindern zählt dieses Argument. Kinder können hier einfach freier und unabhängiger aufwachsen, da Wien sicher und überschaubar ist, aber trotzdem genug an Unterhaltung bietet.

Wien als Filmkulisse, was würden Sie empfehlen?
Kommt drauf an, was gewünscht ist. Ulrich Seidl sucht sicher nach anderen Locations als jetzt Simon Curtis für „The Woman in Gold". Aber das Tolle an Wien ist ja, dass diese Stadt durch ihre Vielfältigkeit den perfekten Hintergrund für fast jedes Genre liefern könnte. Naja, Western vielleicht nicht!

Neue Lokale, Galerien und Grätzel, wohin man schaut. Welche Stadttour würden Sie mit Gästen machen, damit sie ein Stück zeitgenössisches, lebendiges Wien erleben?
Mit fitten Gästen würde ich bei der neuen *WU* beginnen und mich dann durch den zweiten Bezirk Richtung Donaukanal durchschlagen. Dann würde ich mir das Servitenviertel, *mumok* und die Galerien im 7. Bezirk vornehmen und die Tour mit einer großen Jause am Naschmarkt beenden.

Zu welcher Jahreszeit ist die Stadt am liebens- und lebenswertesten?
Obwohl ich selten da bin, finde ich Wien im Sommer großartig, da es eine der wenigen Metropolen ist, wo sich Freizeitangebot und Kulturangebot die Waage halten. Strandtag auf der Donauinsel, gefolgt von einem Gig in der *Arena* – wo gibt's das noch?

mumok – 7., Museumsplatz 1 / *Arena* – 3., Baumgasse 80 / *WU* – 2., Welthandelsstraße 1

Fête Impériale

Dieser elegante Sommerball findet Ende Juni oder Anfang Juli in der Hofreitschule statt.
Spanische Hofreitschule Wien,
1., Michaelerplatz 1
Kartenreservierungen: Tel. 01/533 90 32
sowie unter www.oeticket.com;
www.fete-imperiale.at

Almdudler-Trachtenpärchenball

Die große Almdudler-Sause findet im September im Wiener Rathaus statt. Reingelassen wird nur, wer eine Tracht anhat!
Tickets gibt es bei der Raiffeisenbank, www.ticketbox.at, www.almdudler.com oder bei www.trachtenpaerchenball.at.

Festivals

Wiener Festwochen

Die Wiener Festwochen sind eines der großen Kultur-Highlights der Stadt. Künstlerische Vielfalt ist bei dem Festival, das während sechs Wochen im Mai und Juni stattfindet und ein facettenreiches Programm an Opern, Konzerten, Theater, Performances, Installationen und Lesungen an den unterschiedlichsten Spielstätten zeigt, Trumpf.

Die Festwochen bieten einen Blick auf ein beeindruckendes Panorama des internationalen zeitgenössischen Theaters. Seit 2014 ist der Pianist und Kulturmanager Markus Hinterhäuser Intendant des Festivals, dessen Eröffnungsfeier alljährlich auf dem Rathausplatz als Open-Air-Spektakel bei freiem Eintritt über die Bühne geht.
Tel. 01/589 22-0, festwochen@festwochen.at, www.festwochen.at

Tanz

ImPuls Tanz

Wien ist immer noch eine Stadt des Tanzens, nicht nur in der Vergangenheit, in den Tagen des Wiener Kongresses, sondern auch in der Gegenwart. Moderne Formen des Tanzes sind in der Stadt präsent, wie das Festival ImPuls Tanz beweist. Von Mitte Juli bis Mitte August wird in Wien getanzt. Jeden Abend auf diversen Bühnen vom Volkstheater bis zum Kasino am Schwarzenbergplatz. Tagsüber kann man unter einer Riesenauswahl an Workshops für Laien und Profis im Arsenal wählen. Die Lounge im Burgtheater sorgt für das Abendprogramm und DJ-Lines. Gemütliches Abhängen, viele junge Menschen, internationales Flair und tanzen, tanzen, tanzen.
Tel. 01/523 55 58, info@impulstanz.com, www.impulstanz.com

Design & Kunst

Vienna Design Week

Die Vienna Design Week hat zum Ziel, das vielfältige Schaffen in den Bereichen Produkt-, Möbel-, Industrie-, Grafik- und experimentelles Design erlebbar zu machen. „Design formt unsere materielle Kultur, unseren Alltag, es prägt unsere Lebensstile und Moden und ganz grundlegend unser ästhetisches Empfinden. Dieses weitreichende Bedeutungsspektrum gibt sowohl Anlass, Design zu feiern, als auch, sich kri-

tisch mit Design auseinanderzusetzen." Das Festival hat sich beides zur Aufgabe gemacht. Es werden Ausstellungen, ortsspezifische Installationen, Themen-Specials, Diskussionsveranstaltungen, Filmprogramme und Gelegenheit zum Feiern oder Networking angeboten.
www.viennadesignweek.at

Viennafair The New Contemporary

Die Viennafair ist eine internationale Messe für zeitgenössische Kunst mit Fokus auf Zentral- und Osteuropa. Neben verschiedenen Bereichen wie Malerei, Grafik, Skulptur, Fotografie, Media und Installation hat man auch die Möglichkeit, die Performance Nite, Podiumsdiskussionen sowie Präsentationen zu besuchen. Die VIENNAFAIR findet in der Messe Wien und an zahleichen Off-Locations statt.
Tickets sind online und vor Ort erhältlich. info@viennafair.at, www.viennafair.at

VIENNAFAIR

Vienna Art Week

Die Vienna Art Week findet Mitte November statt. Wiener Kunstinstitutionen, Museen und Galerien sowie andere Programmpartner präsentieren Programme wie Spezialführungen durch Sonderausstellungen über das Gallery Weekend, Podiumsdiskussionen, Vorträge, ausgedehnte Künstlergespräche, Ausstellungseröffnungen, Installationen, Interventionen und Performances sowie ausgewählte Veranstaltungen in Privatunternehmen, die zeitgenössische Kunst fördern.
Tel. 01/402 25 24, info@viennaartweek.at, www.viennaartweek.at

sound:frame

Das sound:frame Festival setzt sich mit audiovisuellen Ausdrucksformen im musealen und performativen Kontext auseinander. Interkreativität und Vernetzung von Musikern, Künstlern und Theoretikern aus den Bereichen Visuals, Medienkunst, Architektur, Design und Musik bilden die Basis der jährlich wechselnden thematischen Orientierung des Festivals „for audiovisual expressions". Die Schnittstellen von Bewegtbild und elektronischer Musik werden an verschiedenen Wiener Locations ausgelotet.
info@soundframe.at, 2014.soundframe.at

Donaufestival

An jeweils zwei Wochenenden im Frühjahr findet im niederösterreichischen Krems eines der international spannendsten Festivals für zeitgenössische Kunst und Kultur statt. Grundpfeiler des Festivals bilden Performance und Musik, was jedoch keinerlei Beschränkung gegenüber anderen Kunstformen darstellt. Von Avantgarde bis Pop, von Aphex Twin über Melvins bis Wiener Symphoniker und von Peter Weibel über God´s Entertainment bis Santiago Sierra reicht das Spektrum der Künstler, die hier schon ihre Arbeiten vorgestellt haben.
Tel. 02732/90 80 33, www.donaufestival.at

ViennaPhotoBookFestival

Als Treffpunkt für Fotografen, Sammler, Buchhändler und Fans versteht sich das

noch junge ViennaPhotoBookFestival. Obwohl es 2014 erst zum zweiten Mal stattfand, erhält es schon großen Zuspruch und vergibt nun mit dem ViennaPhotoBook-Award auch einen Förderpreis für junge Fotobuchkünstler. Neben Ausstellungen und Buchverkauf laden spannende Lectures und ein Partyprogramm in die Galerien Ostlicht und Anzenberger.
office@viennaphotobookfestival.com, www.viennaphotobookfestival.com

Mode

MQ Vienna Fashion Week

Die Fashion Week findet Anfang September statt und bietet Kollektionspräsentationen von österreichischen Designern. Neben den Shows werden auch Side-Events geboten. An einem Abend zeigt die Austrian Fashion Association die Kollektionen einer Auswahl an geförderten und für die Modepreise der Stadt Wien und des Bundeskanzleramts nominierten jungen Modedesignern.
MuseumsQuartier, 7., Museumsplatz 1, office@creative-headz.com, www.mqviennafashionweek.com, www.austrianfashionassociation.at

MQ VIENNA FASHION WEEK

Vienna Fashion Night

An einem Abend im Juni ist in der Wiener Innenstadt Late Night Shopping mit zahlreichen Specials und Rabatten angesagt, außerdem sorgen ein Designer-Pop-Up-Store und Stargäste für ein aufregendes Einkaufserlebnis. Besonderes Highlight ist jedes Jahr die Fashion Show eines internationalen Designers wie Vivienne Westwood, die 2014 für Andrang sorgte.
www.viennafashionnight.at

Modepalast

Verkaufsausstellung für Modedesign von Designern und Newcomern, die einmal jährlich im Frühjahr in den Ausstellungshallen des MAK (Museum für angewandte Kunst) stattfindet.
Tel. 01/581 10 64, office@modepalast.com, www.modepalast.com

Blickfang

Jungdesigner und Werkstätten präsentieren Designobjekte, Möbel und Accessoires. Der MINI Design Award wird vergeben. Kartenverkauf direkt im MAK.
www.blickfang.com

Fesch'Markt

Das Marktfestival verwandelt die Ottakringer Brauerei zweimal jährlich in einen Treffpunkt der unabhängigen Kreativszene und bringt dabei Kunst, Design, Performances und Partys zusammen. Junge Design-Labels und Künstler verkaufen hier Mode, Schmuck, Accessoires, Grafik, Produktdesign und bildende Kunst, Junggastronomen sorgen für das leibliche Wohl. Ergänzt wird der Markt durch wechselnde Side-Events an verschiedenen Zusatz-Locations.
Ottakringer Brauerei, 16., Ottakringerplatz 1, katrin@feschmarkt.info, www.feschmarkt.info

Fotografie

Eyes On – Monat der Fotografie Wien

Dieses Festival findet alle zwei Jahre im November statt. In über 200 Ausstellungen werden Arbeiten von mehr als 600 österreichischen und internationalen Künstlerinnen und Künstlern von historischer über zeitgenössische Kunstfotografie bis hin zu Dokumentarfotografie und Stils gezeigt. Außerdem gibt es Diskussionen, Führungen, Workshops und Vorträge. Wien ist übrigens gemeinsam mit den Partnerstädten Berlin, Budapest, Bratislava, Ljubljana, Luxemburg und Paris Teil des Europäischen Monats der Fotografie.
office@eyes-on.at, www.eyes-on.at

Literatur

O-Töne

O-Töne ist ein beliebtes österreichisches Literaturfestival mit renommierten europäischen Schriftstellerinnen und Schriftstellern. Die Open-Air-Lesungen sind eine Plattform für Schriftsteller und an Literatur Interessierte. Es dauert von Anfang Juli bis Ende August.
MQ-Höfe, bei Schlechtwetter Arena 21, Tel. 0660/81 23 66 37, office@o-toene.at, www.o-toene.at

Buch Wien

Die internationale Buchmesse bietet jedes Jahr im November ein umfangreiches Programm für Erwachsene, Jugendliche und Kinder. Im Mittelpunkt stehen Begegnungen mit Autoren im Rahmen von Lesungen, Diskussionen und Vorträgen und die Vorstellung der neuesten Bücher des Herbstes. Die Lesefestwoche als Abendschiene der Buch Wien findet an Veranstaltungsorten in ganz Wien statt, vielfach bei freiem Eintritt.
office@buchwien.at, www.buchwien.at

Kriminacht

Die Wiener Kriminacht wird im September an zahlreichen Veranstaltungsorten in der ganzen Stadt abgehalten, darunter viele Kaffeehäuser. Österreichische Autoren und internationale Krimistars lesen bei freiem Eintritt aus ihren Büchern.
www.kriminacht.at

Rund um die Burg

Das Literaturfestival bietet immer im Frühjahr Literatur im öffentlichen Raum, genauer gesagt zwischen Burgtheater und Café Landtmann. Hier lesen zahlreiche Autoren aus ihren Werken und Wiener Buchhändler präsentieren Neuerscheinungen. Der Eintritt ist frei.
www.rundumdieburg.at

Musik

Jazz Fest Wien

Das Jazz Fest Wien ist ein modernes, urbanes Festival, das Jazz und verwandte Genres präsentiert. Es traten schon Jazzgrößen wie Keith Jarrett, Oscar Peterson und auch Stars wie R.E.M oder Ray Charles auf. Orte: u. a. Wiener Staatsoper, Wiener Rathaus und die Hundertwasser-Fernwärmeanlage.
Ticket-Center: 01/408 60 30, office@viennajazz.org, www.viennajazz.org

Wien Modern

Wien Modern ist ein Festival für Musik der Gegenwart. Die Vermittlung und Kommunikation zeitgenössischer Musik wird bei Wien Modern in den Mittelpunkt gestellt. Außerdem werden spannende Bühnenwerke und Eigenproduktionen uraufgeführt.
Orte: Wiener Konzerthaus, Dschungel Wien, Elektro Gönner u. v. m. www.wienmodern.at

Popfest Wien

Das Popfest Wien präsentiert jeden Sommer bei freiem Eintritt auf und rund um den Karlsplatz ein Wochenende lang die aktuell spannendsten österreichischen Acts. Seit 2013 sind jährlich wechselnde Kuratoren für das Programm verantwortlich, nach Patrick Pulsinger bilden 2014 die Wiener Sängerin Violetta Parisini und Sofa-Surfers-Mitglied Wolfgang Schlögl das Kuratorenteam. Besonders nett: die aufgrund des benachbarten Brunnens „Seebühne" genannte Open-Air-Bühne vor der Karlskirche.

http://popfest.at

Donaukanaltreiben

Das kostenlose Musik- und Kulturfestival entlang des Donaukanals findet an drei Tagen Ende Mai/Anfang Juni statt und bietet von der Franzensbrücke bis hinauf zur Spittelau ein buntes Programm aus Live-Konzerten, DJ-Sets, Workshops und kulinarischen Erlebnissen. Besonders Eilige oder müde Beine schippert das Wiener Bootstaxi von Location zu Location.

weyrich@donaukanaltreiben.at, http://donaukanaltreiben.at

WAVES VIENNA

Waves Vienna

Das Club- und Showcase-Festival wird Anfang Oktober entlang des Donaukanals und im 1. Wiener Bezirk veranstaltet. Neben einigen etablierten Acts im Line-Up liegt der Fokus auf neuen, noch großteils unbekannten Bands, die es von Club zu Club zu entdecken gibt. Das Spektrum reicht dabei von Elektronik bis Alternative und Rock. Die Waves Vienna Music Conference ist Teil des Festivals und bietet Lectures, Panels und Workshops. Tickets für die Veranstaltungen sind online erhältlich.

www.wavesvienna.com

Wean Hean

Das seit 15 Jahren im Frühjahr stattfindende Festival feiert das Wienerlied in all seinen Facetten – von ganz traditionell bis modern mit Einflüssen aus Blues, Pop und Klassik. Über einen Zeitraum von zwei Wochen geben zahlreiche Musiker an verschiedenen Orten in der Stadt ihr Liedgut zum Besten. Ticketinfos gibt es auf der Homepage.

weanhean@wvlw.at, www.weanhean.at

Film

Viennale

Die Viennale ist ein jährliches österreichisches Filmfestival von Mitte Oktober bis Anfang November. Gezeigt werden neue Filme aus aller Welt sowie nationale und internationale Premieren. Neben Spielfilmen aus unterschiedlichen Genres widmet man auch dem Dokumentarfilm und experimentellen Werken einige Aufmerksamkeit. Großer Beliebtheit erfreuen sich die historischen Retrospektiven in Zusammenarbeit mit dem Österreichischen Filmmuseum sowie die Tributes und Hommagen, die im Rahmen des Festivals bedeutende Persönlichkeiten aus dem Filmbiz nach Wien bringen. Dazu gibt es

Diskussionen, Publikumsgespräche und viele gute Partys!
Tel. 01/526 59 47, www.viennale.at

Filmfestival & Sommerkino am Wiener Rathausplatz

Bei diesem Open-Air-Festival werden von Juni bis August bei freiem Eintritt Opern, Ballette sowie Weltmusik- und Jazzkonzerte auf einer riesigen Leinwand vor dem Rathaus gezeigt. Gastro-Stände mit Gerichten aus aller Welt sorgen für die kulinarische Untermalung.
www.wiener-rathausplatz.at/sommerkino.html

Open Air Kinos

Kino unter Sternen, Kino am Dach, Kino wie noch nie

Im Sommer wird Wien zum Paradies für Freiluft-Filmfans. Die schönsten Orte, um sich unter freiem Himmel Klassiker der Filmgeschichte, Arthouse-Filme oder aktuelle Hollywood-Streifen anzusehen, sind Karlsplatz, Augarten und das Dach der Wiener Hauptbücherei.
Kino unter Sternen, Karlsplatz:
http://kinountersternen.at
Kino am Dach, Hauptbücherei:
http://volxkino.at/kino-am-dach/
Kino wie noch nie, Augarten:
http://kinowienochnie.at

Vienna Independent Shorts

Österreichs größtes Festival für Kurzfilm, Animation und Video bringt seit mehr als zehn Jahren Ende Mai/Anfang Juni die besten internationalen und nationalen Kurzfilme auf die große Leinwand. Neben den Filmen, die in diversen Wettbewerbskategorien laufen, widmen sich kuratierte Programme einem Schwerpunktthema. Das Rahmenprogramm bilden Diskussionen und Partys. Tickets sind online erhältlich.

info@viennashorts.com,
www.viennashorts.com

Diverse

Soho in Ottakring

Ursprünglich aus einer Künstlerinitiative entstanden, ist Soho in Ottakring ein Kunst- und Stadtteilprojekt, das alle zwei Jahre in Wiens 16. Bezirk durchgeführt wird. Das Festivalprogramm besteht aus einer bunten Mischung aus Konzerten, Kino, Ausstellungen, Gesprächen, Lesungen und Performances. Mitmachen ausdrücklich erwünscht!
contact@sohoinottakring.at,
www.sohoinottakring.at

Genussfestival im Stadtpark

Jedes Jahr im Frühling präsentieren Österreichs Regionen ihre kulinarischen Schätze im Wiener Stadtpark. Gourmets freuen sich über allerhand Schmankerl von Alpenlachs über Kräuterpralinen, Bio-Heulimonade und Wasserbüffel-Käse bis zu Muskateller-Schokolade und Kirschnudeln. Ein Wochenende lang sind die Besucher zum Picknicken, Kosten und Flanieren in einer der schönsten Grünanlagen Wiens eingeladen.
Tel. 01/331 51-4942,
www.kulinarisches-erbe.at/index.php?id=89

Lotte Tobisch

Wiener Salondame

Warum leben Sie gerne in Wien?

Weil Wien alle Vorteile einer Großstadt bietet. Wien ist reich an Kunst und Kultur, besitzt fantastische Museen, historische Sammlungen, eine bewegte Theaterlandschaft und ein außergewöhnliches Musikangebot. Diese Mischung aus New York und St. Pölten ist herrlich – ich möchte nirgendwo anders leben.

Die typische Wienerin, wie würden Sie die beschreiben?

Die Wienerin hat immer etwas Bodenständiges, ist tüchtig und charmant und hat Schärfe. Ich denke bei der Wienerin immer noch an das Schnitzler'sche süße, frivole Mädel, das das Bild im Fin de Siècle prägte. Früher gab es ja auch köstlich bodenständige Dialektausdrücke, zum Busen hat man beispielsweise „Gspaßlaberln" gesagt.

Wohin bringen Sie Ihre Gäste, um ihnen Ihr Wien zu zeigen?

Nach *Schönbrunn*, in den *Musikvereinssaal* und die *Oper*, ich spaziere mit ihnen durch die kleinen Seitengassen der Innenstadt und wir setzen uns ins *Café Mozart* oder ins *Sacher*. Und ein Ausflug in den Wienerwald muss sein – auf den Leopoldsberg oder nach Klosterneuburg, da gibt's noch urige Plätze. Was wär diese Stadt ohne den Wienerwald!

Schloss Schönbrunn – 13., Schönbrunner Schlossstraße 47 / *Musikvereinssaal* – 1., Musikvereinsplatz 1 / *Wiener Staatsoper* – 1., Opernring 2 / *Café Mozart* – 1., Albertinaplatz 2 / *Hotel Sacher* – 1., Philharmoniker Straße 4

Architektur & Design

EIN SPAZIERGANG
ZWISCHEN URBANER
LANDMARK-ARCHITEKTUR,
DESIGN-WERKSTÄTTEN, GRAFFITI
UND SOZIALEM WOHNBAU.

SCHWEBETREPPE UND CORTEN-FASSADE
Spiralig schraubt sich eine Treppe in der neuen Donau-City empor, fast wie in einem Schneckenhaus von Alice im Wonderland steigt man staunend Stufe für Stufe zur Bar empor. Der weiß glänzende, schwebende Wendeltreppenaufgang aus Spiegelmosaiken in der Lobby lässt schon bei den ersten Schritten ins *Meliá Vienna* den Atem stocken. Nimmt man dann den Express-Lift zur 360-Grad-Panorama-Dachterrasse des imposanten neuen *DC-Towers* von Dominique Perrault, liegt einem die Stadt zu Füßen, umschmeichelt von der Donau, mit Blick bis zum Donaukanal. Wiens zweithöchstes Gebäude wird nur vom *Donauturm* um genau zwei Meter überragt, der heuer seinen 60. Geburtstag feiert. Auch er beherbergt ein Restaurant, dieses dreht sich allerdings um die eigene Achse. Besonders beliebt ist der Turm nach wie vor bei Bungee-Jumpern, die von hier aus 152 Meter in die Tiefe springen.

Wer den Wurstelprater bis zum Ende in Richtung Trabrennverein durchquert, muss sich angesichts des imposanten neuen *WU-Campus* eine Frage stellen: Wie funktioniert ein Gebäude aus rostigem Corten-Stahl, wenn es nach einem „Green Building"-Konzept errichtet ist? Die Gebäude von Laura Spinadel, Hitoshi Abe, Estudio Carme Pinós, NO.MAD Arquitectos, CRABstudio Architects, BUSarchitektur und besonders das „Library & Learning Center" aus Betonfaser von Zaha Hadid wurden nachhaltig gebaut.

DESIGN AM RING UND MITTENDRIN Nach einem Besuch von Margarete Schütte-Lihotzkys Frankfurter Küche im *MAK* kann man schon Gusto bekommen. Wer sich nach Süßem sehnt, sollte bei Wiens süßestem Wahrzeichen, dem *Manner-Shop*, vorbeischauen. Die Architektengruppe BEHF hat das Geschäft mit einer Wand aus Schoko-Mosaiken verkleidet, die wie Ildefonso-Würfel (lichter Nougat, dunkler Nougat) aussehen. Außerdem gibt es wunderbare kleine Design- und Gourmet-Mitbringsel. Auch ein Spaziergang entlang des Donaukanals zum *Jean-Nouvel-Tower* mit Pipilotti Rists kunstvollem Blumenplafond und einem fantastischen Ausblick im letzten Stock zahlt sich aus. Doch es gibt entlang des Kanals noch mehr zu entdecken: Fasch & Fuchs entwarfen die Schiffsstation für die *Twin City Liner*, Henke & Schreieck das *Bürohaus samt dem Glaskubus K 47*, Heinz Neumann & Partner tauchen den *UNIQA-Tower* abends in

WU-CAMPUS

spaciges Neonlicht, Rudolf Prohazkas neue Verglasung des *IBM Bürogebäudes* ist ein Beispiel von sanfter Sanierung, Hans Holleins schiefer *Generali-Tower* ist die Fortsetzung seines berühmten wie umstrittenen *Haas-Hauses* am Stephansplatz. Von ihm stammt auch die Gestaltung der *römischen Ausgrabungen* auf dem Michaeler-Platz.

Doch auch die Ringstraße hat neben den historischen Bauten Modernes zu bieten: In den ehemaligen Technikräumen von Theophil Hansens Bau richteten Geiswinkler & Geiswinkler ein *Besucherzentrum des Parlaments* ein. Am Schottenring befinden sich zwei neue Möbel- und Design-Paradiese: der *Vitra Showroom* von Architekt Dieter Thiel zeigt auf 750 m^2 alles von Eames, Prouve & Co, z. B. das Alcove Sofa der Designer Ronan & Erwan Bouroullec, den Hocker „Stool 60“ von Alvar Aalto oder die Sixtie-Ball-Clocks von George Nelson. Etwas weiter, am Schottenring 35, hat sich die *Neue Wiener Werkstätte* niedergelassen. Auch hier haben die Architekten von BEHF Wohnwelten zwischen High-Tech-Büro, Küche und gemütlichem Schlafzimmer architektonisch inszeniert.

Aber ehrlich, was wäre Wien ohne das *MQ*? In den ehemaligen barocken Hofstallungen Fischer von Erlachs bauten Ortner & Ortner das *Leopold Museum*, das *Museum Moderner Kunst Stiftung Ludwig (mumok)* sowie die *Kunsthalle Wien*. Das Leopold Museum bekommt im Übrigen bald eine Dachbar mit Ausstellungsterrasse in Form einer Libelle aufgesetzt. Im *MQ-Shop* gibt es nette kleine Designobjekte, Geschenke und Bücher.

ARCHITEKTUR UND GRAFFITI IM „ROTEN WIEN“ Wer sich für Kulturgeschichte interessiert, sollte Wiens sozialen Wohnbau aus den 1920er-Jahren ansehen, der 2014 mit der Renovierung des *Karl-Marx-Hofs* im 19. Bezirk ein Revival erfährt. Die Dauerausstellung „Das Rote Wien im Waschsalon Karl-Marx-Hof“ zeigt einen Überblick: von Sozial- und Gesundheitspolitik über das Bildungswesen bis zum Wohnbau (info@dasrotewien-waschsalon.at). Deshalb rückt erstmals auch das *Sandleiten-Viertel* im 16. Bezirk ins Zentrum kultureller Aufmerksamkeit. Die 1.531 Wohnungen wurden zwischen 1924 und 1928 errichtet und gelten heute noch als beispielhaft für den kommunalen Wohnbau. Auch in Lainz wurde 1932 eine Musterhaussiedlung der Wiener Moderne für Arbeiter gebaut, die *Werkbundsiedlung*. Wunderbar kann man hier zwischen

Villen von Loos, Frank, Wlach, Schütte-Lihotzky, Haerdtl, Plischke u. a. in vorstädtischem Ambiente spazieren. Vorbei scheinen endlich auch die Zeiten trostlos leerer Firewalls in Wien. Der Graffiti-Künstler Colin van der Sluijs sprayte in Wien Favoriten (11., Quellenstraße 156) ein Kunstwerk auf das Mauerwerk eines Gemeindebaus – mehr über (Female)Streetart und ihre Schauplätze gibt es im Kunstkapitel.
— FLORENTINA WELLEY

DC-Tower – 22., Donau-City-Straße 1 / *Donauturm* – 22., Donauturmstraße 4 / *WU-Campus* – 2., Südportalstraße/Rotundenplatz / *MAK* – 1., Stubenring 5 / *Manner-Shop* – 1., Stephansplatz 7 / *Nouvel-Tower* – 2., Praterstraße 1 / *Twin City Liner* – 1., Schwedenplatz/Marienbrücke / *K 47* – Franz-Josefs-Kai 47 / *UNIQA-Tower* – 2., Untere Donaustraße 21 / *IBM Bürogebäude* – 2., Obere Donaustraße 95 / *Generali-Tower* – 2., Taborstraße 1 / *Vitra Showroom* – 1., Schottenring 12 / *Neue Wiener Werkstätte* – 1., Schottenring 35 / *MQ-Shop* – 7., Museumsplatz 1 / *Werkbundsiedlung* – 13., Woinovichgasse

MQ-SHOP

HAUS WITTGENSTEIN

Architektur

Architektur im Ringturm

Egal ob „Ungarn: Bauten der Aufbruchszeit" oder „Spätmoderne Slowakei: Gebaute Ideologie" – in Wiens zweitschönstem Hochhaus aus den 1960er-Jahren (das älteste steht in der Herrengasse) finden immer wieder feine Architekturausstellungen, meist zum Thema sozialer Wohnbau, statt. Wer will, fährt im Haupthaus eine Runde mit dem Paternosteraufzug.
Ausstellungszentrum im Ringturm, 1., Schottenring 30, Öffnungszeiten: Mo–Fr 9–18 Uhr, freier Eintritt

Looshaus (Loos American Bar, Knize)

Auf den Spuren von Adolf Loos: Erst ein Besuch beim Looshaus am Michaelerplatz, das immer noch durch seine klare Moderne besticht – der Entwurf stammt aus dem Jahr 1909 –, danach in den elegantesten Laden Wiens, zum berühmten Herrenausstatter Knize, den Loos von 1910 bis 1913 gestaltete. Die großzügigen Umkleidekabinen laden zum Verweilen ein, dazu an einem Whisky nippen und Zigarillo rauchen – die Aschenbecher in den Kabinen sind schließlich noch original. Doch für einen guten Drink empfiehlt sich doch eher die Loos American Bar, deren einzigartigem Charme sich auch Stars wie Quentin Tarantino – während seines Wien Besuchs war die Loosbar sein verlängertes Wohnzimmer – nur schwer entziehen können.
Looshaus: 1., Michaelerplatz 3
Knize: 1., Graben 13
Loosbar: 1., Kärntner Durchgang 10, www.adolfloos.at

Postsparkasse

Das achtstöckige Gebäude ist ein Juwel des Jugendstils und eines der meistfotografierten Bauwerke von Otto Wagner. Zwischen 1904 und 1906 erbaut, verwendete Wagner die damals neuen Materialien Stahlbeton und Aluminium. Die gesamte Fassade ist mit quadratischen Marmortäfelchen und Aluminiumapplikationen belegt.
1., Georg-Coch-Platz 2, Tel. 01/599 05-338 25, www.ottowagner.com/oesterreichische-postsparkasse, Öffnungszeiten: Mo–Fr 9–17 Uhr, Sa 10–17 Uhr, geschlossen: So, Fei und 24.12.–26.12.

Hochhaus in der Herrengasse

Das erste Hochhaus in Wien, von Siegfried Theiss und Hans Jaksch 1932 erbaut, ist immerhin 50 Meter hoch – mit ein Grund für den scharfen Windzug, der einem entgegenbläst, wenn man die benachbarte Rolltreppe bei der U-Bahn-Station Herrengasse hinauffährt. Wenigstens ein bisschen NYC-Flair in der Innenstadt, nicht zuletzt auch durch die Verjüngung des Baus nach oben, die für die frühen Skyscrapers in Manhattan typisch ist.
1, Herrengasse 6–8

Hotel Sofitel & Stilwerk

30 Shops plus ein Steaklokal und ein Luxushotel: Der Jean-Nouvel-Tower beherbergt nicht nur die erste Österreich-Dependance des deutschen Möbelhauses Stilwerk, vom Rooftop-Restaurant und den Zimmern des Sofitel hat man den atemberaubendsten Blick über die Stadt!

2., Praterstraße 1, Tel. 01/906 16-0, h6599@sofitel.com, www.sofitel.com

UNIQUA-Tower

Der Tower des Architekten Heinz Neumann ist mit seinen Lichtspielen an der Fassade sicher das konsequenteste Bauwerk österreichischer Medienarchitektur. Die weiten Glasfronten der Konzernzentrale signalisieren Offenheit. Das bunte LED-Spiel genießt man am besten beim abendlichen Spaziergang am Donaukanal.

2., Praterstraße 1, www.tower.uniqa.at

WU-Campus

In 4 Jahren Bauzeit entstand auf dem Gelände zwischen Messe und Prater ein moderner Campus. Um das zentrale Library & Learning Center gruppieren sich 5 Gebäudekomplexe, geplant von internationalen Stararchitekten wie Zaha Hadid und Hitoshi Abe, darunter auch die Österreicher BUSarchitektur. Neben klassischen universitären Bereichen finden sich auf dem Campus auch ein Café, eine Bäckerei, ein Supermarkt, Buchhandlungen, ein Kindergarten und ein Sportzentrum. Imposant ist die Fassade aus Corten-Stahl.

WU (Wirtschaftsuniversität Wien), Vienna University of Economics and Business, 2., Welthandelsplatz 1, Tel. 01/313 36-0, www.wu.ac.at/campus

Haus Wittgenstein

Das Haus Wittgenstein in Wien gilt als einer der Marksteine der Baukunst des 20. Jahrhunderts. Paul Engelmann, ein Schüler von Adolf Loos, wurde 1925 von Margarethe Stonborough mit der Planung des Stadthauses betraut. Der Bruder der Auftraggeberin, der Philosoph Ludwig Wittgenstein, wurde auf Wunsch wenig später in die Planungsarbeit einbezogen. In der Ausführung manifestiert sich seine eigenwillige und einzigartige Architektursprache: vom Raumbegriff bis zum Detail einer Bodenfuge. Eine Baukunst, die den Eindruck von elementarem Bauen vermittelt, aber gleichzeitig von feinnerviger Künstlichkeit zeugt. Heute beherbergt das Haus das bulgarische Kulturinstitut, ist aber auch für Ausstellungen oder Veranstaltungen zu mieten.

Haus Wittgenstein, Kulturabteilung der bulgarischen Botschaft
3., Parkgasse 18, Tel. 01/713 31 64, office@haus-wittgenstein.at, www.haus-wittgenstein.at, Öffnungszeiten für Hausbesichtigungen: Mo–Do 10–12 Uhr und 15–16.30 Uhr sowie nach Voranmeldung

Stadtbahnstationen von Otto Wagner, 1894–1898

Nicht nur in Paris haben die Metro-Stationen Charme. Die von Otto Wagner gestalteten Wiener Stadtbahnstationen zählen zu den Musterbeispielen des Jugendstils – das Apfelgrün des Holzes und Metalls hat noch immer Signalwirkung. Acht der historischen Bauwerke sind original erhalten. Am bekanntesten ist jenes am Karlsplatz, in dem sich ein Café befindet.

WEITER AUF SEITE 180 →

WU-CAMPUS

Laura Karasinski

Art-Direktorin

Wo findet man die drei heißesten Wiener Locations für Design, Musik und Mode?

Gute Designstücke, vor allem Möbel, findet man immer wieder in der *Glasfabrik* oder bei der *Caritas*. Musikalische Abende verbringe ich am liebsten zu Hause beim Dinner mit Freunden in Begleitung von Luiz Bonfá oder João Gilberto. Modisch bietet beispielsweise der *Faux Fox Lieblingsplatz* schicke Accessoires, gute Vintage Mode findet man bei *Bocca Lupo* in der Innenstadt.

Welches sind die besten Wiener Inspirationsquellen, die man als Grafikdesignerin anzapfen kann?

Da gibt es sehr viele, man muss nur genau schauen. Zu meiner Top 3 gehören wohl das *Naturhistorische Museum*, ein gutes Glas Wein bei *Unger & Klein* und die *Albertina*.

Ein Sonntagsausflug ins grüne Wiener Umland. Wohin geht die Reise?

Zur Familie auf die Weinstraßen oder in den Wienerwald.

Apfelstrudel oder Sachertorte? Wo?

Anna-Torte vom *Demel*.

Glasfabrik – 16., Lorenz-Mandl-Gasse 25 / *Caritas Mittersteig* – 5., Mittersteig 10; *Caritas Nord* – 21., Steinheilgasse 3 / *Faux Fox Lieblingsplatz* – 7., Stiftgasse 11 / *Bocca Lupo* – 1., Landskrongasse 1 / *Naturhistorisches Museum* – 1., Burgring 7 / *Unger & Klein* – 1., Gölsdorfgasse 2 / *Albertina* – 1., Albertinaplatz 1 / *K. u. K. Hofzuckerbäcker Demel* – 1., Kohlmarkt 14

ALT-WIEN – DIE STADT, DIE NIEMALS WAR
25.11.2004 BIS 28.03.2005
WIEN
IM K
MERKEN SIE NIC
WIE WIEN WIEDE
WELTSTADT WIR
HELMUT QUALTINGER, QUASI EIN GENIE
02.10.2003 BIS 06.01.2004
WIEN
KARLS

Otto-Wagner-Pavillon, 4., Karlsplatz, www.ottowagner-stadtbahn.at, Öffnungszeiten: April–Oktober: Di–So und Fei 10–18 Uhr, geschlossen: 1. Mai, Ostermontag, Pfingstmontag sowie andere Feiertage, die auf einen Montag fallen

21er Haus

1962 wurde der von Karl Schwanzer 1958 für die Weltausstellung in Brüssel gebaute Pavillon als Museum eröffnet. 2011 wurde es von Adolf Krischanitz umfangreich saniert und zum 21er Haus umgestaltet. Das Untergeschoß wurde freigelegt und das Gebäude, das von der Österreichischen Galerie Belvedere bespielt wird, durch einen Turm ergänzt.
Schweizergarten, 3., Arsenalstraße 1, www.21erhaus.at, Öffnungszeiten: Mi–So 10–18 Uhr

DC-TOWER

Gasometer

Die vier Architekten Jean Nouvel, Coop Himmelb(l)au (Wolf D. Prix), Manfred Wehdorn und Wilhelm Holzbauer revitalisierten jeweils einen der vier ehemaligen Gasbehälter aus dem Jahr 1896. Hier kann man einkaufen, ins Kino gehen, essen und natürlich auch wohnen. Mit der U-Bahn nur 15 Minuten vom Stephansplatz entfernt.
11., Guglgasse 8, www.gasometer.at, www.coop-himmelblau.at

Schloss Schönbrunn

Nicht von ungefähr die beliebteste Sehenswürdigkeit Wiens. Kaiserin Sisis ehemalige Sommerresidenz bezaubert mit ihrer wunderbaren Parklandschaft. Abseits des barocken Palasts sind auch der Tiergarten – der älteste noch bestehende Zoo der Welt – und die Gloriette auf dem Hügel oberhalb des Schlosses sehenswert. Das Schloss und seine Gärten dienten auch zahlreichen Filmproduktionen als Schauplatz, unter anderem dem James-Bond-Film „Der Hauch des Todes", „Marie Antoinette" mit Kirsten Dunst und den drei „Sissi"-Filmen mit Romy Schneider. Der Eingangsbereich zum Schlosspark wurde von den s&s-Architekten neu adaptiert.
13., Schönbrunner Schlossstraße 47, Tel. 01/811 13-239, www.schoenbrunn.at

Sandleitenhof

Die 1531 Wohnungen wurden zwischen 1924 und 1928 errichtet. Die Architekten Josef Tölk, Emil Hoppe, Siegfried Theiß, Franz Matuschek, Franz Krauß, Otto Schönthal und Hans Jaksch realisierten erstmals ein neues Bauprogramm für menschenwürdige Wohnungen: hell, trocken, mit Wasserleitung und WC. Noch heute gilt dieser Wohnbau als vorbildlich, denn die kommunale Wohnhausanlage in Ottakring war wie ein eigenständiges Dorf konzipiert:

mit Shops, Cafés, einer Kirche, einer Bank, einer Post und vielen sozialen Räumen für Sport und Spiel. Ab 2014 wird das Viertel mit dem Lokal-Charme vergangener Zeiten revitalisiert. Viele junge Künstler leben schon jetzt im Umfeld.
Wohnhausanlage Sandleiten
16., Sandleitengasse 43–47
16., Rosenackerstraße 2–24
16., Rosa-Luxemburg-Gasse 1–9
16., Liebknechtgasse 36
16., Gomperzgasse 1–5
www.wienerwohnen.at/hof/192/Wohnhausanlage-Sandleiten.html

MAK – Expositur Geymüllerschlössel

Das Geymüllerschlössel in Pötzleinsdorf wurde 1808 im Auftrag des Wiener Bankiers Johann Jakob Geymüller (1760–1834) als „Sommergebäude" errichtet. Hier atmet man den Geist von Epochen, denn zwischen originalen Möbeln aus dem frühen 19. Jahrhundert wird zeitgenössische Kunst und Design ausgestellt. 1997 wurde Hubert Schmalix' Skulptur „Der Vater weist dem Kind den Weg" (1996) im Park der Anlage aufgestellt, 2004 der Skyspace „The other Horizon" (1998/2004) des amerikanischen Künstlers James Turrell.
18., Pötzleinsdorfer Straße 102, Tel. 01/479 31 39, www.mak.at, Öffnungszeiten: 1. Mai–30. November 2014 jeden Sa u. So 11–18 Uhr

Donau-City

Zwischen Donau und UNO-City wurde ein reizvoller Kontrast zum historischen Wien geschaffen. Die signifikantesten Gebäude sind der Ares-Tower des Architekten Heinz Neumann und der Andromeda-Tower von Wilhelm Holzbauer. Weitere Hochhäuser stammen unter anderem von Coop Himmel-b(l)au, Delugan Meissl und Hans Hollein. Der Masterplan für das multifunktionale neue Stadtzentrum am linken Donauufer stammt von Adolf Krischanitz und Heinz Neumann.
22., Donau-City-Straße 1, www.viennadc.at

DC-Tower

Die DC-Towers (Donau-City-Towers) sind zwei vom französischen Architekten Dominique Perrault in der Wiener Donau-City geplante Wolkenkratzer. Der erste ist mit 250 Meter Höhe der zweithöchste Turm Wiens, der zweite Turm ist in Planung. Sehenswert: Das Hotel Meliá Vienna mit einem luxuriösen Café im Foyer sowie Restaurant und Bar auf dem Dach mit der luftigen Aussichtsterrasse und einem fantastischen Blick über Wien.
22., Donau-City-Straße 1, www.viennadc.at

Design

MAK

Das Museum für angewandte Kunst beherbergt neben einer Schausammlung zeitgenössischer und angewandter Kunst mit baulichen Interventionen von Künstlern wie Heimo Zobernig, Hermann Czech oder Jenny Holzer auch eine umfangreiche Studiensammlung. Die Museumsobjekte – von 1900 bis zur Gegenwart – sind in einheitlichen Vitrinen zu besichtigen und nach Material wie Glas, Keramik, Textil etc. geordnet. Besonders spannend: Das neue, vom Designstudio EOOS gestaltete MAK Design Labor erweitert den im 20. Jahrhundert geprägten Designbegriff auf frühere Epochen und versteht sich als offenes Labor, das sich stets wandelt und Neues bietet.
1., Stubenring 5, Tel. 01/71 13 60, office@mak.at, www.mak.at, Öffnungszeiten: Di (MAK NITE©) 10–24 Uhr, Mi–So 10–18 Uhr, Mo geschlossen

Kiesler Stiftung

Immer wieder zeigt die private Stiftung interessante Ausstellungen von Designern und Architekten vergangener Epochen wie Paul T. Frankl, einem Wiener Designer in New York und Los Angeles. Außerdem sind die seltenen Entwürfe und Re-Editionen des Designers, Architekten und Künstlers Friedrich Kiesler zu sehen. 2014 vergab Kurator Peter Bogner den Friedrich-Kiesler-Preis für Architektur und Kunst an den Konzeptkünstler Bruce Naumann.

*Österreichische Friedrich und Lillian Kiesler Privatstiftung, Wien
6., Mariahilfer Straße 1b/Top 1, Tel. 01/513 07 75, Fax 01/513 07 75-5, www.kiesler.org, office@kiesler.org, Öffnungszeiten: Mo–Fr 9–17 Uhr, Sa 11–15 Uhr (und nach Vereinbarung)*

Hofmobiliendepot. Möbel Museum

Das Hofmobiliendepot beherbergt eine hochkarätige Möbelschau von Barock bis zur Wiener Moderne und zu zeitgenössischem österreichischem Möbeldesign. Ein Sis(s)i-Pfad führt durch die Dauerausstellung „Sissi im Film – Möbel einer Kaiserin".

7., Andreasgasse 7, Tel. 01/524 33 57, info@hofmobiliendepot.at, www.hofmobiliendepot.at, Öffnungszeiten: Di–So 10–18 Uhr, Mo geschlossen

Auktionshaus Dorotheum

Zum Ersten, zum Zweiten und zum Dritten! Wer Lust am Steigern hat, muss ins „Palais Dorotheum" gehen. Das 1707 gegründete Auktionshaus ist das größte für Kunst und angewandte Kunst im deutschen Sprachraum. Es finden dort fast täglich Auktionen statt. Hier gibt es alles, was das Sammlerherz begehrt: Gemälde, Skulpturen, Design, grafische Arbeiten, Porzellan und Schmuck aus verschiedenen Jahrhunderten und sogar Pelze. In der Galerie kann man auch unabhängig von Auktionen Antiquitäten erwerben.

1., Dorotheergasse 17, Tel. 01/515 60-0, www.dorotheum.com, Öffnungszeiten: Mo–Fr 10–18 Uhr, Sa 9–17 Uhr, an So vor der Auktionswoche 10–17 Uhr

Shops

J. & L. Lobmeyr

Hier wird seit 1823 die Glaskultur und die Kunst der Lichtgestaltung perfektioniert. Das Stammhaus auf der Kärntner Straße ist eines der letzten original erhaltenen Häuser aus der Ringstraßenzeit. Neben den Entwürfen von Josef Hoffmann für Lobmeyr finden sich hier etablierte Marken wie Meißen, Augarten, Herend, Rosenthal, Robbe & Berking oder Cristofle. Daneben punktet das Traditionshaus mit seinen Kooperationen mit angesagten zeitgenössischen Designern wie Tino Valentinitsch, Stefan Sagmeister, Polka oder Patrick Rampelotto.

1., Kärntner Straße 26, Tel. 01/512 05 08-88, office@lobmeyr.at, www.lobmeyr.at, Öffnungszeiten: Mo–Fr 10–19 Uhr, Sa 10–18 Uhr

Einwaller & Partner
Im prunkvollen Gründerzeit-Palais Harrach finden Luxus-Trendsetter schöne Designermöbel und Wohnaccessoires, antike Einzelstücke und Luxusmarken wie Porro, Baxter, Giorgetti, Frigerio, Vi-Spring, Terzani oder Catellani & Smith. Die Architekten beraten auch gerne bei Planung und Einrichtung.
1., Freyung 3, Tel. 01/535 37 30, web@einwaller.cc, www.einwaller.cc, Öffnungszeiten: Interiors: Di–Fr 10–19 Uhr, Sa 10–17 Uhr Architects: Mo–Fr 10–19 Uhr

Schauraum Mühlbauer
Zwischen schicken Mode-It-Teilen entdecken Fashionistas etwa Kleiderständer aus der Vintagerie, besprühte Kunststoffflaschen des Wiener Designer-Duos Vandasye, Faltlampen aus Papier vom Design-Kollektiv Mostlikely, Naturkosmetik der Saint Charles Apotheke aus Wien-Gumpendorf oder „Aroma-Pots", eine Topf-Sonderedition von Riess, entworfen von Dottings und mehr.
1., Seilergasse 5, Tel. 01/513 70 70, Fax 01/513 70 70, schauraum@muehlbauer.at, www.modemuehlbauer.at

Augarten Flagship-Store
Ein Himmel voller Geschirr ergibt ein zauberhaftes Klirren beim Eintreten. Designer Philipp Bruni gestaltete den Umbau und den Shop neu, der zeitgenössisches Porzellan-Design neben kostbare alte Stücke der K&K-Manufaktur stellt.
1., Spiegelgasse 3, Tel. 01/512 14 94, Fax 01/512 94 92-75, www.augarten.at, Öffnungszeiten: Mo–Sa 10–18 Uhr

Stamm Concept-Store
Tafelkultur und Design stehen im Mittelpunkt des kleinen Ladens bei der Peterskirche. Hier gibt es immer wieder Vernissagen von jungen Designern, die ihre neuen Objekte zeigen, etwa eine Dose von Jaime Hayons Zoo, der für Baccarat eine wunderbar raffinierte Symbiose von Kristallglas und Porzellan entwarf.
1., Petersplatz 8, Tel. 01/535 18 23, store@stamm.at, www.stamm.at, Öffnungszeiten: Mo–Fr 10–18.30 Uhr, Sa 10–17 Uhr,

designfunktion
Wenn man Designklassiker schätzt oder sich einen innovativen, funktionellen Arbeitsbereich wünscht, ist man hier richtig. Der Treffpunkt für Architekten, Unternehmen und Privatpersonen hat zeitlose Eleganz von 1930 bis heute im Programm: Mies van der Rohe, Charles & Ray Eames, Le Corbusier, Charlotte Perriand, Eileen Gray, Jean-Marie Massaud, Franco Albini, Alfredo Häberli, Ron Arad, Konstantin Gricic, Jaime Hayón und viele mehr.
1., Bauernmarkt 12, Tel. 01/533 29 87, wien@designfunktion.at,

AUGARTEN FLAGSHIP-STORE

www.designfunktion.at, Öffnungszeiten: Mo–Fr 9–18 Uhr

Woka Lamps Vienna

Die Wiener Werkstätte wurde 1903 von Josef Hoffmann, Koloman Moser und dem Financier Fritz Wärndorfer nach englischem und schottischem Vorbild der Arts-and-Crafts-Bewegung gegründet. Heute erweitern die Objekte junger Designer das Angebot.
1., Singerstraße 16, Tel. 01/513 29 12, Fax 01/513 85 05, www.woka.com, Öffnungszeiten: Mo–Fr 10–18 Uhr, Sa 10–17 Uhr

prodomoWindows

Wer Richtung Graben unterwegs ist, sollte unbedingt in die Naglergasse einbiegen und sich in die Kellergewölbe von Wiens erstem echtem Design-Shop wagen. Das „HENN" von Henn und Teichgräber schrieb 30 Jahre lang Designgeschichte. Heute setzt Teichgräber mit prodomoWindows mit den Fenstern zur Stadt immer neue Themen in Szene und sorgt für spannende Impulse, egal, ob Designklassiker, Outdoor- und Kunststoffmöbel, Leuchten, Handwerk oder junges Design.
1., Naglergasse 29, Tel. 01/533 83 82, Fax 01/533 83 82-15, info@prodomowindows.at, www.prodomowindows.at, Öffnungszeiten: Di–Fr 10–18.30 Uhr, Sa 10–17 Uhr, Mo geschlossen

WOKA

prodomoWien SHOWROOM

12., Michael-Bernhard-Gasse 12–14, Tel. 01/982 16 11, Fax 01/982 16 11-11, info@prodomowien.at, www.prodomowien.at, Öffnungszeiten: Mo–Fr 9–18 Uhr, Sa geschlossen

Vitra Showroom

Auf 750 m² kann man hier Büro- und Wohnmöbelwelten durchwandern. Die Langlebigkeit von Materialien, Konstruktion und Ästhetik sind bei Vitra das Wichtigste – belegt durch die Klassiker von Charles & Ray Eames bis Alfredo Häberli oder Alberto Meda, deren Möbelentwürfe seit den 1950er-Jahren bis heute hergestellt werden.
1., Schottenring 12, Tel. 01/405 75 14-0, info@vitra.com, www.vitra.com, Öffnungszeiten: Mo–Fr 10–18 Uhr, Sa 10–16 Uhr

NWW – Neue Wiener Werkstätte

Tradition, Handwerk, Design – die spannende Schnittstelle von jungen Designern und alter Handwerkskunst wurde vom Architekturbüro BEHF am Ring ganz neu in Szene gesetzt. Im Shop finden sich sämtliche Wohn-Themenwelten der österreichischen Möbelfirma: vom funktionellen Büro zur modernen Wohn-Küche bis zum futuristischen Hotelzimmer.
1., Schottenring 35, Öffnungszeiten: Mo–Fr 9–18, Sa 9–15 Uhr, www.nww.at/de

Scandinavian Design House

Wunderschöne Möbel für Garten und Terrasse, coole Accessoires für Küche und Wohnzimmer oder doch lieber ein tolles Bett von Hästens? Hier finden alle, die nordisches Design lieben, schöne Stücke und nette Beratung. Neu im Programm: die PH 3 Pendelleuchte, ein Jubiläumsmodell von Louis Poulsen.

1., Rudolfsplatz 13a,
Tel. 01/533 23 62, Fax 01/533 23 62-20,
office@scandinaviandesignhouse.at,
www.scandinaviandesignhouse.at,
Öffnungszeiten: Mo–Fr 10–18 Uhr,
Sa 10–17 Uhr

Zumtobel

Der schicke Store nahe dem Stephansplatz punktet nicht nur mit einem tollen Leuchtenprogramm. Hier finden auch Talks und Vernissagen von und mit Designern statt. Zumtobel ist auf der Luminale, der Biennale der Lichtkultur, vertreten und begleitete die internationale Architekturmesse light+building in Frankfurt.

Lichtforum Wien, 1.,
Jasomirgottstraße 3–5,
Tel. 01/532 10 47-0, Fax 01/532 10 47-45, lifwien@zumtobel.at,
www.zumtobel.at

Zur Schwäbischen Jungfrau

Ein Juwel am Graben: Das von Hanni Vanicek geführte Geschäft ist seit 1720 der edelste Wäscheausstatter Wiens, wo der Legende nach schon Kaiserin Maria Theresia ihre Spitzentaschentücher bestellte und Lady Di und die Rockefellers noble Tisch- und Bettwäsche orderten – herrlich für Hochzeitsgeschenke. Ein Blickfang am Aufgang zur ersten Etage sind die „Jungfrau"-Gemälde von Johann Nepomuk Mayer und Johann Kupelwieser.

1., Graben 26, Tel. 01/535 53 56,
office@schwaebische-jungfrau.at,
www.schwaebische-jungfrau.at,

VITRA SHOWROOM

Öffnungszeiten: Mo–Fr 10–18.30 Uhr,
Sa 10–17 Uhr

MAK Designshop

Geschenke, Spielzeug, Kataloge, Bücher, Design und Objekte der Wiener Werkstätte in allen Preisklassen. Mit seinem ausgewählten internationalen und jungen österreichischen Design sowie Klassikern und Neuentdeckungen zählt der MAK-Shop zu den Wiener Kompetenzzentren für Designprodukte.

1., Stubenring 5, Tel. 01/711 36-228,
service@makdesignshop.at,
www.makdesignshop.at, Öffnungszeiten:
Di (MAK NITE©) 10–24 Uhr,
Mi–So 10–18 Uhr, Mo geschlossen

Stilwerk

Im Jean-Nouvel-Tower befindet sich die erste Österreich-Filiale des deutschen Möbelhauses Stilwerk. Das Interieur besticht durch edles, schwarzes Glas und kühlen Stahl. Unter den rund 30 Designshops finden sich Designfirmen wie die Gebrüder Thonet und Rolf Benz. Besonders sehenswert ist der Gartenshop Verdarium von Nora Stalzer und der Laden des österreichischen Architektur-Komplettanbieters Will.

2., Praterstraße 1, Tel. 01/212 06 10-50,
wien@stilwerk.at, www.stilwerk.de,

Öffnungszeiten: Mo–Fr 10–19 Uhr, Sa 10–18 Uhr

Song
Einer der schönsten Läden Wiens, gestaltet vom Architekten Gregor Eichinger – allein die Auslagen sind fast schon Kunstwerke. An den Wänden sind Arbeiten von Franz Graf und Marina Faust, und es gibt einen extra Galerien-Space, wo bereits Martin Margiela Artisanal, Walter van Beirendonck, Marina Faust (Bilder und Objekte), Paul Harden (Kleider und Stühle), Piet Hein Eek (Recycling-Möbel) ausgestellt haben. Neuester Coup: eine eigene Song-Möbellinie! Für extravagante Mode- und Designliebhaber ein Paradies und „not to be missed".
2., Praterstraße 11–13, Tel. 01/532 28 58, info@song.at, www.song.at, Öffnungszeiten: Mo 13–19 Uhr, Di–Fr 10–19 Uhr, Sa 10–18 Uhr

garbarage
Upcycling von Restmaterialien ist der sozialökonomischen Manufaktur wichtig. Daraus entstehen nachhaltige Unikate und Kleinserien wie Gaba-Bags aus alten Werbe- oder Lkw-Planen, Sessel und Bänke aus Mülltonnen oder Hocker aus Filmdosen.
4., Schleifmühlgasse 6, Tel. 01/585 76 32, Öffnungszeiten: Mo–Do 10–18 Uhr, Fr 10–19 Uhr, Sa 11–17 Uhr, showroom@garbarage.at, www.gabarage.at

Rauminhalt
Die Möbelgalerie setzt auf nationales und internationales Möbeldesign. Die Marmorfassade wurde von Robert Maria Stieg entworfen. Immer wieder werden Möbelentwürfe bekannter österreichischer Architekten und Designer in Ausstellungen präsentiert, zum Beispiel von Gustav Peichl, Carl Auböck oder Johannes Spalt.
4., Schleifmühlgasse 13, Tel. 0650/409 98 92, design@rauminhalt.com, www.rauminhalt.at, Öffnungszeiten: Di–Fr 12–19 Uhr, Sa 10–15 Uhr

Patrick Kovac
In kunsthistorischem Umfeld präsentieren sich auf rund 200 m² ausgesuchte Wiener Möbel aus der Zeit des Biedermeier, Historismus und Jugendstils neben Objekten der 1920er- und 1930er-Jahre. Ausgewählte Möbelklassiker aus den Anfängen der Wiener Moderne von Josef Hoffmann, Kolo Moser oder Adolf Loos bilden den Fokus. Hier findet man auch gute 50er-Jahre-Lampen.

4., Rechte Wienzeile 31, Tel. 01/587 94 74, office@patrick-kovacs.at, www.patrick-kovacs.at, Öffnungszeiten: Mo–Fr 13–17 Uhr, Sa 10–14 Uhr

Mood
Der inspirierende Laden von Michaela Thul und Markus Tüchler bietet edles Design vieler renommierter Marken, wie Edra, Porro, Vitra, Living Divani, Royal Botanie oder Tom Dixon. Außerdem übernehmen die Shopinhaber auch die Planung von Büros, Anwaltskanzleien und Privatwohnungen. Im bezaubernden Innenhof werden Garten- und Terrassen-Outdoor-Neuheiten gezeigt.
4., Schleifmühlgasse 13, Tel. 01/236 31 31, office@moodwien.at, www.moodwien.at, Öffnungszeiten: Di–Fr 10–18 Uhr, Sa 10–16 Uhr

Lichterloh
Der Laden im sechsten Bezirk ist seit 1990 das Shoppingparadies für Design des 20. Jahrhunderts mit Schwerpunkt 20er- bis 70er-Jahre. Auf rund 700 m^2 werden Klassiker Entwürfen unbekannter Designer gegenübergestellt. Immer wieder schön und inspirierend, durch die Räume zu wandern.
6., Gumpendorfer Straße 15–17, Tel. 01/586 05 20, esbrennt@lichterloh.com, www.lichterloh.com, Öffnungszeiten: Mo–Fr 11–18.30 Uhr, Sa 11–16 Uhr

Tony Subal Contemporary
Hier gibt es Möbel mit New Yorker Flair, vor allem französisches, italienisches und skandinavisches Design aus den 1950er-, -60er- und -70er-Jahren. Beratung gibt es zu Restaurierung (von der eigenen Werkstatt), Einrichtung und professionellem Sammlungsaufbau.
6., Linke Wienzeile 70, www.tonysubal.com, Öffnungszeiten: Do und Fr 14–20 Uhr, Sa 10–18 Uhr

Designqvist
Der Hotspot für Liebhaberinnen des skandinavischen Vintage-Designs der 1950er- und -60er-Jahre. Eyecatcher ist der Präsentiertisch in der Mitte des Ladens, auf dem fein säuberlich eine unglaubliche Sammlung an Besteck gezeigt wird. Zudem erfährt man im Blog der Halbschwedin und Besitzerin Sandra Nalepka auch mehr über Manufakturen, Materialien und Design.
7., Westbahnstraße 21, Tel. 0680/504 70 00, sandra@designqvist.at, www.designqvist.at, Öffnungszeiten: Di–Fr 13–19 Uhr, Sa 11–17 Uhr

Die Sellerie
Vier Grafikdesigner bieten in ihrem Shop Design und Geschenke aller Art an – mit viel Liebe zum Detail selbst hergestellt und sorgfältig ausgewählt. Hier finden sich Fine Art Prints, Papierwaren, Wohnaccessoires und besondere Geschenkideen. Achtung: limitierte Öffnungszeiten!
7., Burggasse 21/1, Tel. 0660/777 37 66, www.diesellerie.com, Öffnungszeiten: Do–Fr 15–19 Uhr, Sa 11–17 Uhr

WEITER AUF SEITE 190 →

DESIGNQVIST

Ania Rosinke

Designerin

Was macht Wien so besonders?
In Wien hat man das Gefühl des „Verlangsamens". Hier ist es möglich, sich auf die Arbeit zu konzentrieren. Als Gestalter kann ich auf Ausstellungen, Vorlesungen, Symposien zurückgreifen und habe gut ausgestattete Bibliotheken und Plattformen wie die *Vienna Design Week* oder *Departure*. In Wien werden Kunst und Kultur hochgehalten, das gefällt mir.

Wo findet man in Wien schönes hand-made Design?
In Wien gibt es viele Traditionsbetriebe, etwa die *Silbermanufaktur, Lobmeyr* oder *Scheer*. Diese arbeiten zwar wie früher, schaffen es aber, zeitgemäß zu sein und hochwertige Produkte herzustellen.

Welche Wiener Restaurants entsprechen dem Anspruch von nachhaltigem Design und guter Küche?
Skopik und Lohn hat sehr gutes Essen und ein eigenständiges Interieur, das das Essen in künstlerischer Atmosphäre zum Vergnügen macht. Toll ist auch das Design vom *Österreicher* im MAK.

Wo findet man in Wien Architektur und Design mit Wiener Flair?
Im Wiener *Café Prückel,* das in den 1950er-Jahren von Oswald Haerdtl erneuert wurde und den Zauber der Ringstraße einfängt. Wir liebten auch das schöne *Schottenring Café*, das es leider nicht mehr gibt. Im Augarten ist der *Flak-Turm* ein bedrückendes und imposantes Monument. Eine Führung im Flak-Turm im Dritten Bezirk ist sehr eindrucksvoll. Diese Gebäude stehen in Kontrast zu den ornamentreichen Bürgerhäusern.

Vienna Design Week – www.viennadesignweek.at / *Departure* – 9., Hörlgasse 12, www.departure.at / *Silbermanufaktur* – 1., Spiegelgasse 14 / J. & L. *Lobmeyr* – 1., Kärntner Straße 26 / *Rudolf Scheer & Söhne* – 1., Bräunerstraße 4 / *Gasthaus am Nordpol 3* – 2., Nordwestbahnstraße 17 / *Pizza Mari* – 2., Leopoldsgasse 23a / *Restaurant Konstantin Filipou* – 1., Dominikanerbastei 17 / *Skopik & Lohn* – 2., Leopoldsgasse 17 / *Österreicher im MAK* – 1., Stubenring 5 / *Café Prückel* – 1., Stubenring 24

Beranek Licht & Design
Der Laden in der Lerchenfelder Straße im achten Bezirk ist eine echte Wiener Institution, wenn es um Licht und Beleuchtungskörper geht.
8., Lerchenfelder Straße 18–24, Tel. 01/957 62 87, beranekIicht@gmail.com, www.beranek.at, Öffnungszeiten: Mo–Fr 9.30–18 Uhr, Sa 10–15 Uhr

Vintage

Bananas
Inmitten von Möbeln, Lampen, Tischen, Sesseln, Modeschmuck, Globen, Vasen und anderen Schätzen der Zeit zwischen 1950 und 1980 herrscht fröhliches Chaos. Es ist immer wieder herrlich, hier zu stöbern und mit Ernst, dem entspannten Besitzer, zu plaudern. Samstag Vormittag kann es passieren, dass das Bananas zum Bersten voll ist – beliebter Treffpunkt illustrer Menschen, die zwischen Naschmarkt und Flohmarkt auf einen Café und einen Plausch vorbeischauen.

DIE SELLERIE

5., Kettenbrückengasse 15, Tel. 0664/312 94 49, e.hahnbauer@bananas.at, www.bananas.at, Öffnungszeiten: Mo–Fr 13–18 Uhr, Sa 11–16 Uhr

S10
Von Art Deco über Bauhaus und Pop Art bis Memphis findet man hier Designklassiker von Le Corbusier, Arne Jacobsen oder Eero Saarinen. Das Sortiment reicht vom berühmten Panton-Sessel über Artemide-Lampen bis hin zu anonymen Keramik- und Wanduhr-Schätzen.
5., Schönbrunner Straße 10, Tel. 0699/19 20 12 33, www.stereogram.at, Öffnungszeiten: Mi–Fr 13–19 Uhr, Sa 10–15 Uhr

Vintagerie
Die Vintagerie ist in kurzer Zeit zur Institution für all jene geworden, die Vintage-Möbel, Lampen oder Accessoires lieben. Die netten Besitzer beraten gerne und laden schon mal auf ein Gläschen Prosecco ein, während man in den Hallen nach Schätzen stöbern darf.
6., Nelkengasse 4, Tel. 0699/11 44 19 67, 01/581 28 50, info@vintagerie.at, www.vintagerie.at, Öffnungszeiten: Di–Fr 12–19 Uhr, Sa 11–18 Uhr

Design Lovers
Die Liebe zum Design bezieht sich hier zu einem großen Teil auf stilvolle Sitzmöbel aller Epochen des 20. Jahrhunderts. Originale von Arne Jacobsen und Verner Panton reihen sich neben Klassiker von Charles und Ray Eames und österreichischen Design-Ikonen wie Oswald Haertl oder Schätze aus der Thonet-Fabrikation. Für alle, die Stühle oder Fauteuils suchen, eine geniale Adresse!
6., Otto-Bauer-Gasse 13, Tel. 0650/555 20 76,

designlovers.wien@gmail.com, www.designlovers.at, Öffnungszeiten: Di–Fr 10–18 Uhr, Sa 10–16 Uhr

Galerie Zeitloos

Designklassiker des 20. Jahrhunderts mit einem Schwerpunkt auf den 40er- bis 80er-Jahren findet man in der Galerie Zeitloos. Von Lampen über Sitzmöbel bis Wohnaccessoires gibt es auf 250 m^2 wirklich fantastische Dinge namhafter österreichischer und internationaler Gestalter, darunter Carl Auböck, Luigi Colani und Joe Colombo – perfekt renoviert, aber nicht billig!

7., Kirchengasse 39/Burggasse 47, Tel. 0676/524 19 56, galerie@zeitloos.at, www.zeitloos.at, Öffnungszeiten: Mo–Fr 14–18 Uhr, Sa 9–12 Uhr und nach Vereinbarung

Glasfabrik

Die Glasfabrik zeigt auf 2000 m^2 Altwaren, Antiquitäten und Kulturgegenstände im Originalzustand aus allen möglichen Epochen. Wer sich eine Wohnung mit persönlichen Einzelstücken einrichten möchte, ist hier richtig. Hier gibt's fast alles unter einem Dach.

16., Lorenz-Mandl-Gasse 25, Tel. 01/494 34 90, info@glasfabrik.at, Öffnungszeiten: Di–Fr 14–19 Uhr, Sa 10–14 Uhr

Werkstätten, Ateliers & Showrooms

Rudolf Scheer & Söhne

Der Schuster stellt nicht nur seit Generationen weltbekannte Maßschuhe her. In dem original erhaltenen Geschäft aus dem 19. Jahrhundert lagern die Leisten von Kaiser Franz Joseph bis Jörg Immendorf. Der modern renovierte Keller und ein wunderbar gestaltetes Geschäft nebenan, in dem auch Contemporary Design gezeigt wird, sind sehenswert.

1., Bräunerstraße 4, Tel. 01/533 80 84, schuhe@scheer.at, www.scheer.at, Öffnungszeiten: Mo–Fr 10–18 Uhr, Sa 10–17 Uhr

ATELIER AUBÖCK

Manufaktur im Schloss Augarten

Ein neues Museum mit wechselnden Porzellan-Ausstellungen und ein gemütliches Café zum Relaxen im Park mit Aussicht auf den Flakturm.
Schloss Augarten, 2., Obere Augartenstraße 1a, Tel. 01/211 24-201, Fax 01/211 24-139, Öffnungszeiten: Mo–Sa 10–18 Uhr

Werkstätte Carl Auböck

Der Maler und Designer Carl Auböck arbeitete einst für das Bauhaus. Heute führt die Auböck-Dynastie die Designmanufaktur bereits in vierter Generation weiter. Die wunderschöne Werkstatt im siebten Bezirk zeugt von handwerklichem Know-how und hat ein umfassendes Archiv der Objekte. Die Wohnaccessoires, hauptsächlich aus Horn, Leder, Messing oder Kork, werden bis heute produziert. Poetisch: die Bambus-Stehlampe, zu der Elfriede Jelinek die Hommage „Lampen am Stiel" verfasste.
7., Bernardgasse 21, Tel. 01/523 66 31, blog: http://werkstaette-auboeck.blogspot.com, www.werkstaette-carlauboeck.at

Dejana Kabiljo

Die Kunst- und Design-Objekte der Architektin und Künstlerin suchen nach Eigenheiten auf der Ebene menschlichen Verhaltens. Deshalb werden die Materialien gebrannt, gebleicht, gekräuselt, gespalten, gebogen und zu Gold gemacht, bis sie den richtigen Charakter haben. Wie etwa ein Barhocker mit blonder Perücke oder die Sitzobjekte „fat" und „let them sit cake", die auf der Mailänder Designmesse gezeigt wurden.
Kabiljo Inc., 1., Gonzagagasse 5, Tel. 01/532 10 94, 0676/607 68 57, wisdom@kabiljo.com, www.kabiljo.com, Öffnungszeiten: nur nach Vereinbarung

NEUE WIENER WERKSTÄTTE FLAGSHIP-STORE

In ihrem gegenüber dem Wiener Ringturm gelegenen Flagship-Store präsentiert die Neue Wiener Werkstätte erstmals ihre gesamte Produktpalette.

In den Möbeln, Polstermöbeln und Wohnaccessoires sowie Türen und Fenstern der ebenfalls zum steirischen Familienbetrieb gehörenden Marke KAPO treffen zeitgenössisches Design auf traditionelles Handwerk und einen hohen Anspruch an Qualität.

In Anlehnung an die historische Wiener Werkstätte wird Wohnen hier als Gesamtkunstwerk betrachtet. Dies zeigt sich nicht nur darin, dass von der Planung bis zur Umsetzung ganze Einrichtungskonzepte angeboten werden, sondern auch in der Gestaltung des Shops: Die 500 m² umfassende Ausstellungsfläche wurde von den preisgekrönten BEHF-Architekten in einen privaten Bereich mit Wohnen, Essen, Schlafen und einen Objektbereich aufgeteilt, in dem Muster-Hotelzimmer, Bürolösungen und Fenster präsentiert werden.

www.nww.at

Advertorial

Beauty & Entspannung

DELUXE VERWÖHNPROGRAMM, STRAFFES WORK-OUT ODER BEIDES. ALLES RUND UM SCHÖNHEIT UND ERHOLUNG FÜR BODY & SOUL.

SCHÖN ENTSPANNT UND GUT TRAINIERT Über die Eröffnung der vielen neuen Luxushotels in Wien freuen sich nicht nur die Gäste, sondern alle, die sich nach einem anstrengenden Tag nach einem Verwöhnprogramm sehnen. In ihren fürstlichen Day-Spas heißen *Park Hyatt, Ritz-Carlton, Kempinski, Sans Souci, Sofitel* und *Sacher* auch Tagesgäste herzlich willkommen, um diese nach Strich und Faden zu verwöhnen. Ob man sich für ein Beauty-Treatment im *Guerlain-Spa* des *Ritz-Carlton* entscheidet oder eine wirklich hervorragende hawaiianische *Lomi-Lomi-Ganzkörpermassage* im *Sans Souci* genießt – eine Fehlentscheidung wird es sicher nicht sein.

Wer sich erst nach einem Power-Programm so richtig wohl fühlt, dem seien die Workouts etwas härterer Gangart empfohlen: Beim *Piloxing, CrossFit* oder *Boot Camp* schmelzen die Pfunde nur so dahin. Das Training findet im Sommer nicht nur im Studio, sondern oft auch unter freiem Himmel statt. Bei *Vienna City Boot Camp* trifft man sich auf dem geschichtsträchtigen *Heldenplatz* und trainiert quer durch die Innenstadt. Straßenlaternen, Podeste und Brunnen werden zu Trainingsgehilfen umfunktioniert.

Für Frischluftfreundinnen gibt es im sommerlichen Wien eine Menge anderer sportlicher Möglichkeiten. Das Spektrum reicht vom *Crazy Outdoor Special* bei *In Good Shape*, einem Intervalltraining mit Rad oder Rollerblades im Prater oder auf der Donauinsel, über *Metabolic Training* und *Pilates* am *Tel Aviv Beach* direkt am Donaukanal bis zur *Yogasession* auf der Dachterrasse des *25hours Hotels.*

Extra-Tipp: Während des *ImPulsTanz Vienna International Dance Festival* kann man sich nicht nur als Zuschauerin am zeitgenössischen Tanz berauschen, sondern auch aktiv an den großartigen Workshops international renommierter Tänzer und Choreografen teilnehmen. Das Angebot reicht hier von *Ballett* über *Butoh* und *Body Work* bis hin zu *Hip Hop* und *World Dance.*

Und wem jetzt schon beim Lesen die Puste ausgegangen ist, der sollte am besten gleich mit einer der Empfehlungen beginnen.

— NICOLE ADLER/EDISA SHAHINI (DISICOUTURE.COM)/MARIE THÉRÈSE DEMBLIN DE VILLE/BIO-BEAUTY TIPPS VON NATALIE HERZLIEB BREN, (FOGS-LIFESTYLE.COM)

Park Hyatt – 1., Am Hof 2 / *Ritz-Carlton* – 1., Schubertring 5 / *Kempinski* – 1., Schottenring 24 / *Sans Souci* – 7., Burggasse 2 / *Sofitel* – 2., Praterstraße 1 / *Sacher* – 1., Philharmonikerstraße 4 / *Vienna City Boot Camp* – www.viennacitybootcamp.at / *In Good Shape* – www.in-good-shape.at / *Tel Aviv Beach* – 2., Donaukanal Straße 26 / *25hours Hotel* – 7., Lerchenfelder Straße 1-3

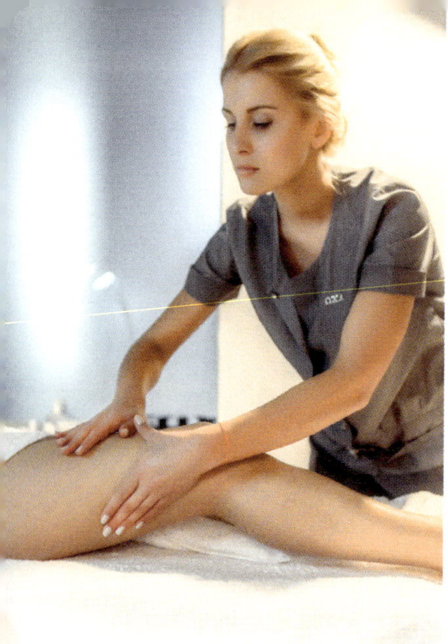

OXA BEAUTY

Beauty & Spas

1. BEZIRK

Barbara Reichard Frisuren- & Schönheitswerkstatt

Die ideale Location für Junggesellinnen-Abschiede, Ladies-only-Sessions oder den Tag mit der besten Freundin – im Innenstadtpalais Kinsky kommt man in den Genuss des ultimativen Rundum-Pampering. Der Haarpflege mit rein natürlichen Inhaltsstoffen aus der „Intelligent Nutrients"-Serie folgen luxuriöse Körper- und Gesichtsbehandlungen, bei denen man den Alltag hinter sich lässt.

Palais Kinsky, 1., Freyung 4, Tel. 01/890 03 92, office@frisurenwerkstatt.at, www.frisurenwerkstatt.at, Öffnungszeiten: Mo–Mi 10–19 Uhr, Do u. Fr 10–20 Uhr, Sa 10–15 Uhr

OXA Beauty

Gegründet und geführt von Oksana Koval, deren feine Nase für edle Düfte ebenso wie gute Gesichtsbehandlungen steht. Ihr kleiner Beauty-Salon bietet nebst herrlichen Vitamin-C-Facials, straffenden Gesichtsmassagen und dem Thalssocaviar-Treatment ein feines Sortiment an Düften (Terry de Gunzburg, Amouage, JTC – Join the club, Maison Francis Kurkdjian, Xerjoff, Tiziana Terenzi) sowie Pflegeprodukte von Ingrid Millet, Anthony Logistics for Men und Thalgo für den Körper an.

1., Werdertorgasse 4, Tel. 0676/395 96 16, info@oxa-beauty.com, www.oxa-beauty.com, Öffnungszeiten: Mo–Fr 10–19 Uhr sowie 1. Sa im Monat 10–15 Uhr

ECO2SPA

Absolute Spezialität im Beauty-Hotspot ECO2SPA sind verjüngende Gesichtsmassagen, ein Beauty-Trend aus den USA und Schönheitsgeheimnis zahlreicher Models und Prominenter. Mit der hier angewandten Massagetechnik werden alle Gesichtsmuskeln stiumliert, die Durchblutung angeregt und infolgedessen Fältchen gemildert und Konturen gestrafft. Selbstverständlich ebenfalls im Verwöhnprogramm: Körperbehandlungen, Mani- und Pediküre sowie Make-up von Star-Visagist Sergej Benedetter.

1., Parkring 12a, Tel. 01/512 95 64, office@eco2spa.at, www.eco2spa.at, Öffnungszeiten: Mo–Fr 9–19 Uhr, Sa nach Terminvereinbarung

Douglas House of Beauty

Der exklusive Jo-Malone-Corner sowie die im oberen Stockwerk gelegene Chanel-Beauty-Kabine und das La-Ric-Nagelstudio werden dem Namen House of Beauty gerecht. Von SBTs Hightech-Kosmetik über Mavala-Nagellacke bis hin zu Tigi-Haarprodukten, Bobbi-Brown-Make-up, einem eigenen Origins-Shop und dem einzigen Armani-Produkt-Counter der Stadt gibt es hier buchstäblich die gesamte Crème de la Crème für die Bedürfnisse der Frau von Welt.

1., Kärntner Straße 17, Tel. 01/512 42 41 22, www.douglas.at,

Öffnungszeiten: Mo–Mi u. Fr 9–19 Uhr, Do 9–20 Uhr, Sa 9–18 Uhr

Guerlain Spa im The Ritz-Carlton
Das erste Guerlain Spa Österreichs vereint das Know-how und die Expertise von Guerlain im Bereich Gesichts- und Körperbehandlungen mit speziellen Massagetechniken in exklusivem Ambiente. Jede Behandlung wird speziell auf den Gast abgestimmt. Außerdem gibt es einen Health Club mit Dampfbad, Sauna und einem perfekt ausgestatteten Fitness Center. Mit dem 18 m langen Indoor-Pool mit Unterwassermusik steht den Gästen ein luxuriöses Angebot zum Relaxen zur Verfügung.
1., Schubertring 5–7, Tel. 01/31 18 84 24, reservations.vienna@ritzcarlton.com, www.ritzcarlton.com, Öffnungszeiten: Mo–So 10–15 Uhr, Early Bird Angebot Mo–Fr 8–11 Uhr

Sacher Spa
Im fünften Stockwerk des Traditionshotels entführt das „Leading Spa of the World" seine Gäste auf einer Fläche von 350 m² auf eine Wellness-Reise für alle Sinne. Marken wie La Prairie und Ligne St. Barth sind hier ebenfalls vertreten und kommen bei Massagebehandlungen oder im Thermalbereich zum Einsatz. Für Aktive steht ein Fitnessraum und auf Anfrage auch ein Personal Trainer zur Verfügung.

ECO2SPA

1., Philharmonikerstraße 4, Tel. 01/51 45 60, wien@sacher.com, www.sacher.com, Öffnungszeiten: Thermalbereich täglich 15–21 Uhr, Massage, Treatments Di–Sa 10–21 Uhr, So u. Mo 10–19 Uhr (nach Terminvereinbarung), Day Spa täglich von 10–19 Uhr (nach Terminvereinbarung)

Moser Milani Medical Spa
Eine Beauty-Oase im Herzen von Wien: Dr. Shirin Milani und Dr. Veith Moser, die beiden Gründer, sind Fachärzte für plastische, ästhetische und rekonstruktive Chirurgie. Das Moser Milani Med Spa bietet kosmetische und medizinische Behandlungen unter einem Dach, von Massagen über Gesichts- und Körperbehandlungen wie Lymphdrainage, Dermaroller, Peelings bis zu Beauty-Treatments oder Body-Wraps gegen Wasseransammlungen, Dellen und fahle Haut.
1., Schottengasse 7/5, Tel. 01/236 13 36, office@medspa.cc, www.medspa.cc, Termin nach Vereinbarung

Arany Spa im Park Hyatt Vienna
Das luxuriöse Spa im Park Hyatt verfügt neben einem 15 m langen Indoor-Pool, einem Gym mit neuester Fitnesstechnik, Sauna, Dampfbad und Sanarium über sechs großzügige Behandlungsräume, davon einen für Paare. Neben Sinneswelten wie Gold, Energetic Stone oder Affirming-Mother-Of-Pearl-Anwendungen kann man auch Behandlungen wählen, die speziell auf weibliche Bedürfnisse abgestimmt sind: Woman Rituals mit Massagen, Facials und Gesichts- oder Körpermasken mit Produkten von Sodashi.
1., Am Hof 2, Tel. 01/227 40-1130, spa.arany.vienna@hyatt.com, www.spa-arany.at, Öffnungszeiten: täglich 6.30–23 Uhr

Hotel Kempinski Day Spa

Hier kann man sich auch mal einen ganzen Wellness-Tag gönnen und Hamam, Saunen, Hydro Pool (4 x 6 m), Behandlungsräume mit einer Spa-Suite und Dampfbad genießen. Besonders zu empfehlen ist der Palais Kempinski „Signature Treatment", eine Wellness-Behandlung mit klassischen europäischen Techniken im Duett mit türkischen und ayurvedischen Therapien.

Tel. 01/236 10 00-8090, spa.vienna@kempinski.com, www.kempinski.com, Öffnungszeiten: täglich: 9–21 Uhr

La Ric 2 Go

Das Spektrum an Verschönerungsmöglichkeiten reicht hier von Shellac, French Manicure, Hand- und Fußpeelings mit anschließender Massage über Wimpernverlängerungen mit Seiden- und Nerzwimpern. Perfekt für spontane Beauty-Days mit Freundinnen. First come first serve – ohne Voranmeldung!

1., Kleeblattgasse 11, Tel. 01/890 84 23, office@laric2go.com, www.laric2go.com, Öffnungszeiten: Mo–Sa 10.30–20 Uhr

Xtreme Lashes Shop

Dragana Stefanovic und ihr nettes Team legen sich in Sachen Wimpernverlängerung ins Zeug. Traumwimpern, auch Eyelash Extensions genannt, werden hier mit größter Sorgfalt angebracht. Einmal auf den Geschmack gekommen, will man auf den wirkungsvollen wie simplen Effekt nicht mehr verzichten. Auch eine Ganzkörper-Spraytain-Kabine gibt es hier. Toll für die Ballsaison oder im Frühling, um sich ruck zuck einen Sunkissed-Teint zu verpassen.

1., Rudolfsplatz 2, *Tel. 01/533 66 02, www.wien.xtreme-lashes.at, Öffnungszeiten: Mo–Fr 9–21 Uhr*

Beauty & Shopping

Duft & Kultur

Von seinen Reisen nach Marokko und Indien bringt der Inhaber Düfte, Seifen, Kaftans, Tücher und allerlei Dekostücke mit, die in heimischen Badezimmern für orientalische Stimmung sorgen. Als Inspirationsquelle für das Sortiment an feinen Dingen dient selbstverständlich auch Frankreich. Raumsprays und Duftkerzen von Diptyque, Parfums von Patricia de Nicolai und Teemischungen von Mariage Frères entführen auf eine delikate Reise in ihr Herkunftsland. Bon shopping!

1., Tuchlauben 17, Tel. 01/532 39 60, www.facebook.com/duftundkulturvie, Öffnungszeiten: Mo–Fr 10–18.30 Uhr, Sa 10–17 Uhr

J. B. Filz

Hinter einem etwas unscheinbaren Eingang, den man schon gezielt ansteuern muss, um ihn nicht zu verfehlen, findet man sich in Wiens ältester Parfümerie wieder. 1809 vom ehemaligen k. u. k Hofparfumeur Jean Baptiste Filz gegründet, ist das „Duftg'wölb" bis heute unter familiärer Führung erfolgreich. Kompetenz und Wissen in all diesen Belangen sind hier eine Selbstverständlichkeit.

1., Graben 13, Tel. 01/512 17 45, kontakt@parfumerie-filz.at, www.parfumerie-filz.at, Öffnungszeiten: Mo–Fr 9.30–18.30 Uhr, Sa 9.30–17 Uhr

Le Parfum

Der Name ist Programm. In dem kleinen Boudoirshop trifft die Crème de la Crème der Parfumkunst zusammen. Byredos Gypsy Water aus Stockholm, Keiko Mecheris Peau de Pêches aus Japan, Ligne St. Barths Massagegel aus der Karibik oder Maison Francis Kurkdjians duftende Seifenblasen aus Paris sind nur ein paar der darge-

botenen exquisiten Duftwässerchen aus aller Welt. Eine Überdosis an Duftmolekülen ist nicht ausgeschlossen. Das Aroma von Kaffeebohnen steht zum Neutralisieren der Nase parat. So kann dem olfaktorischen Genuss ausgiebig gefrönt werden.
1., Petersplatz 3, Tel. 01/535 39 39, kundenservice@leparfum.at, www.leparfum.at, Öffnungszeiten: Mo–Fr 10–19 Uhr, Sa 10–18 Uhr

Nägele & Strubell

Über die Landesgrenzen bekannt, besticht die Edel-Parfümerie mit ihrer sortierten Auswahl an Beauty-Favoriten: Kanebo, La Prairie, Clarins, Lancôme, Chanel, Dior und Co. Hochexklusiv ist das gleich nebenan in der Passage gelegene „La Mer Spa", eine von insgesamt drei Niederlassungen weltweit (die beiden anderen sind in London und auf den Cayman Islands). Der Teint wird unter Einsatz von feinem Diamantenstaub und reinem Miracle-Broth-Elixier zum Strahlen gebracht.
1., Graben 27, Tel. 01/533 70 22, www.naegelestrubell.at, Öffnungszeiten: Mo–Fr 9–19 Uhr, Sa 9–18 Uhr

Le Dix-Neuf

Auf 14 klitzekleinen, aber feinen Quadratmetern präsentieren sich hier herrliche Düfte internationaler Top-Parfumeure. Das Sortiment für Gourmet-Nasen – Insider-Marken wie Escentric Molecules, Eight And Bob, Amouage, Montale, Byredo, Micallef, Nasomatto oder Histoires des Parfums – wird durch persönliche Besuche bei den Maîtres Parfumeurs permanent aktuell und spannend gehalten.
1., Seilergasse 19, Tel. 01/890 63 66, info@ledixneuf.at, www.ledixneuf.at, Öffnungszeiten: Mo–Fr 10–19 Uhr, Sa 10–18 Uhr

SO SPA

2. BEZIRK

So SPA

Der fünfte Stock des von Jean Nouvel designten Sofitel Vienna Stephansdom ist ganz in Weiß gehalten und auf Wellness eingestellt. Aus Starter, Main und Desserts wählt man wie bei einer Speisekarte sein persönliches Spa-Programm. Das Treatment Arabian Dream verspricht ein Gefühl von Tausendundeiner Nacht, wobei dem Aufenthalt im traditionell-aromatischen Hamam ein Körperpeeling mit schwarzer Olivenseife, ein Bodywrap und eine entspannende Massage mit warmem Öl folgt. In der Ruhezone mit weißen Polsterliegen hat man einen herrlichen Blick auf das Deckengemälde von Pipilotti Rist.
2., Praterstraße 1, Tel. 01/906 16-9406, h6599-th@sofitel.com, www.sofitel-vienna-stephansdom.com, Öffnungszeiten: täglich 10–21 Uhr

4. BEZIRK

headQuarters (Friseur)

Hip wie die Nachbarschaft ist das Konzept bei headQuarters. In der privaten Friseurschule bekommt man mit Termin und für wenig Geld Schnitt, Farbe und Frisur nach

WEITER AUF SEITE 204 →

Nana de Bary

Parfümeurin

Ihre Wien-Tipps und alles, was diese Stadt für Sie lebenswert und liebenswert macht?

Ich liebe die Natur rund um Wien. Besonders schön finde ich, dass ich von mir zu Hause früh morgens zur *Gloriette* und durch den Schönbrunner Schlosspark laufen kann, um dort zu frühstücken. Den *Karmelitermarkt*, wo am Samstag die Bauern aus der Umgebung ihre frischen Köstlichkeiten verkaufen, finde ich auch wunderbar. Mein Lieblingsrestaurant ist *Ellas Finsterer Stern*. Ella da Silva stellt unglaublich liebevoll jeden Tag ein Menü zusammen, das immer auch vom saisonalen Angebot ihrer Lieferanten geprägt ist. *Myung il Song* ist für mich die Frau mit dem besten Stil und ihr Geschäft eine Oase des guten Geschmacks in Wien. Es ist kein Zufall, dass dieser Ort auch eine Galerie ist, denn Mode ist für Myung il auch Kunst. Kompromisse kennt Myung il nicht, sie mischt Avantgarde-Mode mit jungem, kreativem Möbeldesign und unterstützt das künstlerische Handwerk hingebungsvoll.

Wohin gehen Sie, wenn Sie einen Beauty-Buster und schönes Haar für den Abend brauchen?

Da ich ziemlich viel mit dem Flugzeug unterwegs bin, freue ich mich immer sehr auf eine Gesichtsmassage in der *Eco Spa* im *Hotel Marriott*. Meine Haut erholt sich in einer Stunde so sehr, dass man glauben könnte, ich war eine Woche auf Urlaub. An meine Haare lasse ich nur Laura von *Nude*, sie ist ein Farb-Genie und schneidet meisterhaft.

Relaxen und entspannen, wo kann man das in Wien am besten?

Bei mir zu Hause, einen Film anschauen und kuscheln.

Café Gloriette – 13., Schlosspark Schönbrunn / *Zum Finsteren Stern* – 1., Schulhof 8 / *Song* – 2., Praterstraße 11–13 / *Eco Spa* im *Hotel Marriot* – 1., Parkring 12a, G.L.1, Eingang Shop-Passage Vienna Marriott oder Coburgbastei 5 / *Nude* – 4., Argentinierstraße 20

Wahl. Nur sollte man damit rechnen, etwas mehr Zeit im Frisiersessel zu verbringen, da die Lehrlinge unter Supervision ihr Handwerk erst perfektionieren müssen.
4., Schleifmühlgasse 15, Tel. 01/581 10 42, www.headquarters.at, Öffnungszeiten: Mo–Fr 10–19 Uhr

Nude (Friseur)

Kleiner, sehr sympathisch unaufgeregter Frisiersalon, in dem unter anderem Laura S., eine der besten Coloristinnen der Stadt, Hand anlegt.
4., Argentinierstraße 20a, Tel. 01/504 82 63, office@nude-hair.com, www.nude-hair.com, Öffnungszeiten: Mo–Fr 10–19 Uhr, Sa 9–18 Uhr

6. BEZIRK

E'pur cosmetics

Der stylische Salon ist vor allem für Maniküre (to go – kurze Wartezeit bitte einkalkulieren) und Pediküre (gegen Voranmeldung) ideal. Gesichtsbehandlung, Körperstraffung mit Ultraschall oder Radiofrequenz und LPG.
6., Webgasse 43, Tel. 01/595 40 62, info@epur.at, www.epur.at, Öffnungszeiten: Mo–Fr 9–20 Uhr

7. BEZIRK

Mist Stockholm (Make-up)

Mehr als 200 glitzernde Lidschattenfarben, Puder in jeglichen Nuancen und Pinsel in allen Größen gehören zum Sortiment des Mist Stockholm-Stores. Aus dem hohen Norden in eine Seitengasse der Mariahilfer Straße in Wien importiert, ist das schwedische Make-up-Label besonders auf die Wünsche von Make-up-Profis spezialisiert. Was so viel bedeutet, wie vor Ort tolle Tipps und Tricks zu erfahren und gleich auszuprobieren.
7., Kaiserstraße 8, Tel. 01/236 54 97, info@miststockholm.at, www.miststockholm.at, Öffnungszeiten: Mo–Sa 10.30–18 Uhr

SANC SOUCI SPA CLUB

Wax in the City

Schnell einmal um die Ecke zum Waxing gehen, ist bei der Kette Wax in the City, die in Wien jetzt an zwei Standorten vertreten ist, dank des Walk-in-Services das Normalste der Welt. Kurze Wartezeiten sollte man einkalkulieren.
7., Siebensterngasse 48, Tel. 01/522 58 08 und 1., Biberstraße 3, Tel. 01/512 11 21, www.wax-in-the-city.com, Öffnungszeiten: Mo–Do 11–20 Uhr, Fr 10–20 Uhr, Sa 10–17 Uhr

Sans Souci Spa Club

Des elegante Sans Souci Spa ist ein kleines Wellness-Paradies mit exklusiven traditionellen und exotischen Spa-Treatments, drei Saunen und einem Dampfbad. Hier wird die österreichische Naturmarke Vinoble verwendet, die Silhouette-Körperbehandlung oder mit Lomi Lomi traditionelle Körperarbeit aus Hawaii angewandt. Komplettiert wird das Programm des Sans Souci Spa durch einen mit höchst effizienten Trainingsgeräten, u. a. einer Kinesis-Wand, ausgestatteten Fitnessraum und ein 20-Meter-Sportschwimmbecken.
Hotel Sans Souci Wien, 7., Burgasse 2, Tel. 01/522 25 20, spaclub@sanssouci-wien.com, www.sanssouci-wien.com, Öffnungszeiten: Day Spa und Fitnessraum 9–22 Uhr,

Pool 7–22 Uhr, Behandlungen nach Vereinbarung

8. BEZIRK

Ben Shabtai (Friseur)

Nur wenige Schritte vom Theater an der Wien entfernt stolpert man – by appointment only – in den Frisiersalon von Ben Shabtai. Der Meister legt ausschließlich selbst Hand an. Bei Jobwechsel, Beziehungsende oder neuem Lebensabschnitt schneidet Ben seinen Kundinnen gerne einmal einen tollen Charakterschopf – alles in Absprache natürlich. Wer einen Termin bei Ben wahrnehmen kann, erlebt eine Wohlfühlsession mit Emotionaleloquenz der ganz besonderen Art. Garantiert außergewöhnlich.
8., Josefstädter Straße 32, Tel. 01/403 60 86, info@ben.co.at, www.ben.co.at, Termin nach Vereinbarung

Senzera Waxing Studio Wien-Josefstadt

Nebst klassischem Waxing gibt es hier das sanftere und beinahe schmerzlose Sugaring. Mit einer Zuckerpaste wird Härchen von Kopf bis Fuß der Kampf angesagt.
8., Alserstraße 43, Tel. 01/406 30 40, www.senzera.com, Öffnungszeiten: Mo–Mi 10–19 Uhr, Do–Fr 10–20 Uhr, Sa 10–17 Uhr

Miss Nail

Die Profis in Sachen Nageldesign, klassischer Mani- und Pediküre sowie Shellac. Ein besonderes Highlight ist die Anti-Aging-Maniküre, bei der gegen Falten und Pigmentflecken pulsierender galvanischer Strom zum Einsatz kommt, der die Haut stimuliert und so das tiefere Eindringen von Pflegeprodukten in die Poren ermöglicht. Sofort-Effekt: prallere, gleichmäßigere Haut an den Händen.
8., Lerchenfelder Str. 156, Tel. 01/405 29 61 und 9., Nussdorfer Str. 55, Tel. 01/317 67 06, www.miss-nail.at, Öffnungszeiten: Mo–Fr 9–19 Uhr

Bio-Schönheits- & -Haarpflege

1. BEZIRK

Naturparfümerie Staudigl

Bekannt für natürliche Spezialitäten mit anspruchsvoll ausgesuchter Qualität, treffen in der Naturparfümerie Marken wie Origins, Annemarie Börlind, Ahava, Grown Alchemist und Caudalie den Geschmack naturbewusster Geister. Das gelebte Selbstverständnis und die holistische Philosophie spiegeln sich bei Staudigl in der Freundlichkeit der Mitarbeiter wider, die Interessierten ihr Know-how zu bewusster Ernährung und natürlicher Pflege gerne weitergeben.
1., Wollzeile 4, Tel. 01/512 821 21, www.staudigl.at, Öffnungszeiten: Mo–Fr 9.30–18.30 Uhr, Sa 9.30–17 Uhr

NC-Natural Cosmetics

„Where Glamour Meets Nature", lautet das Credo dieser wunderbaren Beauty Boutique in der Postgasse. Dabei liegt besonderes Augenmerk auf Qualität, Reinheit und Wirksamkeit der Inhaltsstoffe, modernen und angenehmen Texturen. Was NC auszeichnet, ist sicherlich nicht eine bestimmte Marke, sondern vielmehr ein handverlesenes Sortiment an unterschiedlichen Marken mit

einem in sich stimmigen Gesamtkonzept. Hier wird Luxus mit Nachhaltigkeit verbunden!
NC-NaturalCosmetics, Beauty Boutique, 1., Postgasse 1–3, Tel. 01/512 06 67, www.naturalcosmetics.at, Öffnungszeiten: Mo–Fr 11–18.30 Uhr, Sa 10–17 Uhr

4. BEZIRK

Store stattGarten

Sind Sie auf der Suche nach ganz speziellen Mixturen für die natürliche Schönheit? Bei stattGarten besteht die hohe Wahrscheinlichkeit, fündig zu werden. Dem Wunsch, „gut zur Haut sein", zu folgen, fällt bei der im Store vertretenen Auswahl an Eco-Beauty-Labels leicht. Das Beste aus der Natur gibt es zum Beispiel als Pflege von Mádara Ecocosmetics, Haircare von John Masters Organics, Düfte von Jo Wood oder Make-up von Organic Glam.
4., Kettenbrückengasse 14, Tel. 01/236 35 93, www.stattgarten.at, Öffnungszeiten: Mo–Fr 10–18.30 Uhr, Sa 10–17 Uhr

STATTGARTEN

6. BEZIRK

Less is More (Friseur)

Bei Less is More sind die namensgleichen Produkte Multitasker. Das Honig-Haar-Wachs kommt schon einmal als Lippenbalsam oder das Rosen-Kopfhaut-Serum als Gesichtspflege zum Einsatz. Die organische Haircare-Linie, die der Ideenwerkstatt des Haarstylisten Hannes Trummer und der Chemikerin Dr. Doris Brandhuber entstammt, ist spätestens seit ihrer Lancierung bei Colette in Paris von Wien bis Tokio most-wanted und auch im eigenen Online-Shop erhältlich. Höchste Effektivität, Wohlbefinden bei der Anwendung und der Respekt vor der Umwelt stehen auch in den drei Salons auf der Tagesordnung.
6., Gumpendorfer Straße 20, Tel. 0699/12 70 27 97, gumpendorferstrasse@lessismore.at und 7., Lindengasse 27, Tel. 01/947 64 40, lindengasse@lessismore.at und 7., Kirchengasse 22, www.lessismore.at, Öffnungszeiten: Mo/Do 10–18 Uhr, Di/Mi 10–19 Uhr, Fr 10–20 Uhr, Sa 10–15 Uhr

Saint Charles Cosmothecary & Hideaway

100 % Natur findet man bei Saint Charles auf zwei Stockwerken in der Cosmothecary und im Hideaway-Spa in zentraler Lage gleich neben dem Naschmarkt. Neben Label-Lieblingen wie Intelligent Nutrients über Weleda, The Organic Pharmacy, REN und Santaverde-Pflegelinien kann sich auch die Eigenmarke des Hauses sehen lassen. Probieren und gustieren ist erwünscht! Der Apotheker Mag. Alexander Ehrmann ist selbst immer wieder zwischen den Regalen zu finden. Herrlich entspannend auch das nahe gelegene Hideaway: das Spa mit Santaverde-Ritual und den speziell auch auf die Schwangerschaft und Bedürfnisse von jungen Müttern abgestimmten Weleda-Treatments.

6., Gumpendorfer Straße 33,
Tel. 01/586 13 63, www.saint.info,
Öffnungszeiten: Mo–Fr 11–18.30 Uhr,
Sa 10–17 Uhr

G-Room
Die beiden Salon-Spas von Martin und Renate Günter sind Lifestyle-Partner der Naturkosmetik-Marke Aveda und verwenden ausschließlich deren hochwertige Produkte für Haar und Haut. Von Haarschnitt und Farbe über Facials und Body Treatments bis hin zu Make-up, Waxing und Maniküre/Pediküre kann man sich ganz im Sinne der Elemental Nature Philosophie von Aveda verwöhnen lassen und mit dem ganzheitlichen Pflegekonzept Körper und Geist in Einklang bringen. Im Shop in der Zollergasse gibt´s sämtliche Produkte für die Anwendung zu Hause.
6., Webgasse 39, Tel. 01/595 15 68
und 18., Argauergasse 3, Tel. 01/470 31 31,
Öffnungszeiten: Mo–Fr 10–20 Uhr,
Sa 10–17 Uhr, Shop: 7., Zollergasse 7

Davines
Der italienische Familienbetrieb Davines ist auf natürliche, hochwertige Haar- und Hautkosmetik spezialisiert. Markenbotschafter und ist Michele Gargano, der sich persönlich um die Ausbildung der Friseure kümmert. Umweltschutz steht hier stets an erster Stelle und zeigt sich in allen Bereichen: Von den Produktformeln über das kluge Verpackungsdesign, bis hin zur klimaneutralen Produktion mit Naturstrom. By the way: Michele schneidet nicht nur hervorragend, man kann den Süditaliener mit gutem Gewissen auch als den absoluten Föhnmeister der Stadt preisen, vor allem für lange Haare.
more inside MSS (Multi Space Salon),
6., Schmalzhofgasse 13,
Tel. 0699/10 00 25 14,
www.sustainablebeauty.at/davines,
Öffnungszeiten: Di–Fr 10–19 Uhr,
Sa nach Vereinbarung

7. BEZIRK

Michael Danler (Friseur)
Auch im Salon von Michael Danler wird ausschließlich mit Aveda-Produkten gearbeitet, deren Inhaltsstoffe zu mehr als 50 % auf Pflanzen basieren und zum größten Teil aus biologischem Anbau stammen. Neben den Produkten stehen bei Danler das persönliche Gespräch über Stylinggewohnheiten und die Beratung im Mittelpunkt.
7., Burggasse 61, Tel. 01/535 96 97,
office@michaeldanler.com,
www.michaeldanler.com

Yoga

Anastasia Stoyannides
Die gebürtige Griechin und ehemalige Tänzerin Anastasia Stoyannides unterrichtet Hatha Yoga nach der Technik „bien tempéré" der Französin Eva Ruchpaul. Ihre Kurse sind mehrsprachig: Deutsch, Englisch und Französisch. Die schöne Griechin gibt auch privat Stunden und unterrichtet außerdem meist im August als Gastprofessorin bei den ImPuls Tanz Wochen Wien.
Gemeinschaftspraxis „½ Gasse",
7., Halbgasse 25, Tel. 0699/10 65 45 15,
anastasiayoga@yahoo.de,
www.anastasiayoga.com

Bikram Yoga Schottenring
Hier wird in einem 38 Grad heißen Raum nach der Lehre von Yogameister Bikram Choudhury gearbeitet. Die Studiogründerin, Tushima „Tammy" Goswami Rauch, wurde in Kalkutta, Indien, geboren und absolvierte ihre Ausbildung unter der persönlichen und direkten Lehre von Bikram Choudhury. Seitdem unterrichtete sie im International Headquarter's Studio in Los Angeles, New York, Chicago und San Diego sowie in Hamburg und Berlin, bevor sie 2008 nach Wien zog.

WEITER AUF SEITE 210 →

Saint Charles Apotheke – 6., Gumpendorfer Straße 30 / *John Harris Medical Spa* – 1., Getreidegasse 8 / *Kopfart* – 6., Gumpendorferstraße 34 / *Kopf2Art* – 6., Gumpendorfer Straße 22 / *Less is More* – 6., Gumpendorferstraße 20 u. 7., Lindengasse 27 / *Nude* – 4., Argentinierstraße 20a / *Mochi* – 2., Praterstraße 15 / *Song* – 2., Praterstraße 11–13 / *Wubet* – 2., Praterstraße 11 / *Lomography Embassy Shop* – 4., Kettenbrückengasse 20 / *Patissierie Fruth* – 4., Kettenbrückengasse 20 / *Dots Club X* – 1., Wollzeile 19

Nicole Jaritz

Make-up-Artist

Was macht Wien für Sie lebenswert und besonders?

Ich schätze die hohe Lebensqualität, die vielen Parks, vor allem den Prater, und die Nähe zur Natur. Abgesehen davon bin ich ein Kaffeehaus-Fan und liebe es, stundenlang bei einem kleinen Braunen sitzend Leute zu beobachten. Wien ist voller Gegensätze: Man kann gemütlich beim Heurigen sitzen und zwei Stunden später in einer hippen Bar einen Cocktail schlürfen.

Was macht Wien für international agierende Kreative spannend?

Allein das Umfeld liefert unendlich viel Inspiration, und da Wien auch zu Fuß fantastisch begehbar ist, kann man bereits auf dem Weg zur Arbeit Ideen sammeln. Im Vergleich zu anderen Städten herrscht kein großer Zeitdruck.

Was empfehlen Sie, wenn man einen Beauty-Buster oder schönes Haar für den Abend braucht?

In der *Saint Charles Apotheke* wird man toll beraten, es gibt dort vor allem Produkte auf rein organischer Basis. Für einen richtigen Beauty-Buster empfehle ich die Ordination von Dr. Christine Hoffmann im *John Harris Medical Spa*, die jedes Hautproblem in den Griff bekommt. Für Haare gibt es einige gute Adressen, wie *Kopfart*, *Kopf2Art*, *Less is More* oder *Nude Hair*. Die meisten Salons legen Wert auf organische Produkte und natürliches Styling.

Was sollte man in Wien unbedingt gesehen oder erlebt haben?

Unbedingt in den zweiten Bezirk gehen, allein der Anfang der Praterstraße mit dem fantastischen Restaurant *Mochi*, dem Shoppingerlebnis bei *Song* und dem wundervollen Geschäft *Wubet* lohnt sich. Außerdem empfehle ich die kleinen Läden in der Kettenbrückengasse – vom neuen *Lomo-Shop* bis hin zur kleinen *Patisserie Fruth* und den Vintageläden. Und bitte unbedingt in den *Dots Club X*, allein das Ambiente ist einen Besuch wert!

1., Maria-Theresien-Straße 32–34,
Tel. 0676/462 14 19,
tammy@bikramyogavienna.at,
www.bikramyogavienna.at

bYOGA
bYOGA leitet sich vm hinduistischen Wort „Bhoga" ab und bedeutet „Lebensfreude und Genuss". Neun Yogalehrerinnen und -lehrer unterrichten einen zeitgemäßen Yogastil, vorrangig Forrest Yoga, der eine Brücke zwischen traditionellem und westlichem Yoga schlägt.
3., Beatrixgasse 28, Tel. 0664/837 22 09, office@byoga.at, www.byoga.at

Yogawerkstatt
Sehr beliebt bei gestressten Szenemenschen, die in der Yogawerkstatt Ausgleich und Bewegung suchen. Das dynamische Yoga reinigt den Körper und spricht nicht nur die Muskeln an, sondern auch die inneren Organe, die Bindegewebsschichten sowie das Nerven- und Hormonsystem.
2., Große Mohrengasse 23 (im Hof),
Tel. 0699/11 60 51 47,
www.yogawerkstatt.at

Yoga Kula
Das dynamische Yoga ist ein Work-out, das viele Schichten und Systeme des Körpers anspricht: Muskeln, Gelenke, Bindegewebe, Gefäße bis hin zu den inneren Organen, dem Nerven- und Hormonsystem sowie den energetischen Systemen des Menschen. Die Verbindung von Atem und Bewegung befreit von belastenden Gefühlen und Gedanken. Nina Steininger und ihr Team praktizieren Vinyasa Flow, Hot Yoga (26 Positionen, die aus dem Hatha Yoga stammen und in einem auf 40 Grad aufgeheizten Raum stattfinden) und Yoga Basics.
1., Bösendorferstraße 9 (Hochparterre),
Tel. 0664/88 43 13 44, nina@yogakula.at,
www.yogakula.at

Yogalounge
Gleich bei Wien Mitte liegt dieses freundliche Yoga-Studio. Neben Hatha, Ashtanga, Yoga für Schwangere, Mama & Baby-Yoga und Jugendyoga wird hier Aerial Yoga in leichten Stoff-Hängematten praktiziert. Das Gute daran: Es wird ohne Druck auf Gelenke und Wirbelsäule ausgeübt.
3., Seidlgasse 30/Ecke Czapkagasse,
Tel. 0676/413 72 15, office@yoga-lounge.at,
www.yoga-lounge.at

Summer Yoga
Hier findet Yoga bei Schönwetter und frischer Luft auf einer tollen Dachterrasse mit herrlichem Blick statt. Diana Lueger, die Sängerin der Band Zweitfrau, unterrichtet im Sommer Hatha Flow Yoga (Anmeldung am besten über Facebook).
https://www.facebook.com/pages/Yoga-mit-Diana/178212278858117?fref=nf

25hours Hotel, 7., Lerchenfelder Straße 1–3, Voranmeldung unter Tel. 0699/15 96 03 75, www.scribd.com/doc/59117083/SUMMER-YOGA-at-25-Hours-Hotel-Final

Pilates

Studio Gabriella Cimino

7., Kandlgasse 6a/2 (Erdgeschoß), Tel. 01/526 58 10, gabriellacimino@hotmail.com, www.pilatescentervienna.com

Barbara Mayr´s Pilates Akademie

1., Jordangasse 7/3a, Tel. 01/494 74 19, office@pilates.at, www.pilates.at

Pilates Arts Studio

bei John Harris, 1., Nibelungengasse 5, Tel. 0650/676 93 60, info@pilatesartsstudio.com, www.pilatesartsstudio.com

City Pilates & Yoga Studio

1., Rudolfsplatz 2, Tel. 01/535 40 41, info@citypilates.eu, www.citypilatesyoga.at

Pilates Studio Vienna

3., Kundmanngasse 33, Tel. 01/966 65 06, office@pilates-studio-vienna.at, www.pilates-studio-vienna.at

Dancearts

Die größte Ballettschule Wiens wurde von Simona Noja und Boris Nebyla, international renommierten Solisten der Wiener Staatsoper, gegründet und bietet Einzel- und Gruppenstunden für Anfänger bis hin zum anspruchsvollen Fortgeschrittenen-Niveau. Die Kurse werden nach einem Punktesystem abgerechnet, fixe monatliche Gebühren fallen nicht an. Zusätzlichen Service bieten die ans Studio angeschlossenen Praxen eines Physiotherapeuten und einer Ernährungsberaterin.
3., Rennweg 79–81, Tel. 0680/312 05 57, office@dancearts.at, www.dancearts.at

Move On

Das Move on ist ein Tanzstudio, das sowohl Pilates als auch Tanz (klassisches Ballett, Modern, Jazz, Hip-Hop und Afro) und Work-out-Klassen anbietet. Der Betreiber, Chris Steiner, führt das Move On schon seit zwanzig Jahren. Sicher eines der besten Tanzstudios der Stadt.
7., Neubaugasse 12–14, Tel. 01/523 46 91, dancecenter@moveon.at, www.moveon.at

Work-out

Beach Body am Tel Aviv Beach

Lust, die Bikinifigur und den Beach Body zu formen? Am Rooftop des coolen Beach Clubs Tel Aviv Beach 2010 finden nach Vereinbarung Pilates, Metabolic Training und Yoga-Sessions statt. Absoluter Geheimtipp!
Tel Aviv Beach 2010, 2., Obere Donaustraße 65, geöffnet bei Schönwetter täglich Mo–So 12–24 Uhr, www.neni.at, Einzel-, Privat- und Gruppenbuchungen über: derrickj039@gmail.com

B-Inform

Für körperliche Fitness, Schönheit und inneres Wohlbefinden reicht es, eine Adresse aufzusuchen. Bei B-Inform kümmert man sich um alle drei Belange und bietet Personal- und Gruppentrainings, Bodyforming, Massagen und Coaching unter einem Dach. Das komplette Angebot gibt's zudem zu fairen Preisen einzeln oder im 10er-Block und ohne Mitgliedsbeitrag oder Bindung.

1., Seitenstettengasse 5, Tel. 01/532 11 37, mt@b-inform.at, www.b-inform.at, Öffnungszeiten: Mo–Mi 12–21 Uhr, Do 12–20 Uhr, Fr 12–19 Uhr; Sa nach Vereinbarung

beer's Vienna Health & Dance Club

Wiens Fitnessboutique beer's bietet eine große Kursauswahl, professionelle Betreuung sowie ein hübsches Ambiente. Auch EMS- (Elektro-Muskel-Stimulation) Training kommt hier zum Einsatz – für alle, die es noch nicht kennen: ein Ganzkörpertraining unter Reizstrom – höchst effizient zum Muskelaufbau.

1., Neutorgasse 16, Tel. 01/535 12 34, christian.beer@beers.at, www.beers.at, Öffnungszeiten: Mo–Do 8.30–22 Uhr, Fr 8.30–21 Uhr (Einlass 6 Uhr), Sa, So u. Fei 9–21 Uhr (Einlass 8 Uhr)

Piloxing/In Good Shape

Piloxing, der neueste Fitnesstrend aus Hollywood, verbindet die effektivsten Übungen aus Pilates und Boxen. Beim Piloxing baut man Muskeln auf, strafft den ganzen Körper und obendrein ist es ein toller Fatburner. In Good Shape bietet eine Menge Kurse im Freien (nur im Sommer) in ganz Wien an. Studios gibt es am Naschmarkt, im Theresianum, in der Kendlerstraße und in der Theresiengasse. Anmeldung erforderlich!

Termine und Anmeldung für Piloxing: www.in-good-shape.at
6., Lehargasse 3a
4., Theresianum, Favoritenstraße 15
14., Loft 25, Kendlerstraße 25
18., Loft, Theresiengasse 47

Boot Camp

Boot Camp ist unter den Top-10-Trends der Fitnessexperten. Allgemein handelt es sich beim Boot Camp um sehr intensive Aerobic-Programme, die an den militärischen Ausbildungsstil angelehnt sind. Mit Push und Drill purzeln die Pfunde, Kalorien werden geschmolzen und der Körper wird gestärkt und geformt.

Anmeldung unter: www.viennacitybootcamp.at

CrossFit

Sie wollen sich quälen wie ein US-Marine? Dann sind Sie beim CrossFit-Training richtig. Die CrossFit-Workouts liegen voll im Trend. CrossFit ist eine Fitnesstrainingsmethode aus den USA. Hier geht es vor allem um Gewichtheben, Sprinten, Eigengewichtsübungen. Ausdauer, Durchhaltevermögen, Stärke, Beweglichkeit, Schnelligkeit, Geschicklichkeit, Balance und Koordination werden dabei angeblich bestens trainiert. Etwas für stahlharte Mädchen.

CrossFit Vienna
7., Schottenfeldgasse 62/12, info@crossfitvienna.at, loft.crossfitvienna.at
Crossfit District 2
2., Schiffamtsgasse 10/10–13, Tel. 0676/440 66 55, office@crossfitdistrict2.com

AN DER QUELLE

Als zauberhafter Ort und prickelnder Jungbrunnen ist das Thermalbad Vöslau ein viel gepriesenes Ausflugsziel im namensgleichen Kurort, um in eine frische Mineralwasserquelle abzutauchen. Vöslau ist nicht nur ein Bad mit Geschichte, sondern für viele Wiener auch der Inbegriff der Sommerfrische. Das Jahrhundertwendebad wurde kürzlich behutsam renoviert. Eingebettet in eine 45.000 Quadratmeter große Parklandschaft mit uraltem Baumbestand steht ein architektonisches Juwel des Fin de Siècle. Die Herzstücke des Bades sind die historischen Kabanen, in die man sich nicht nur bei Tag gemütlich zurückziehen kann. Der eigentliche Star an diesem Ort ist jedoch das Wasser, denn hier entspringt in 660 Metern Tiefe die Ursprungsquelle von Vöslauer – pures Mineralwasser. Der Sprung ins kühle Nass ist hier also in jeder Hinsicht ein einzigartiges Vergnügen.

„Schwimmender Salon" nennt sich das hochklassige Literaturfestival im nostalgischen Ambiente des Thermalbades, bei dem die Insel des Quellbeckens in einen Spielplatz für herausragende Schauspieler verwandelt wird. Das Programm, das die „Kabanenintendantin" Angelika Hager jedes Jahr unter ein anderes Motto stellt, versammelt die Crème von Burgtheater und Josefstadt wie Maria Happel, Philipp Hochmair, Florian Teichtmeister und Franziska Hackl. Ein Sommerfrischevergnügen, das man keinesfalls versäumen sollte.

Thermalbad Vöslau – Maital 2, 2540 Bad Vöslau, Tel. 02252/762 66-0, office@thermalbad-voeslau.at, www.thermalbad-voeslau.at, Öffnungszeiten: Ende April bis Ende September Verkehrsmittel: Es gibt zahlreiche Bahn- und Busverbindungen zwischen Wien und Bad Vöslau. Vom Bahnhof Bad Vöslau sind es nur zehn Minuten zu Fuß zum Thermalbad. Fast stündlich geht ein Bus von der Staatsoper über Baden nach Bad-Vöslau. Oder man fährt ab Wien Westbahnhof vom Parkplatz Felberstraße direkt mit dem Bus zum Wiener Südbahnhof; von dort aus fahren Schnellbahnzüge im Taktverkehr nach Bad-Vöslau.

Advertorial

Victoria Goldovsky

Beauty Expert & Geschäftsführerin

Welche sind Ihre Lieblingsorte in Wien?

Der Stadtpark – ein herrlicher Park. Ich freue mich jeden Tag aufs Neue, wenn ich durch ihn spaziere. Er hat etwas Beruhigendes fürs Auge und für die Seele. Ich setzte mich auch gerne in ein Café in der Innenstadt und schaue mir die Menschen an, umgeben von all diesen historischen Gebäuden.

Wenn Freunde Sie besuchen kommen, wohin gehen Sie mit ihnen?

Ich finde das *Park Hyatt* fantastisch oder das *Grand Hotel* und natürlich auch das *Coburg*. Zum Lunch bringe ich sie zu *Plachutta* wegen der Wiener Küche. Zum Abendessen gehe ich gerne ins *DO&CO* oder zu *Fabio*, zu *Julius Meinl am Graben* oder ins *El Gaucho*. Besonders gerne mag ich auch das *Uferhaus* und den serbischen Karpfen dort – ein langer Weg, aber es zahlt sich aus. Danach geht's in die *Albertina Passage*: gute Live-Musik und tolle Stimmung.

Welche Läden steuern Sie beim Shoppen an?

Chegini, Inked, Priority Concept-Store, Liska, Chanel und *Dior* – für Schmuck schaue ich oft und gerne bei *By Sergej* hinein.

Ein Tag mit Freundinnen, wie verbringen Sie den?

Ich begleite meine Freundinnen gerne zum Sightseeing – am liebsten mit einem Guide –, es gibt auch für mich hier noch so viel Neues zu entdecken. Am Nachmittag chillen wir dann bei einem Glas Champagner – herrlich!

Park Hyatt – 1., Am Hof 2 / *Grand Hotel* – 9., Kärntner Ring 9 / *Palais Coburg* – 1., Coburgbastei 4 / *DO&CO* – 1., Stephansplatz 12 u. 1., Albertinaplatz 1 / *Plachutta* – 1., Wollzeile 38; 13., Auhofstraße 1; 19., Heiligenstädter Straße 179 / *Fabios* – 1., Tuchlauben 4–6 / *Julius Meinl am Graben* – 1., Graben 19 / *El Gaucho* – 2., Praterstraße 1 / *Uferhaus* – Uferstraße 20, 2304 Orth an der Donau / *Albertina Passage* – 1., Opernring / *Chegini* – 1., Plankengasse 4; 1., Kohlmarkt 7 u. 1., Kohlmarkt 4 (Outlet) / *Inked* – 1., Bauernmarkt 15 u. Bauernmarkt 16 / *Priority Concept-Store* – 1., Habsburgergasse 3 / *Liska* – 1., Graben 12 / *Chanel* – 1., Kohlmarkt 5 / *Dior* – 1., Tuchlauben 3–7 / *By Sergej* im Hotel Marriot – 1., Parkring 12a

Für's weibliche Wohl!

RELAX! TAGESURLAUB IN DER THERME WIEN

Einen ganzen Tag lang Urlaub in der modernsten Stadttherme Europas erleben. Sich vom Alltag freispielen und einen Ruhepol aufsuchen. Mit Haut und Haaren Körper und Seele in Balance bringen. Und dabei auch noch alle Sinne anregen, sich entspannt zurücklehnen und die Welt um sich herum für „einen Kurzurlaub lang“ vergessen. Der Relax! Tagesurlaub der Therme Wien ist ein Kurzurlaub mit Langzeitwirkung. Da gibt es Entspannung, Ruhe und Wellness. Und ein Rundum-sorglos-Paket, das von Kopf bis Fuß verwöhnt. Alltag und Hektik können da baden gehen.

Der Relax! Tagesurlaub startet mit einem gesonderten Check-in ohne Anstellen. Hier wartet eine ganze Badetasche, gefüllt mit Relax Badesandalen als Geschenk, einem kuscheligen Relax Bademantel, zwei Relax Badetüchern und vielem mehr. Entspannen und zurückziehen kann man sich in der reservierten Relax-Lounge im Innen- oder Außenbereich der Therme Wien. Genießen Sie weitere exklusive Annehmlichkeiten wie beispielsweise servierte Snacks, gratis WLAN, kostenlose Zeitschriften und Relax Refreshments. Online oder unter +43-1-68009-9682 unbedingt Ihren Platz reservieren!

Therme Wien, Kurbadstraße 14, 1100 Wien,
www.thermewien.at/tagesurlaub
Ein Resort der VAMED Vitality World

THERME WIEN

Auf zwei Rädern

WER SICH AUF DEN SATTEL SCHWINGT, LERNT DIE STADT AUS EINER ANDEREN PERSPEKTIVE KENNEN UND ENTDECKT VERSTECKTE WINKEL GANZ VON SELBST.

AUF DEN SATTEL, FERTIG, LOS! Für die einen schnelles und umweltfreundliches Transportmittel, für die anderen Freiheitsgefühl, Sportgerät oder Statussymbol – längst ist das Fahrrad seinem Image als studentisches, alternativ angehauchtes Fortbewegungsmittel entflohen und zur trendigen Lebensphilosophie geworden.

Dies gilt vor allem in den Städten, wo das Gebot „Stil vor Geschwindigkeit" herrscht und der Drahtesel zum Fashion-Statement und Ausdruck eines modernen Lebensgefühls geworden ist. Ob man dabei auf den puristischen Minimalismus der Fixie-Bikes, wieder aufpolierte Vintage-Räder mit Sammlerwert oder Maßgeschneidertes mit High-Tech-Zubehör setzt, bleibt ganz dem eigenen Geschmack überlassen – allen Varianten gemeinsam ist die smarte Art, sich in der Stadt frei und unabhängig fortzubewegen, angetrieben allein von der eigenen Muskelkraft.

Wien ist zwar nicht Kopenhagen, trotzdem entwickelt sich die Donaumetropole immer mehr zur Fahrradstadt und bietet Zweiradfreundinnen ein umfassendes Angebot rund um die Liebe zum Velo. Einmal um den Ring, entlang der Donau, des Wienflusses oder quer durch die Stadt? Mit rund 1.300 Kilometern Radwegenetz und 110 CityBike-Stationen (www.citybikewien.at), an denen man Räder ausleihen und an einem beliebigen Standort wieder abgeben kann, lässt sich die Stadt individuell, spontan und abseits ausgetretener Pfade entdecken. Wer sich mehr aufs Schauen statt aufs Strampeln konzentrieren möchte, ist mit einem E-Bike gut bedient. Auch diese Version des Radls kann man an zahlreichen Orten in Wien ausleihen und sogar gratis aufladen (www.wien.info/de/wien-fuer/sport/radfahren/fahrrad-verleih).

Ob man sich eher als Sportradlerin versteht oder zur Fraktion der Lifestyle-Cyclisten zählt – das Fahrrad sollte zu einer Frau passen wie ihr Kleidungsstil. In den Wiener Spezialgeschäften findet sich dafür alles, was das Radlerherz höher schlagen lässt, und wenn sich an Manufaktur, Werkstätte oder Shop dann auch noch ein gemütliches Café anschließt, kann man sich kaum etwas Schöneres vorstellen, als die Stadt vom Sattel aus zu genießen. Viel Spaß dabei!

— STEPHANIE RUGEL

Shops

Stilrad und Eva Blut

In einem schicken Innenstadtpalais befindet sich der gemeinsame Shop von Stilrad und Eva Blut. Hier findet man neben edlen Stadträdern von Schindelhauer, Pelago oder Retrovelo und dem passenden Zubehör die zugleich schönen und praktischen Taschen und Accessoires der Wiener Designerin. Ihre Velocité-Kollektion in zeitlos-schlichtem Design lässt sich leicht am Rad anbringen und macht auch nach dem Absteigen eine gute Figur als Clutch, Weekender oder Briefcase.
1., Jordangasse 3, Ecke Schultergasse, Tel. 01/890 65 60, wien@stilrad.com, wien@evablut.com, www.stilrad.com, www.evablut.com
Öffnungszeiten Stilrad:
Mo–Fr 11–19 Uhr, Sa 11–18 Uhr
Öffnungszeiten Eva Blut:
Di–Fr 11–19 Uhr, Sa 11–18 Uhr

Chic Cycle

Jedes einzelne Bauteil der Chic Cycle Single Speed Räder ist in mehreren Farben erhältlich und kann ganz nach Wunsch kombiniert werden. Es sollen gelber Rahmen, rote Kette, grüne Reifen und blaue Felgen sein? Aber gerne. Am besten das Wunschrad im Onlineshop per Mausklick selbst designen, nach 3–5 Tagen kann es im ersten Bezirk für mehr als anständige 395 Euro im Basispaket abgeholt werden. Wer sich, vor so viele Farbalternativen gestellt, die Möglichkeiten lieber erst in natura anschauen möchte, kann telefonisch einen Termin dafür vereinbaren.
1., Neutorgasse 13, Tel. 01/946 83 45, contact@chiccycle.com, www.chiccycle.com, Termin nach Vereinbarung

STILRAD UND EVA BLUT

Radlager

Hier geht's um ganz viel Amore zu Vintage-Rennrädern und Espresso aus Italien. Eine gelungene Kombination, die nicht nur wahnsinnig gut aussieht und schmeckt, sondern auch mindestens ebenso viel Spaß macht. Ins Radlager geht man nämlich nicht nur, wenn man sich wie Eddy Merckx fühlen und die weiteren Kilometer auf einem liebevoll restaurierten Stahlrad verbringen möchte, sondern auch auf einen Passalaqua- oder Manaresi-Espresso zum Frühstück oder zwischendurch. Nach eigener Aussage der „beste Kaffee der Stadt", gibt's die Bohnen auch zum Mitnehmen und Zuhause-Aufbrühen. Abends sitzt man gemütlich bei einem Bier vor dem Lager und genießt das Wiener Dolce Vita.
4., Operngasse 28, office@radlager.at, www.radlager.at, Öffnungszeiten: Mo–Mi 8–20 Uhr, Do–Fr 8–0 Uhr, Sa 10–0 Uhr, So 10–20 Uhr

Stadtradler

Wer Wien seit zwanzig Jahren Tag für Tag mit einem Hollandrad durchstrampelt, muss wissen, worauf es ankommt: Design und Funktionalität. Genau dies bietet der gebürtige Niederländer Mikko Stout im ersten auf Hollandräder spezialisierten Shop Österreichs, der hochwertige Modelle der Marken Gazelle und Azor führt. Aus einer großen Auswahl an Farben, Ausführungen und dem passenden Zubehör lässt sich die individuelle Version des holländischen Kultobjekts zusammenstellen, und wenn es bei diesem robusten Mitglied der Fahrradfamilie wirklich einmal nötig sein sollte, wird es hier auch repariert.

4., Karlsgasse 16, 0664/340 15 68, mikko.stout@stadtradler.at, www.stadtradler.at, Öffnungszeiten: Di–Fr 11–19 Uhr, Sa 9–17 Uhr

Die Radwerkstatt
Auf das Können von Willi Kasyk hat sich schon die österreichische Radrennlegende Ferry Dusika verlassen. Heute betreibt Kasyk mit seiner Radwerkstatt „the art of bicycle maintenance" – und auch das hochprofessionell, schnell und zu fairen Preisen. Fahrräder aller Art werden hier ohne vorherige Terminvereinbarung repariert, einem Service unterzogen oder auch nach Wunsch umgebaut. Wer nichts zu reparieren hat, sollte unbedingt einen Blick auf die sehr schicken Modelle der Eigenmarke werfen!
5., Schönbrunner Straße 102, Tel. 01/544 38 01, Öffnungszeiten: Mo–Fr 9–18 Uhr, Sa 10–13 Uhr, www.dieradwerkstatt.at

Ciclopia
Bei Ciclopia widmet man sich ausführlich und mit viel Hingabe der individuellen „Beradung". Je nach Bedürfnis, Gewohnheit und Gelände wird das perfekte Rad gefunden. Ob Mountainbike, Stadt-, Renn- oder Tourenrad – die Auswahl an internationalen Marken und Modellen ist groß. Besonderes Feature ist das „Meinrad": aus einem alten Stahlrahmen zaubern die Ciclopia-Mechaniker ein neues Wunschrad, bei dem sogar selbst designte Beschriftungen oder Grafiken berücksichtigt werden können.
6., Stiegengasse 20, Tel. 01/586 76 33, bike@ciclopia.at, www.ciclopia.at, Öffnungszeiten: Mo–Fr 10–13 Uhr u. 14–19 Uhr, Sa 10–17 Uhr

Hosenlabor der Gebrüder Stitch
Die Jeans-Maßschneiderei der Gebrüder Stitch widmet sich mit ihrer Velostitch-Jeans diversen Hosenproblemen, die Radfahrern nur allzu bekannt sind. Vorbei die Zeiten, als kettenölverschmierte Hosenbeine die Wahl des Transportmittels verrieten und von Nähten aufgeriebene Beine nicht viel Lust auf die Weiterfahrt machten. Die speziell für Radler entwickelte Jeans schafft Abhilfe mit wählbaren Features, wie einem eingearbeiteten Magnetband zum Verengen der Hosenbeine, vorverlegten Innennähten oder dem hinten höheren Bikerbund. Beratungstermin nach Vereinbarung!
6., Mariahilfer Straße 101, 3. Hof, Tel. 0680/144 93 85, www.gebruederstitch.at/fahrradjeans, Öffnungszeiten: Mo–Di 9–18 Uhr, Mi–Do 12–20 Uhr und nach Terminvereinbarung

Elektrobiker
Hier findet man das größte E-Bike-Angebot Österreichs, bestehend aus zahlreichen internationalen Herstellern und der Eigenmarke, die in der angeschlossenen Manufaktur gefertigt wird. Ressourcen werden nicht nur dadurch geschont, dass sämtliche Bikes mit Ökostrom aufgeladen, sondern übrige Fahrradkartons von Künstler Peter Sandbichler weiterverarbeitet werden. In der Elektrobiker-Fachwerkstatt wird

Rundum-Service geboten, darunter auch die Montage von Nachrüstsätzen, die aus normalen elektrische Räder machen.
7., Westbahnstraße 26, Tel. 01/36 19 94 90, Öffnungszeiten: Di–Fr 10–12.30 Uhr u. 14–18.30 Uhr, www.elektrobiker.com

IG Fahrrad

Im wahrscheinlich ältesten Radgeschäft der Stadt deutet noch einiges darauf hin, dass hier schon vor mehr als 100 Jahren Fahrräder verkauft und repariert wurden. Der beeindruckende Schubladenschrank hinter dem Tresen zum Beispiel oder der alte Holzboden, auf dem neue und gebrauchte Räder angeboten werden. Die Hauptkompetenz der IG Fahrrad liegt jedoch im Service. Für Wartung, Reparatur und Fahrradreinigung ist man hier an der richtigen Adresse – und das alles ohne Terminvereinbarung oder Voranmeldung. Oft werden die Anliegen noch am selben Tag erledigt, spätestens nach zwei bis drei Tagen ist das Rad wieder fit!
7., Westbahnstraße 28, Tel. 01/523 51 13, www.ig-fahrrad.at, Öffnungszeiten Sommer: Mo–Fr 10–19 Uhr, Sa 10–17 Uhr, Öffnungszeiten Winter: Mo–Fr 11–19 Uhr, Sa 11–15 Uhr

Reanimated Bikes

Reanimated Bikes macht aus alten Tretmühlen wieder schnittige Stadträder. Noch funktionierende, gebrauchte Fahrradelemente werden mit neuen Verschleißteilen zu qualitativ hochwertigen Rädern, und aus alten Rostgöppeln wieder stadtfeine und verkehrssichere Velos. Dass man mit der Rad-Reanimation der Wegwerfkultur auch noch ein Schnippchen schlägt, ist ein unterstützenswerter Nebeneffekt.
7., Westbahnstraße 35, Tel. 01/522 40 18, info@reanimated-bikes.eu, www.reanimate-bikes.eu, Öffnungszeiten: Mo–Fr 10–18 Uhr

Fix Dich!

Als Track Bike Boutique bezeichnet sich Wiens einziger Radshop, der ausschließlich Single Speed Räder im Programm hat. Die Fahrräder ohne Gangschaltung sind nicht nur bei Fahrradboten beliebt, sondern inzwischen zum urbanen Trend geworden. Bei Fix Dich! findet man alles rund um die wartungsarmen Fixies, die hier ganz nach Kundenwunsch custom-made gebaut werden. Auch der Umbau vom regulären Rennrad zum Eingang-Rad ist möglich.

Nebenan kann man im Café „Setz Dich" ausspannen oder die Kohlenhydratspeicher für die nächste Radlrunde auffüllen.
15., Reindorfgasse 44,
Tel. 0681/20 13 58 83, info@fixdich.at,
www.fixdich.at, Öffnungszeiten:
Di–Fr 12–19 Uhr, Sa 11–17 Uhr

Dies & Das

Fahrrad-Picknick und Tweed Ride

Einmal im Jahr machen die Rennpferde auf der Galopp-Rennbahn Freudenau Platz für Drahtesel und Picknicker im Retro-Style. Dann findet hier nämlich das Fahrrad-Picknick statt, zu dem man entweder gelangt, indem man sich very British und im authentischen Outfit dem Tweed Ride anschließt, an der Retro-Rennradrunde teilnimmt oder einfach individuell hinradelt. Dann heißt es picknicken, die Ausscheidung der nationalen Qualifikation für die Faltrad-WM in England mitverfolgen und, wenn Rad und Outfit stilecht genug sind, vielleicht sogar einen vorderen Platz beim Awsome Bike Award machen. Ganz viel Spaß gibt's obendrein.
www.fahrradpicknick.at,
www.tweedride.at

Wiener Rad-WG

Die Wiener Rad-WG ist das noch in der Realisierungsphase befindliche Gewinnerprojekt des Kreativwettbewerbs Cycling Affairs, der 2013 von departure ausgeschrieben wurde. Leerstehende Wiener Gassenlokale werden dabei als sichere und wettergeschützte Fahrradunterkünfte umgenutzt, gleichzeitig werden die Rad-WGs zur Begegnungszone von Radbesitzern aus der Nachbarschaft, aber auch von Gästen. Per App können freie Stellplätze reserviert werden.
www.radwg.at, cycling.departure.at

Selbsthilfewerkstatt im WUK

Wer kleinere Schäden an seinem Radl selbst reparieren möchte, kann dies in der 100-m²-Werkstatt des WUK erledigen und aus einem riesigen Ersatzteillager schöpfen. Auch das Spezialwerkzeug ist vorhanden, ebenso wie Menschen, die sich mit Radreparaturen wirklich auskennen und gerne mit Rat zur Seite stehen. Aber Achtung, die Tat muss schon selbst vollbracht werden!
9., Währinger Straße 59,
www.fahrrad.wuk.at,
Öffnungszeiten: Mo–Mi 15–19 Uhr

Fahrradflohmärkte

Schnäppchen gefällig, Sammlerstück gesucht? Eine Übersicht über sämtliche Fahrradflohmärkte in Wien findet man auf *www.radflohmarkt.at.*

BLOG
VIENNA CYCLE CHIC

Inspiriert vom Kopenhagener Original, stehen auch bei Vienna Cycle Chic das Lebensgefühl Fahrrad und die Dokumentation des städtischen Radl-Alltags im Mittelpunkt des Blogs, der im Street-Style Fotos von Wiener Radlern und ihren Rädern postet.
www.viennacyclechic.at,
www.facebook.com/ViennaCycleChic

Orientierung
Einen guten Überblick über das Wiener (Rad-)Wegenetz bieten Online-Radkarten mit integriertem Routenplaner, die auch als kostenlose Apps zur Verfügung stehen (www.bikecityguide.org, www.anachb.at), bei www.bbbike.org/Wien kann man zusätzlich zwischen bevorzugten Straßentypen wählen und unbeleuchtete Wege vermeiden.

HEELS & HELM NEUN TIPPS, WORAUF MAN ALS FRAU BEIM RADELN ACHTEN SOLLTE ...

... um auch beim Auf- und Absteigen einen eleganten Auftritt hinzulegen: Um sich in Rock oder Kleid gewandet keine unfreiwillige Blöße zu geben, empfiehlt sich ein Fahrrad mit niedrigem Einstieg, wie es zum Beispiel das Hollandrad bietet. Dieses Modell hat außerdem den Vorteil, dass es über einen geschlossenen Kettenkasten und Spritzschutz verfügt, was unschöne Wasserspritzer und Ölflecken am Lieblingsdress verhindert.

... wenn man einen engen, langen oder zu kurzen Rock trägt: Die Journalistin Hatice Akyün hat dazu folgende Tipps: „Lange Röcke ziehe ich zum Beispiel nach oben und klemme den Saum auf den Fahrradsitz unter meinen Po. Knielange, enge Röcke rolle ich bis zum Oberschenkel hoch und ziehe darüber einen längeren Mantel an. Mit High Heels lässt sich auch wunderbar Rad fahren. Einfach die Absätze hinter dem Pedal lassen – es geht alles, wenn man nur will und leidenschaftliche Radfahrerin ist."

... mit High Heels: Der ehemalige BMX-Meister Ali Barjesteh hat mit Ingenieuren aus der Luftraumfahrt ein Plattformpedal aus Holz entwickelt, bei dem mehr Sohle auf das Pedal trifft als bei anderen Modellen. Dadurch wird der Druck besser verteilt und die Kraft effizienter übertragen, außerdem verhindert ein Griptape das Abrutschen. Man kann es aber auch wie die New Yorkerinnen machen: mit Ballerinas radeln und die schicken Schuhe in einem Beutelchen mitnehmen. Andererseits: Mit einigen hochhackigen Schuhen lässt es sich bedeutend besser radeln als gehen! *www.motobicycles.de/moto-urban-pedal.html*

... wenn man sicher fahren möchte, Fahrradhelme aber eine Beleidigung des eigenen Stilempfindens sind: Inzwischen gibt es zum eher unschönen Styropormodell einige Alternativen, wie den sehr schicken Lifestyle-Helm von Kask. Einige Anbieter verbergen die harte Schale unter einer fescheren Oberfläche: Helt-Pro bietet vom lässigen Beanie oder Base Cap bis zur Tweed Kappe im Sherlock-Holmes-Stil zahlreiche Sommer- und Wintermodelle, die man nach Lust und Laune wechseln oder sogar selbst gestalten kann. Die Schweizer Firma ribcap stellt keine Helme her, sondern Mützen mit integrierten Schockabsorbern, und wer sich auch damit partout nicht anfreunden kann, dem bieten die Schweden von Hövding eine fast unsichtbare Lösung: ein Stoffkragen mit integriertem Airbag, den man wie einen Schal trägt und der sich bei einem Sturz um den Kopf legt. *www.kask.it/product.php?cat=4&product=60, www.helt-pro.com, www.ribcap.ch, www.hovding.com*

... wenn man mit Helm fährt und seine Haare trotzdem liebt: Inspirationen für helmfreundliche Frisuren gibt es zum Beispiel hier: *www.refinery29.com/helmet-hairstyles#slide* oder hier: *http://de.pinterest.com/smectic/helmet-friendly-hair/*

... wenn man in einen Regenschauer gerät: Dann kann man entweder die Gelegenheit nutzen und eine Melange-Pause in einem von Wiens gemütlichen Kaffeehäusern einlegen oder man hat vorgesorgt und sich ein gewachstes Cape oder einen gepunkteten Regenmantel bei www.cyclechic.co.uk bestellt. Die sind praktisch und sehen auch noch gut aus, wenn das Rad wieder in der Garage steht. Der Londoner Shop hat übrigens das Motto „helping you cycle in style" und noch mehr hübsche Dinge für stilbewusste Radlerinnen im Sortiment.

... um Rückenschmerzen zu vermeiden: Eine zum Körperbau passende Rahmengeometrie und die richtige Einstellung von Sitzhöhe und Lenker sind das A & O, um eine schonende Haltung einzunehmen und damit gute Figur auf dem Rad zu machen. Am besten, man schaut in einer der Wiener Radwerkstätten vorbei und lässt sich dort sein Rad von den Profis einstellen.

... und sattelfit zu sein: Auch wenn die landläufige Meinung dagegen spricht: ja, es gibt so etwas wie den perfekten Sattel. Ihn zu finden, ist allerdings eine etwas schwierigere Angelegenheit, denn kein Hinterteil ist wie das andere, und was für die eine Cyclista superbequem ist, muss für die andere noch lange nicht stimmen. Viele Hersteller bieten Sättel speziell für Frauen in verschiedenen Breiten und Ausführungen an und Fahrradhändler können mit Messgeräten herausfinden, was für den eigenen Po das Beste ist. Keine Angst, man muss sich dafür nicht ausziehen!

... um Einkäufe bequem nach Hause zu transportieren: Hier hat man grundsätzlich die Wahl zwischen Rucksack, Fahrradkorb oder Satteltasche. Je nach Geschmack, Witterung und Transportgut findet man bei Eva Blut zeitloses Taschendesign zum Befestigen am Rahmen, Beg Bycicles hat schöne Weidenkörbe im Vintage-Stil im Sortiment und Brooks England bietet neben vielen anderen Rad-Accessoires auch formschöne Rucksäcke und Messenger-Bags aus Leder. Für den spontanen Einkauf gibt es in allen österreichischen Spar-Filialen das „Tragerl fürs Rad", eine mehrfach verwendbare Packtasche aus Karton, die man am Gepäckträger befestigen kann. Auch dies ein ausgezeichnetes Projekt des departure-Ideenwettbewerbs Cycling Affairs. *www.evablut.com, www.begbicycles.com, www.brooksengland.com, cycling.departure.at/ideenwettbewerb/gewinner/#6*

— STEPHANIE RUGEL

Hotels

Sacher *****
Luxus pur: Der Chefconcierge erfüllt fast alle Wünsche – von Karten für Oper, Konzert oder Theater bis zum Limousinenservice. Spezialität: die Original-Sachertorte und Sacherwürstchen zu später Stunde in der Blauen Bar.
DZ AB 430 EURO
1., Philharmonikerstraße 4,
Tel. 01/514 56-0, wien@sacher.com,
www.sacher.com

Imperial *****
1863 als Privatresidenz des Fürsten von Württemberg erbaut, verwandelte sich das Palais zum Luxushotel. Weltgewandte Gäste, die stets an ersten Adressen zu logieren pflegen, fühlen sich hier zu Hause.
DZ AB 360 EURO
1., Kärntner Ring 16, Tel. 01/501 10-0,
www.hotelimperialwien.at

Park Hyatt Vienna *****
Die ehemalige Bestimmung des Hauses zieht sich vom Gourmetrestaurant „The Bank" in der früheren Kassenhalle bis zum goldgefliesten Pool des Arany Spa im einstigen Tresorraum.
DZ AB 475 EURO
1., Am Hof 2, Tel. 01/227 40 12 34,
vienna.park@hyatt.com,
www.vienna.park.hyatt.com

Hilton Vienna Plaza *****
Als das Hotel entstand, dienten prominente Architekten der frühen 1920er-Jahre als Inspiration. Die komplette Modernisierung des Hauses streicht dies heraus, die neu gestalteten Suiten auf dem Penthouse Floor bieten einen privaten Balkon mit großartigem Ausblick auf die Stadt.
DZ AB 179 EURO
1., Schottenring 11, 1010 Wien,
Tel. 01/31 39 00, info.viennaplaza@
hilton.com, www.hilton.at/wienplaza

Sofitel Vienna Stephansdom *****
Der Glas-Tower wurde vom französischen Stararchitekten Jean Nouvel entworfen. 182 Zimmer sind in minimalistischer Nouvel-Manier in Weiß oder Grau gehalten. Der Ausblick ist atemberaubend.
DZ AB 340 EURO
2., Praterstraße 1, Tel. 01/906 16-0,
h6599@sofitel.com, www.sofitel.com/Wien

Hollmanns Beletage ****
Die schlicht und stilsicher eingerichteten Zimmer bieten alles, was das Herz begehrt. Es gibt für alle Gäste ein zentrales Wohnzimmer mit Kamin, Bibliothek und Bar und ein hauseigenes Spa.
DZ AB 140 EURO
1., Köllnerhofgasse 6, Tel. 01/961 11 96-0,
hotel@hollmann-beletage.at,
www.hollmann-beletage.at

The Guest House (Boutiquehotel)
Das von Sir Terence Conran gestaltete Haus will weniger Hotel als „Zuhause auf Zeit" sein. In den luxuriös ausgestatteten Zimmern findet man Espressomaschinen mit Naber-Spezialröstung und handgemachte Lederhaas-Seifen, atemberaubende Aussichten über Wien sorgen für Aha-Momente.
DZ AB 200 EURO
1., Führichgasse 10, Tel. 01/512 13 20,
office@theguesthouse.at, www.theguesthouse.at

Hotel Topazz (Boutiquehotel)
Das grüne Designhotel, dessen ovale Fenster wie Augen auf die Stadt blicken, versteht sich als Hommage an die Wiener Werkstätten. Das Inventar besteht nur aus ökologisch einwandfreien Möbeln, und Küchenchef Valentin Sigelreithmaier kocht regional nach alten Rezepten.

DZ AB 218 EURO
1., Lichtensteg 3, Tel. 01/53 22 25 09 29,
booking@hoteltopazz.com,
www.hoteltopazz.com

Hotel Lamée (Boutique Hotel)
Mit dem Anspruch, eine moderne Interpretation des Grand Hotels zu sein, trifft hier kosmopolitische Atmosphäre auf glamouröses Flair und viel Wiener Charme. Diesen spürt man besonders auf der Dachterrasse der hoteleigenen Café Bar Bloom, wo der Stephansdom nur wenige Meter Luftlinie entfernt ist.
DZ AB 218 EURO
1., Rotenturmstraße 15, Tel. 01/532 22 50,
booking@hotellamee.com,
www.hotellamee.com

25hours Hotel ****
Das 25hours Hotel besticht mit guter Lage, tollem Blick, jungem Style und lustigen Zimmern. Im Sommer ist die Dachterrasse ein Anziehungspunkt.
DZ AB 130 EURO
7., Lerchenfelder Straße 1–3,
Tel. 01/521 51-0, wien@25hours-hotel.com,
www.25hours-hotel.com

Hotel Altstadt ****
Acht Zimmer und eine Suite wurden vom italienischen Stardesigner Matteo Thun gestaltet. Für einen gemütlichen Abend in der Badewanne kann man zwischen verschiedenen Kräuterbadeessenzen wählen und bekommt dazu ein kleines Tablett mit Tee und Kerzen.
DZ AB 179 EURO
APARTMENT AB 199 EURO
7., Kirchengasse 41, Tel. 01/523 49 01,
hotel@altstadt.at, www.altstadt.at

Ruby Sofie Hotel (Budget)
Vintage-Mobiliar und liebevolle Deko erinnern an die prominente Geschichte der Sofiensäle. Das Konzept dahinter: Fokus auf Design, Komfort und hochmoderne Technik. Ein tolles Preis-Leistungs-Verhältnis mit urbaner Lässigkeit.
DZ AB 69 EURO,
Aufpreis für die 2. Person: 15 EURO
3., Marxergasse 17, sofie@ruby-hotels.com,
www.ruby-hotels.com

Hotel Daniel (Budget)
Das Daniel Vienna etabliert eine neue Kategorie des urbanen, lebendigen Stadthotels. In den Zimmern herrscht smarte Reduktion, und es gibt eine Fresh Bakery. Vespas, Fahrräder und alles, was man so braucht, kann man mieten.
DZ AB 92 EURO
3., Landstraßer Gürtel 5, Tel. 01/901 31-0,
www.hoteldaniel.com

Urbanauts
Das Minihotel ist ein Street-Loft in einer ehemaligen Schneiderei. Das Frühstückslokal ist das Kaffeehaus ums Eck, das Spa wird ins nahe gelegene Hamam verlegt. Wer will, kann auch eine Vespa mieten.
DZ 120 EURO
4., Favoritenstraße 17/G 3–5,
Tel. 01/208 39 04, www.urbanauts.at

TIPP FÜR EINE FRIVOLE NACHT: HOTEL ORIENT
Teile des Films „Der dritte Mann" wurden hier gedreht, im Zuge dessen war auch Orson Welles oft zu Gast. Heute ist das Haus ein frivol-plüschiges Stundenhotel. Mindestens einmal im Leben muss man dort gewesen sein.
VON 57 BIS 95 EURO für ein paar Stunden; 180 EURO für ein Erotik-Weekend
1., Tiefer Graben 30, Tel. 01/533 73 07,
www.hotelorient.at

NICOLE ADLER

schreibt seit vielen Jahren als Modejournalistin und Autorin für Magazine und Tageszeitungen. U. a. als Moderessortleiterin für *Diva* und *Kurier* und als Beauty-Editor at Large für das Magazin *Flair*. Lektorin an der Universität Wien und Herausgeberin der erfolgreichen City-Guide-Reihe *for Women only*.

TINA HERZL

absolvierte ein Studium an der Parsons School Of Design in New York und arbeitete danach drei Jahre lang in einer Werbeagentur in Manhattan. Seit 2006 lebt und arbeitet sie als freie Fotografin in Wien. 2011 erhielt sie den Unit F Editorial Award – österreichischer Preis für Modefotografie. 2013 gewann sie zusammen mit Helmut Maier den Schwarzkopf Hairdressing Award. Neben ihren typischen Porträt/Mode Cross Overs zieht es sie in den letzten Jahren auch immer mehr zur Interior-Fotografie.

Mein Dank gilt

CHRISTINE LINK
für das wundervolle Layout

—

STEPHANIE RUGEL
für Unterstützung bei Redaktion & Research

—

JELENA PANTIĆ
für Redaktionsassistenz

—

GINA MUELLER
für die hübschen Illustrationen

—

sowie den
FOTOGRAFEN:
Peter Rigaud (Lotte Tobisch), *Daniel Gebhart de Koekkoek* (Aufmacher Essen & Trinken), *Veronique Giroud* (Aufmacher Nachtleben), *Doris Erben*, *Christoph Pirnbacher* (Petar Petrov), *Irina Gavrich* (Daniel Richter), *Peter Provaznik* (alle Fotos für das Kapitel Auf zwei Rädern).

Bildnachweis

Dior 8; Doris Erben 15; Apa/picturedesk 17; Kauf dich glücklich 22; Goldenes Wiener Herz 26; Demelrave 29; Christiane Gruber 31; Gon 33; Christoph Pirnbacher 36; Rani Bageria 37; Oliver Heemeyer 41; Daniel Gebhart de Koekkoek 54; Vanessa Maas 58; Rita Newman 66; Apa/picturedesk 75; Doris Erben 90, 91; Eva Kees 77; Mochi, Labstelle 79; Veronique Giroud 108; Lemonpeel 112; Anzengruber 115; Waves Vienna 120; Doris Erben 129; Christian Jungwirth, Alexandra Schwarzinger 132; Fluc & Weisses Haus 135; Bricks & Kicks Muntean/Rosenblum 136; WUK 138; Elfie Semotan 139; Irina Gavrich 149; Inoperable 152, 153; 21er Haus 156; TBA21 157; Caroline Miernik 159; Soundframe 162; Vienna Fair 163; MQ_Fashionweek 164; Patrick Muennich 166; Viennale 167; Peter Rigaud 169; DC-Tower 171; WU-Campus 173; MQ-Shop 175; Doris Erben 176, WU-Campus 177; DC-Tower 180; MAK 182; Augarten 183; Woka 184; Vitra 184; Vienna Designweek 186; Atelier Auböck 192; Apa/picturedesk 193; Sacher Spa 197; Oxa 198; Eco Spa 199; So Spa 201; Sans Souci 204; Stadtgarten 206; 218-226 Peter Provaznik

Bibliografische Information der Deutschen Nationalbibliothek:
Die Deutsche Nationalbibliothek verzeichnet diese Publikation in der Deutschen Nationalbibliografie; detaillierte bibliografische Daten sind im Internet über http://dnb.d-nb.de abrufbar.

1. Auflage

Copyright © 2014 by Christian Brandstätter Verlag, Wien

Fotografie: Tina Herzl
Graphic Design: Mitra Farahmand & Christine Link
Illustrationen: Gina Müller/carolineseidler.com
Bildbearbeitung: Pixelstorm Wien
Projektleitung: Edith A. Weinlich

Papier: Munken Polar 120 g/m²
Gedruckt in der EU

Alle Rechte, auch die des auszugsweisen Abdrucks oder der Reproduktion einer Abbildung, sind vorbehalten. Das Werk einschließlich aller seiner Teile ist urheberrechtlich geschützt. Jede Verwertung ohne Zustimmung des Verlages ist unzulässig. Dies gilt insbesondere für Vervielfältigungen, Übersetzungen, Mikroverfilmungen und die Einspeicherung und Verarbeitung in elektronischen Systemen.

ISBN 978-3-85033-831-8

Christian Brandstätter Verlag
GmbH & Co KG
A-1080 Wien, Wickenburggasse 26
Telefon (+43-1) 512 15 43-0, Telefax (+43-1) 512 15 43-231
E-Mail: info@cbv.at, www.cbv.at